Christoph Walther

**Automatisierung von
Terminierungsbeweisen**

Artificial Intelligence

Künstliche Intelligenz

herausgegeben von Wolfgang Bibel und Walther von Hahn

Künstliche Intelligenz steht hier für das Bemühen um ein Verständnis und um die technische Realisierung intelligenten Verhaltens. Die Bücher dieser Reihe sollen Wissen aus den Gebieten der Wissensverarbeitung, Wissensrepräsentation, Expertensysteme, Wissenskommunikation (Sprache, Bild, Klang etc.), Spezialmaschinen und -sprachen sowie Modelle biologischer Systeme und kognitive Modellierung vermitteln.

Bisher sind erschienen:

Automated Theorem Proving
von Wolfgang Bibel

Die Wissensrepräsentationssprache OPS 5
von Reinhard Krickhahn und Bernd Radig

Prolog
von Ralf Cordes, Rudolf Kruse, Horst Langendörfer,
Heinrich Rust

LISP
von Rüdiger Esser und Elisabeth Feldmar

Logische Grundlagen der Künstlichen Intelligenz
von Michael R. Genesereth und Nils J. Nilsson

Wissensbasierte Echtzeitplanung
von Jürgen Dorn

Modulare Regelprogrammierung
von Siegfried Bocionek

Automatisierung von Terminierungsbeweisen
von Christoph Walther

Christoph Walther

Automatisierung von Terminierungsbeweisen

Herausgegeben von Wolfgang Bibel

Der Verlag Vieweg ist ein Unternehmen der Verlagsgruppe Bertelsmann International.

Umschlaggestaltung: Peter Lenz, Wiesbaden
Druck und buchbinderische Verarbeitung: W. Langelüddecke, Braunschweig

ISBN-13: 978-3-528-04771-9   e-ISBN-13: 978-3-322-85404-9
DOI: 10.1007/978-3-322-85404-9

Vorwort

Das Führen von Terminierungsbeweisen für rekursiv definierte Algorithmen erfordert eine gewisse Kreativität des (menschlichen oder automatischen) Beweisers, die sich im Erfinden einer Hypothese manifestiert, deren Gültigkeit hinreichend für die Terminierung eines Algorithmus ist. In dieser Arbeit wird ein Verfahren vorgestellt, mit dem diese Kreativität durch ein Computerprogramm nachgebildet werden soll. Mit diesem Verfahren können Terminierungsbeweise in vielen Fällen vollautomatisch, d.h. ohne jegliche menschliche Unterstützung, geführt werden. Es wird gezeigt,

- wie für einen Algorithmus eine Terminierungshypothese automatisch synthetisiert werden kann,
- welches Wissen über Algorithmen dazu erforderlich ist,
- wie dieses Wissen repräsentiert wird, und
- wie dieses Wissen durch eine Maschine selbst berechnet werden kann.

Das hier beschriebene Verfahren löst die gestellte Aufgabe für eine relevante Klasse von Algorithmen, wie etwa klassische Sortieralgorithmen und Algorithmen für grundlegende arithmetische Operationen, die in einer rein funktionalen Programmiersprache gegeben sind.

Die hier vorliegende Arbeit, die in den Jahren 1984 - 1988 entstand, wurde zum Teil durch den *Sonderforschungsbereich 314 "Künstliche Intelligenz und Wissensbasierte Systeme"* der *Deutschen Forschungsgemeinschaft* gefördert und von der Fakultät für Informatik der Universität Karlsruhe als Habilitationsschrift angenommen. Ich danke Prof. Dr. P. Deussen für die Arbeitsmöglichkeiten und Unterstützung während der Jahre an seinem Institut.

Ich danke Norbert Eisinger und meinen Kolleg(inn)en des INKA-Projekts, Susanne Biundo, Birgit Hummel und Dieter Hutter, für ihre Kommentare bzgl. eines ersten Entwurfs dieser Arbeit, sowie Maritta Heisel, die das Entstehen der Arbeit während der Jahre mit konstruktiver Kritik, hilfreichen Vorschlägen und - wenn nötig - mit Ermutigungen begleitet hat.

Weiter bedanke ich mich bei Sabine Lückehe und Martin Protzen für ihre Hilfe beim Übersetzen der englischen Originalfassung der Arbeit in die hier vorliegende deutsche Fassung.

Schließlich bedanke ich mich beim Herausgeber der Serie, Prof. Dr. W. Bibel, für seine zahlreichen Vorschläge und Anmerkungen, sowie bei den Verantwortlichen des VIEWEG-Verlags für ihre Unterstützung (und Geduld) bei der Erstellung des Manuskripts.

Darmstadt, im September 1990   Christoph Walther

Inhaltsverzeichnis

VIII

Liste der Beispielalgorithmen

Notation

1 Einleitung

Ein zentrales Problem bei der Entwicklung korrekter Software ist der Nachweis, daß Algorithmen immer terminieren, vorausgesetzt die berechneten Operationen haben entscheidbare Definitionsbereiche. Nichtterminierende Algorithmen berechnen partielle Operationen und führen zur Vergeudung von Maschinenkapazitäten, wenn bei Ausführung des Algorithmus eine Eingabe nicht aus dem Definitionsbereich der berechneten Operation stammt. Durch Korrektur und "debugging" solcher Algorithmen wird außerdem menschliche Arbeitskraft verschwendet und die Frustrationen, verursacht durch endlos laufende Algorithmen, sind jedem Programmierer und Informatiker bekannt. Daher sind Verfahren zum Terminierungsnachweis von Algorithmen von beträchtlichem Interesse in der Informatik. Wegen der Unentscheidbarkeit des Halteproblems können wir jedoch kein Verfahren erfinden, daß für *alle* Algorithmen deren Terminierung nachweist oder widerlegt.

Haben wir eine Idee, warum ein gegebener Algorithmus terminiert, so können wir einen Automatischen Beweiser zum Terminierungsnachweis verwenden. Doch zuvor müssen wir die Ursache *finden*, die die Terminierung eines Algorithmus bedingt, und dies erfordert gewöhnlich eine gewisse *Kreativität*. In der vorliegenden Arbeit soll ein Verfahren vorgestellt werden, diese Art von Kreativität durch eine Maschine zu simulieren. Wir befassen uns hier also im wesentlichen mit dem automatischen *Erfinden* von Sätzen und nicht mit deren (automatischem) *Beweis*.

Man beweist die Terminierung eines Algorithmus durch Erfinden einer *fundierten Ordnungsrelation* für den Algorithmus und dem anschließenden Nachweis, daß die Argumente jedes rekursiven Aufrufs kleiner sind - und zwar im Sinne der erfundenen Ordnung - als die ursprüngliche Eingabe bei Aufruf des Algorithmus. Eine häufig verwendete Technik erfordert, eine sogenannte *Terminierungsfunktion*, auch *Konvergenzfunktion* oder *bound function* genannt [Manna 1974; Dershowitz und Manna, 1979; Gries, 1981], zu erfinden, so daß die

Bilder der Argumente jedes rekursiven Aufrufs im Sinne einer *bekannten* fundierten Ordnung kleiner sind als die Bilder der initialen Eingabeargumente. Der entscheidende Schritt bei dieser Vorgehensweise liegt jedoch darin, eine erfolgreiche Terminierungsfunktion zu *erfinden*. Im Erfinden erfolgreicher Terminierungsfunktionen manifestiert sich die Kreativität, die wir durch einen Rechner simulieren wollen.

Die vorliegende Arbeit beschäftigt sich mit der Automatisierung von Terminierungsbeweisen für eine bestimmte Klasse von Algorithmen. Wir betrachten hier nur Algorithmen, die nach der sogenannten *Anzahlordnung* terminieren. Diese Ordnung vergleicht Datenobjekte anhand ihrer *Größe*, d.h. Keller werden anhand ihrer Tiefe, Listen anhand ihrer Länge, Bäume anhand der Anzahl ihrer Knoten verglichen, usw. In dieser Arbeit präsentieren wir ein Verfahren, die Terminierung von Algorithmen dieser Klasse automatisch zu beweisen, wobei hier und für den Rest der Arbeit "automatisch" als Synonym für "ohne jegliche menschliche Unterstützung" verwendet wird.

1.1   Ein Terminierungsbeweis für einen Sortieralgorithmus

Wir illustrieren unser Verfahren für Terminierungsbeweise durch ein einführendes Beispiel: Angenommen, wir wollen einen Sortieralgorithmus für Listen von natürlichen Zahlen entwerfen. Diese Datenstruktur wird in unserer Notation definiert durch

structure empty add(head:number tail:list):list .

Dabei bezeichnet number (gemeint sind die natürlichen Zahlen) eine andere Datenstruktur, deren Definition hier nicht interessiert. Die Symbole empty und add sind die *Konstruktoren* von list, d.h. jedes Element von list ist empty oder wird andernfalls durch endlich viele Anwendungen von add auf Elemente der Datenstrukturen number und list erzeugt. Die Symbole head und tail sind die *Selektoren* von add und bezeichnen in gewisser Weise Umkehroperationen für den Konstruktor: head liefert das erste Element einer Liste und tail die Liste ohne das erste Listenelement.

Als Beispiel für einen Algorithmus in unserer Notation definieren wir den Algorithmus remove, der jedes Vorkommen einer gegebenen natürlichen Zahl (präziser: eines Elements der Datenstruktur number) aus einer gegebenen Liste löscht:

function remove(n:number x:list):list $\Leftarrow$

  if x$\equiv$empty *then* x

  if x$\equiv$add(head(x) tail(x)) $\wedge$ head(x)$\equiv$n *then* remove(n tail(x))

  if x$\equiv$add(head(x) tail(x)) $\wedge$ $\neg$head(x)$\equiv$n *then* add(head(x) remove(n tail(x)))

Angenommen, wir haben noch einen Algorithmus *function* minimum(x:list): number $\Leftarrow$ ... , der ein minimales Element einer nicht-leeren Liste x (im Sinne irgendeiner Ordnungsrelation für number) berechnet. Dann können wir einen Sortieralgorithmus[1] für list wie folgt definieren:

function sort(x:list):list $\Leftarrow$

  if x$\equiv$empty *then* empty

  if x$\equiv$add(head(x)tail(x))*then* add(minimum(x) sort(remove(minimum(x) x))).

Angenommen, wir wollen nun die Terminierung von sort verifizieren. Dann lautet eine typische Argumentation wie folgt:

"Um die Terminierung von sort zu beweisen, müssen wir eine fundierte Ordnungsrelation $<_{\mathcal{R}}$ finden, so daß remove(minimum(x) x) $<_{\mathcal{R}}$ x, vorausgesetzt x$\equiv$add(head(x) tail(x)) gilt. Unsere erste Beobachtung

---

[1] Dieser Algorithmus eliminiert zusätzlich Mehrfachvorkommen von Listenelementen. Wir erhielten einen "richtigen" Sortieralgorithmus, wenn wir *delete* [Boyer und Moore, 1979] anstelle von *remove* verwendeten. Wir arbeiten jedoch mit der gegebenen Version von *sort*, da unser Verfahren mit *remove* besser erläutert werden kann als mit *delete*. Der Leser sei auf Anhang C verwiesen, um sich zu vergewissern, daß unser Ansatz für *delete* genauso gut funktioniert wie für *remove*.

ist: remove(n x) liefert immer die Eingabeliste x oder eine Liste, die echt kürzer ist als x. Wir können also

$$(1) \qquad \text{remove(n x)} \leq_\# x \;,$$

beweisen. Mit (1) liegt nahe, daß $<_\#$ (also "echt kürzer") die fundierte Ordnung ist, nach der wir Ausschau halten. Wir *vermuten* daher als Terminierungshypothese für sort, daß

$$(2) \quad \forall \, \text{x:list} \quad \text{x}\equiv\text{add(head(x) tail(x))} \rightarrow \text{remove(minimum(x) x)} <_\# \text{x}$$

gilt und suchen suchen nun eine Bedingung, die remove(n x) $<_\#$ x garantiert. Als Ergebnis unserer Bemühungen entdecken wir, daß "n ist ein *Element* von x" hinreichend (und auch notwendig) für remove(n x) $<_\#$ x ist. Wir definieren daher die Elementbeziehung für Listen durch

$$(3) \textit{function}\ \text{member(n:number x:list):bool} \Leftarrow$$
$$\textit{if}\ \text{x}\equiv\text{empty}\ \textit{then}\ \text{false}$$
$$\textit{if}\ \text{x}\equiv\text{add(head(x) tail(x))} \wedge \text{head(x)}\equiv\text{n}\ \textit{then}\ \text{true}$$
$$\textit{if}\ \text{x}\equiv\text{add(head(x) tail(x))} \wedge \neg\text{head(x)}\equiv\text{n}\ \textit{then}\ \text{member(n tail(x))}$$

und können jetzt unsere zweite Beobachtung formal fassen und beweisen:

$$(4) \quad \forall \, \text{n:number}\ \forall \, \text{x:list} \quad \text{member(n x)}\equiv\text{true} \leftrightarrow \text{remove(n x)} <_\# \text{x} \;.$$

Mit (4) können wir jetzt unsere Terminierungshypothese (2) neu formulieren, und wir erhalten

$$(5) \quad \forall \, \text{x:list} \quad \text{x}\equiv\text{add(head(x) tail(x))} \rightarrow \text{member(minimum(x) x)}\equiv\text{true} \;.$$

> Wir erhalten also als Terminierungshypothese für sort die (gültige)
> Aussage (5), daß jede nicht-leere Liste ihr minimales Element enthält.
> Mit einem Beweis von (5) ist die Terminierung von sort dann be-
> wiesen."

In diesem Beispiel haben wir also ausgehend vom Algorithmus remove *er-kannt*, daß für gewisse Argumente n und x möglicherweise remove(n x) $<_\#$ x gilt, vgl. (1). Anschließend haben wir den Algorithmus member *erfunden*, mit dem eine äquivalente Bedingung für remove(n x) $<_\#$ x formuliert werden kann, vgl. (4). In diesen beiden Schritten manifestiert sich hier die Kreativität beim Führen von Terminierungsbeweisen, von der wir Eingangs sprachen.

In diesem Beispiel ist die Definition von minimum natürlich wesentlich für die *Semantik* von sort, d.h. eine geordnete Permutation einer Liste ohne Mehrfach-vorkommen zu berechnen. Die Definition von minimum spielt aber für die *Terminierung* von sort keine Rolle, solange Eigenschaft (5) erfüllt ist. Deshalb terminiert sort auch, wenn minimum das letzte Element einer nicht-leeren Liste berechnet, oder auch, wenn minimum(x) als Ergebnis head(x) liefert. Daher sind die durch unser Vorgehen generierten Prämissen *notwendig* und *hinreichend* für die Terminierung des betrachteten Algorithmus.

1.2   Das Terminierungsverfahren - Ein Überblick

Unser Verfahren für Terminierungsbeweise automatisiert die Schlußweise des vorangegangenen Abschnitts in Form des *generate-and-test* Paradigmas, vgl. [Winston, 1984]: Durch Analyse von Algorithmen, wie z.B. remove, werden gewisse *Eigenschaften erkannt*, wie z.B. (1), und Algorithmen *synthetisiert*, wie z.B. (3), so daß bestimmte Beziehungen zwischen diesen Algorithmen, wie z.B. (4), gelten. Damit werden dann *Hypothesen generiert*, z.B. (5), die hinreichend für die Terminierung eines gegebenen Algorithmus, wie z.B. sort, sind. Abschließend verwenden wir ein *Induktionsbeweissystem* als "Tester", um die generierten Terminierungshypothesen zu verifizieren, und bei Erfolg ist die Terminierung des betrachteten Algorithmus bewiesen.

Im folgenden werden wir uns auf den *generate*-Teil unseres Verfahrens konzentrieren, da unsere Methode keine speziellen Anforderungen an Induktionsbeweissysteme stellt. Wir setzen daher ab jetzt voraus, daß ein leistungsfähiges Induktionsbeweissystem zu unserer Verfügung steht. Beispielsweise genügen das INKA-System [Biundo et al., 1986; SFB, 1987; SFB 1990] oder das System von Boyer und Moore [Boyer und Moore, 1979] unseren Anforderungen.

Interessanterweise müssen Induktionsbeweissysteme ihre eigenen Terminierungsprobleme lösen (die hier vorliegende Arbeit ist aus der Entwicklung eines solchen Systems entstanden, vgl. [Biundo et al., 1986]). Der Terminierungsnachweis ist ein zentrales Problem beim automatischen Beweisen durch vollständige Induktion, da das Wissen, warum Algorithmen terminieren, die wichtigste Information zur *automatischen* Erzeugung von Induktionsaxiomen für gegebene Formeln darstellt, vgl. [Boyer und Moore, 1979].

Der verbleibende Teil dieser Arbeit ist folgendermaßen gegliedert: Nach Einführung grundlegender Begriffe und Schreibweisen in Kapitel 2 definieren wir in Kapitel 3 einen formalen Rahmen, in dem wir Datenstrukturen und Algorithmen beschreiben können.

In Kapitel 4 zeigen wir, wie Ungleichungen durch *Abschätzen* bewiesen werden. Wir definieren den *E-Kalkül* (engl. *estimation calculus*), d.h. einen Kalkül, mit dem Ungleichungen bzgl. der (semantischen) Anzahlordnung formal bewiesen werden können. Dabei unterstellen wir, daß bestimmtes *Wissen über Algorithmen*, das für einen Terminierungsbeweis wesentlich ist (wie z. B. (1), (3) und (4) in Abschnitt 1.1), bereits gegeben ist. Wir zeigen in Kapitel 5, wie mit Verwendung des E-Kalküls Terminierungshypothesen für Algorithmen automatisch generiert werden können.

In Kapitel 6 zeigen wir, wie das *Wissen*, das für die automatische Erzeugung von Terminierungshypothesen erforderlich ist, *automatisch berechnet* werden kann: Wir definieren ein Verfahren, das erkennt, ob ein Algorithmus *argumentbeschränkt* ist, d.h. ob das Ergebnis des Algorithmus immer kleiner oder gleich groß (i.S.d. Anzahlordnung) als eines seiner Eingabeargumente ist. Mit diesem Verfahren wird beispielsweise remove automatisch als argumentbeschränkt erkannt, und damit eine Eigenschaft wie z.B. (1) in Abschnitt 1.1 durch eine Maschine entdeckt. Anschließend zeigen wir, wie für jeden argumentbeschränkten Algorithmus automatisch ein sogenannter *Differenzalgorithmus* synthetisiert werden kann. Dieser Algorithmus liefert genau dann true als Ergebnis für eine Liste von Eingabewerten, wenn der gegebene argumentbeschränkte Algorithmus für die gleiche Liste von Eingabewerten ein Ergebnis liefert, das *echt kleiner* als einer der Eingabewerte ist. Wir zeigen dann in Kapitel 7, wie Differenzalgorithmen *automatisch optimiert* werden. Beispielsweise wird für den Algorithmus remove aus Abschnitt 1.1 der Algorithmus für member als optimierter Differenzalgorithmus synthetisiert, wobei Formel (4) in Abschnitt 1.1 die Beziehung zwischen beiden Algorithmen beschreibt.

Abschließend zeigen wir in Kapitel 8, wann unser Ansatz erfolglos ist (und wie solch ein Mißerfolg gelegentlich behoben werden kann): Das Verfahren schlägt fehl, wenn ein Systembenutzer einen Algorithmus definiert, der nicht argumentbeschränkt ist, oder einen Algorithmus verwendet, der keine argumentbeschränkte Operation berechnet. Damit ist unser Terminierungsverfahren vollständig beschrieben, und wir schließen mit einigen Anmerkungen und einer Zusammenfassung in Kapitel 9.

Wir beweisen außerdem die Korrektheit unseres Verfahrens, aber - wegen der Unentscheidbarkeit des Halteproblems - können wir natürlich mit keinem Vollständigkeitsbeweis dienen. Wir müssen uns daher auf experimentelle Ergebnisse beschränken, um die Nützlichkeit unseres Verfahrens zu demonstrieren. Anhang C enthält eine Sammlung von Algorithmen (nebst den für diese Algorithmen automatisch erzeugten Terminierungshypothesen), für die unser Verfahren erfolgreich ist. Der Leser mag sich davon überzeugen, daß wir keine Algorithmen verwenden, die eigens auf unsere Methode zugeschnitten sind. Die Sammlung enthält außerdem alle Differenzalgorithmen, die für jeden argumentbeschränkten Algorithmus in der Sammlung automatisch synthetisiert und optimiert werden.

Wir verwenden ein Induktionsbeweissystem nicht nur zur Verifikation der erzeugten Terminierungshypothesen, sondern auch für die Optimierung der synthetisierten Differenzalgorithmen. Wir geben daher auch die Formeln an, die zu diesem Zweck bewiesen werden müssen, um dem Verdacht entgegenzuwirken, hier würde die Automatisierung von Terminierungsbeweisen in ein Beweisproblem verlagert, das für eine Maschine nicht zu lösen ist. Wie aus der Algorithmensammlung ersichtlich, ist unser Verfahren so leistungsfähig, daß fast alle anfallenden Beweisprobleme *ohne Induktion*, d.h. allein durch *Fallunterscheidung* und *aussagenlogische Schlußweisen* gelöst werden können.

Zur Verbesserung der Lesbarkeit haben wir einige Definitionen, die für das erste Lesen der Arbeit nicht wesentlich sind, in Anhang A zusammengefaßt. Aus demselben Grund präsentieren wir einige Beweise in Anhang B .

1.3 Bibliographische Anmerkungen und verwandte Arbeiten

Die Arbeiten zum Terminierungsnachweis von Algorithmen sind eng mit den Arbeiten zur allgemeinen Programmverifikation verbunden. Der Vorschlag, Terminierungsfunktionen und Eigenschaften fundierter Mengen für den Nachweis der Terminierung von Flußdiagrammen zu verwenden, wurde zuerst in [Floyd, 1967] formuliert.

In [Cooper, 1971] wird ein System zur Programmverifikation beschrieben, das im wesentlichen *Floyds* Ansatz für den Terminierungsnachweis verwendet. Es wird ein halbautomatisches Verfahren zur Erzeugung und Verifikation sogenannter *convergence conditions* vorgestellt, die hinreichend für die Terminierung von Schleifen eines gegebenen Programms sind.

Ausgehend von *Hoares* Verifikationsmethode definieren [Manna und Pnueli, 1974] einen axiomatischen Ansatz, mit dem sowohl Korrektheit als auch die Terminierung von *while*-Programmen in einem einheitlichen Formalismus bewiesen werdem können. Die Terminierung einer while-Anweisung wird durch Angabe einer Terminierungsfunktion (dort *convergence function* genannt) und nachfolgenden Beweis (mit Hilfe der im Papier vorgeschlagenen Ableitungsregeln), daß der Wert der Terminierungsfunktion mit der Ausführung der Schleife abnimmt, gezeigt. Die Arbeit enthält zahlreiche Beispiele, darunter einen Algorithmus für den größten gemeinsamen Teiler und einen Algorithmus für das *partition problem* aus Hoares FIND-Algorithmus [Hoare, 1961]. Die Schwierigkeiten und der Aufwand, der getrieben werden muß, um die Terminierung von Algorithmen formal einwandfrei nachzuweisen, wird in der Arbeit eindrucksvoll vorgeführt.

Mit unserem Verfahren gelingt der Terminierungsnachweis für die rekursiven Versionen der in [Manna und Pnueli, 1974] angegebenen Algorithmen für den größten gemeinsamen Teiler und das partition-Problem automatisch, vgl. Anhang C. Allerdings ist dabei zu beachten, daß der Umgang mit rekursiv definierten Algorithmen ohne jede Seiteneffekte wesentlich einfacher ist als die Behandlung von ALGOL 60 Programmen mit Zuweisungen, Sprüngen und Schleifen.

In [Katz und Manna, 1975] werden vier Methoden für Terminierungsbeweise verglichen. *Floyds* Technik [Floyd, 1967] und der *loop approach* verwenden Terminierungsfunktionen, wobei bei letzterer Methode eine obere Schranke für jede Zählervariable einer Schleife angegeben werden muß. Bei der *exit-Methode* zeigt man Terminierung durch Angabe sogenannter *exit*-Bedingungen für jede Schleife und den anschließenden Nachweis, daß die *exit*-Bedingung jeder Schleife bei jeder Berechnung irgendwann erfüllt wird. Mit diesem Ansatz kann (im Unterschied zu den bisher vorgestellten Methoden) auch die Nichtterminierung von Schleifen bewiesen werden. Schließlich wird *Burstalls* Methode [Burstall, 1974] diskutiert, bei der Terminierung und Korrektheit gleichzeitig durch strukturelle Induktion nachgewiesen werden. Der Erfolg dieser Methode hängt jedoch von der Verwendung der für ein Beweisproblem "richtigen" fundierten Ordnung ab.

Burstalls Methode scheint besonders geeignet, wenn die Terminierung von Algorithmen gezeigt werden soll, die ungewöhnliche Rekursionen verwenden und deshalb schwer zu verstehen und zu verifizieren sind. *McCarthys* 91-Funktion und *Ashcrofts* Algorithmus für *reverse* [Manna, Ness und Vuillemin, 1973; Manna, 1974] sind Beispiele dafür. Da die Semantik dieser Algorithmen für den Nachweis der Terminierung bekannt sein muß, werden Terminierung und Korrektheit parallel bewiesen. Dieses Erfordernis wurde auch in einer neueren Arbeit von *Boyer* und *Moore* [Boyer und Moore, 1988] erkannt und berücksichtigt. Da mit unserem Verfahren nur die Terminierung von Algorithmen, nicht aber deren Korrektheit nachgewiesen werden kann, versagt unser Verfahren beim Versuch, die Terminierung der Algorithmen von *McCarthy* und *Ashcroft* zu beweisen, siehe auch Abschnitt 3.3. Allerdings halten wir das nicht für einen wesentlichen Nachteil unseres Verfahrens, da diese Algorithmen keinen *praktischen* Nutzen haben und lediglich zur Illustration *theoretischer* Phänomene dienen.

Burstall's Methode wurde mit der *intermittend-assertion method* [Manna und Waldinger, 1978] weiterentwickelt. Aber auch diese Methode überläßt die Kreativität beim Nachweis der Terminierung dem menschlichen Verifizierer, denn der Ansatz erfordert, daß "the well-founded orderings for induction are provided by a programmer", und es wird darauf hingewiesen, daß "to find the orderings may require some ingenuity" [Manna und Waldinger, 1978].

In [Dershowitz und Manna, 1979] wird ein Ansatz für Terminierungsbeweise vorgestellt, bei dem durch Verwendung komplizierterer fundierter Ordnungen die Etablierung erfolgreicher Terminierungsfunktionen erleichtert werden soll. Ausgangspunkt ist die Überlegung, daß "all too often, the termination functions required for a termination proof are difficult to find and are of a complexity out of the porportion of the program under consideration". Daher wird die *multiset*-Ordnung vorgeschlagen, die die Formulierung einfacherer Terminierungsfunktionen erlaubt: "... enables to use relatively simple and intuitive termination functions in otherwise difficult termination proofs" [Dershowitz und Manna, 1979].

Die *multiset*-Ordnung hat sich insbesondere für den Nachweis, daß *Termersetzungssysteme* terminieren, als erfolgreich erwiesen, vgl. [Dershowitz, 1985] für einen Überblick. Wir weisen jedoch darauf hin, daß unser Problem die Terminierung von Algorithmen zu beweisen, nicht mit der Aufgabe identifiziert werden darf, die Terminierung von Termersetzungssystemen nachzuweisen: Dort verwendet man fundierte Ordnungen auf *Termen* (also auf syntaktischen Objekten), um die Terminierung eines *Beweisverfahrens* zu garantieren. Wir dagegen müssen einer schwächeren Forderung genügen, nämlich die Objekte, die durch Terme *bezeichnet* werden - also die *Deutungen* von Termen - ordnen, um eine terminierende *Berechnung* sicherzustellen.

In [Baudinet, 1988] wird ein System zum Nachweis der Terminierung von PROLOG-Programmen vorgestellt. Dabei werden Terminierungsbeweise durch Verwendung spezieller Gleichungen geführt, die der PROLOG-Programmierer erfinden muß. Verfahren, die Terminierung von PROLOG-Programmen durch Herleitung spezieller Ungleichungen nachzuweisen, werden in [Ullmann und van Gelder, 1988] und in [Plümer, 1990] vorgestellt.

[Manna, 1968] stellt ein Verfahren vor, das aus einem Flußdiagramm P eine Formel 1. Stufe φ_P synthetisiert, so daß P genau dann unter einer Interpretation I terminiert, wenn I φ_P erfüllt. Um φ_P zu beweisen, benötigt man (außer den Axiomen, die die Operationen in P beschreiben) zusätzliche Axiome Φ_P, die ebenfalls in I gelten. Diese zusätzlichen Axiome modellieren eine fundierte Ordnung, die die Terminierung von P garantiert oder andernfalls φ_P widerlegt.[2] Damit wird die Aufgabe, die Terminierung von P nachzuweisen, in das Problem, eine adäquate Menge von Axiomen Φ_P zu finden, verlagert. Betrachtet in diesem Kontext versucht unser Verfahren eine Menge von Axiomen Φ_P, die von I erfüllt wird, automatisch zu berechnen, so daß ein Beweis von φ_P aus Φ_P uniform konstruiert werden kann. Für unser Einführungsbeispiel aus Abschnitt 1.2 etwa enthält Φ_P nur die Formel (2). Falls P nicht terminiert, so kann unser Verfahren Φ_P nicht berechnen. Die Umkehrung gilt natürlich nicht, d.h. die Berechnung von Φ_P kann auch bei terminierendem P fehlschlagen.

Unser Verfahren für Terminierungsbeweise ist fast identisch mit dem Verfahren von *Boyer* und *Moore* [Boyer und Moore, 1979]. Der wesentliche Unterschied zwischen beiden Ansätzen besteht jedoch darin, daß der *generate*-Teil unseres Verfahrens im Boyer-Moore-System vom *menschlichen Benutzer* dieses Systems übernommen werden muß: Um die Terminierung eines Algorithmus zu beweisen, muß der Benutzer *Hilfsalgorithmen* erfinden, wie z. B. member in Abschnitt 1.1. Anschließend formuliert er sogenannte *Induktionslemmata* wie z.B. Formel (4) in Abschnitt 1.1. Diese Induktionslemmata dienen dem System als Hinweis, nach welcher Ordnung ein gegebener Algorithmus terminiert. Auf diese Weise *steuert* der menschliche Benutzer das System bei Terminierungsbeweisen.

---

[2] Hinweis: φ_P und Φ_P enthalten "neue" Relationssymbole, die nicht in P vorkommen.

Damit läßt sich unser Verfahren als ein Versuch ansehen, den menschlichen Systembenutzer bei seiner Hilfestellung für Terminierungsbeweise durch einen Rechner zu ersetzen.

2   *Syntaktische und semantische Begriffe*

Im folgenden setzen wir die grundlegenden Begriffe der formalen Logik, wie sie etwa in Einführungstexten vermittelt werden, als bekannt voraus. Weiterhin unterstellen wir Vertrautheit mit den Grundbegriffen der formalen Gleichheitsbehandlung, wie etwa in [Goguen et al., 1978; Huet und Oppen, 1980]. Um über eine einheitliche Notation zu verfügen, wiederholen wir einige dieser Definitionen in Anhang A. In diesem Abschnitt führen wir nur Begriffsbildungen ein, die für unsere Zwecke zusätzlich erforderlich sind.

2.1   *Syntaktische Definitionen*

Sei S eine nicht-leere Menge von *Sortensymbolen*. Eine *S-sortierte Signatur* $\Sigma=(\Sigma_{w,s})_{w\in S^*,s\in S}$ ist eine *S^+*-indizierte Familie von paarweise disjunkten Mengen. Jedes $f\in\Sigma_{w,s}$ ist ein *Funktionssymbol* mit *Rang* ws, *Stelligkeit* w und *Sorte* s. *Pos(f)* ist die Menge aller *Argumentpositionen* von f, definiert als $\{1,\dots,|w|\}$. Ein Funktionssymbol $f\in\Sigma_{w,s}$ heißt *reflexiv*, gdw. s in w vorkommt, andernfalls ist f *irreflexiv*. Folglich ist f reflexiv, gdw. $w=s_1\dots s_k$ und $s_p=s$ für ein $p\in\mathrm{Pos}(f)$, und wir definieren *rPos(f)* $= \{p\in\mathrm{Pos}(f)\mid s_p=s\}$ als die Menge aller *reflexiven* Argumentpositionen von *f*. *irPos(f)* $=\mathrm{Pos}(f)\setminus\mathrm{rPos}(f)$ bezeichnet die Menge aller *irreflexiven* Argumentpositionen von f.

Wir unterteilen jede *S*-sortierte Signatur in einen *Konstruktorteil* und einen *Definitionsteil*. Der Konstruktorteil Σ^c von Σ ist eine Teilsignatur von Σ mit $\Sigma_{\lambda,s}\subset\Sigma^c_{\lambda,s}$ für alle $s\in S$. Die Elemente von Σ^c werden *Konstruktorfunktionssymbole* oder auch *Konstruktoren* genannt. Der *Definitionsteil* Σ^d von Σ ist eine Teilsignatur von Σ, mit $\Sigma^d_{w,s}=\Sigma_{w,s}\setminus\Sigma^c_{w,s}$ für alle $w\in S^*$ und alle $s\in S$. Die Elemente von Σ^d heißen *definierte Funktionssymbole* oder kurz *definierte Symbole*.

$\mathcal{V}=(\mathcal{V}_s)_{s \in S}$ ist eine S-indizierte Familie nicht-leerer, paarweise disjunkter und unendlicher Mengen, wobei immer $\mathcal{V} \cap \Sigma = \emptyset$ angenommen wird. Die Elemente von $\mathcal{V}_s$ heißen *Variable der Sorte s*. Für $s \in S$ bezeichnet $\mathcal{T}(\Sigma, \mathcal{V})_s$ die Menge aller Σ-*Terme der Sorte s* (über $\mathcal{V}$).

Wir verwenden $\equiv$ als *syntaktisches Gleichheitszeichen*. Für $t_1, t_2 \in \mathcal{T}(\Sigma, \mathcal{V})_s$ wird ein Ausdruck der Form $t_1 \equiv t_2$ eine Σ-*Gleichung* genannt. Unter einer *atomaren Σ-Formel* verstehen wir eine Σ-Gleichung oder die Zeichen TRUE und FALSE (als syntaktische Benennung für "wahr" und "falsch"). $\mathcal{F}(\Sigma, \mathcal{V})$ ist die Menge aller Σ-*Formeln* über $\mathcal{V}$ (auch *Sprache erster Stufe* genannt), induktiv definiert mit den Junktoren $\wedge, \neg, \vee, \rightarrow$ und $\leftrightarrow$, den Quantorzeichen $\forall$ und $\exists$ und den atomaren Σ-Formeln. Wir verwenden $\forall x^* : w \; \varphi$ als Abkürzung für $\forall x_1 : s_1 ... \forall x_n : s_n \; \varphi$, wobei $w = s_1 ... s_n$, $x^* = x_1 ... x_n$ und alle x_i voneinander verschieden sind.

Ein Σ-*Literal* ist eine atomare Σ-Formel oder eine Σ-Formel der Form $\neg \varphi$, wobei φ eine atomare Σ-Formel ist. $Lit(\Sigma, \mathcal{V})$ bezeichnet die Menge aller Σ-Literale. Eine Σ-*Klausel* ist eine endliche Menge von Σ-Literalen, und $C(\Sigma, \mathcal{V})$ ist die Menge aller Σ-Klauseln über $\mathcal{V}$. Für eine Σ-Klausel $C = \{L_1, ... , L_n\}$ steht $\vee C$ als Abkürzung für die Σ-Formel $L_1 \vee ... \vee L_n$, und $\vee \emptyset$ ist definiert als die Σ-Formel FALSE. Gelegentlich verwenden wir nachfolgend Klauseln an Stelle von Formeln und denken uns dabei jede Klausel C durch $\vee C$ ersetzt.

2.2 Semantik der Sprache erster Stufe

Eine Σ-*Interpretation* I ist ein Paar (A, a_I), wobei A eine Σ-Algebra und a_I eine A-Belegung ist. Abweichend von unserer Notation verwenden wir I auch als eine sortenerhaltende Abbildung $I : \mathcal{T}(\Sigma, \mathcal{V}) \rightarrow_S A$: Für jedes $t \in \mathcal{T}(\Sigma, \mathcal{V})_s$ bezeichnet $I(t) \in \mathcal{A}_s$ die *Deutung* oder *Auswertung* von t unter I, definiert als $I(x) = a_I(x)$ für $x \in \mathcal{V}$ und $I(ft^*) = \alpha_f(I(t^*))$ für $f \in \Sigma_{w,s}$ und $t^* \in \mathcal{T}(\Sigma, \mathcal{V})_w$.

Wir schreiben $I \vDash \varphi$, um auszudrücken, daß I die Formel φ *erfüllt*. Da wir für die Deutung *geschlossener* Formeln keine Belegungen benötigen, verwenden wir Σ-Algebren auch als Σ-Interpretationen und Modelle für geschlossene Formeln.

Die *Theorie* Th(A) einer Σ-Algebra A ist gegeben durch Th(A) = $\{\varphi \in \mathcal{F}(\Sigma, \mathcal{V}) \mid \varphi$ ist geschlossen und $A \vDash \varphi\}$. Für eine Signatur Σ' mit $\Sigma \subset \Sigma'$ definieren wir die Σ'-*Expansion* von Th(A) als Th(A,Σ') = $\{\psi \in \mathcal{F}(\Sigma', \mathcal{V}) \mid \psi \in$ Th(B) für *alle* Σ'-Expansionen B von A$\}$, und es gilt (1) Th(A) $\subset$ Th(A,Σ') und (2) Th(A) $\neq$ Th(A,Σ') gdw. $\Sigma \neq \Sigma'$.

2.3 Standardalgebren und Standardmodelle

Eine Σ-Algebra A=$(\mathcal{A},\alpha)$ ist eine Σ-*Standardalgebra*, gdw. $\mathcal{A} = \mathcal{T}(\Sigma^c)$ gilt, d.h. die Menge $\mathcal{T}(\Sigma^c)$ der Konstruktorgrundterme den Träger $\mathcal{A}$ von A bildet, oder A Σ-isomorph zu einer solchen Algebra ist. Eine Σ-Interpretation I=(A,a_I) ist eine Σ-*Standardinterpretation*, gdw. A eine Σ-Standardalgebra ist. I ist ein *Standardmodell* einer Formel φ (oder einer Menge von Formeln Φ) gdw. I eine Σ-Standardinterpretation mit $I \vDash \varphi$ ist (bzw. $I \vDash \Phi$).

Der Begriff der Standardalgebra ist das wichtigste semantische Konzept in dieser Arbeit und soll hier kurz erläutert werden: Sei B=$(\mathcal{T}(\Sigma^c),\beta)$ eine Standardalgebra. Dann läßt sich B als eine abstrakte "Beschreibung" einer Maschine M, etwa eines LISP-Interpretierers, auffassen. Dabei bezeichnen die Konstruktorsymbole in Σ^c die Grundoperationen von M, wie z.B. 0, nil und cons, deren Deutung feststeht (etwa implementiert in Hard- oder Firmware). Folglich repräsentiert der Träger $\mathcal{T}(\Sigma^c)$ von B den Datenbereich von M, d.h. die Menge aller Daten, die durch M bearbeitet werden können. Die definierten Symbole in Σ^d, wie z.B. append oder plus, bezeichnen Operationssymbole, die durch die Software von M implementiert sind. Wenn wir einen Term $t \in \mathcal{T}(\Sigma)$ als Eingabe für M verwenden, z.B. append(cons(nil nil) nil), so wird t durch M *ausgewertet*, indem die Operationen der Algebra B, also etwa β_{append}, auf die Auswertung der Argumentterme, wie z.B. cons(nil nil) und nil, angewendet werden. Wir erhalten B(t)$\in \mathcal{T}(\Sigma^c)$ als

Ausgabe, so wie wir z.B. cons(nil nil) als Ergebnis bei Eingabe von append(cons(nil nil) nil) erhalten.[1]

Zwei Tatsachen sind dabei wesentlich: (1) Es gibt keine "versteckten" Grundoperationen. Alle Grundoperationen von M sind uns bekannt, d.h. für jede dieser Operationen gibt es genau einen *Namen* in Σ^c. (2) Die Konstruktoren bezeichnen tatsächlich *Grund*operationen, d.h. $B(q) \in \mathcal{T}(\Sigma^c)$ für alle $q \in \mathcal{T}(\Sigma^c)$, so wie beispielsweise nil immer zu nil und cons(nil nil) immer zu cons(nil nil) ausgewertet wird. Beide Eigenschaften gelten, da B eine *Standard*algebra ist.

Wollen wir einen Term $t \in \mathcal{T}(\Sigma, \mathcal{V})$ *mit Variablen* durch M auswerten lassen, so müssen wir Vorkehrungen treffen, um "unbound atom"-Fehler zu vermeiden. Wir erreichen dies durch Angabe von *Variablenbindungen*, formal gegeben durch *B-Belegungen*. Beispielsweise wird unter der Variablenbindung x/nil y/0 der Term cons(x y) durch M zu cons(nil 0) ausgewertet. Wir schreiben dafür in unserer Notation: B⟦ x/nil y/0⟧ (cons(x y))=cons(nil 0).

In diesem Sinne verwenden wir nachfolgend Standardalgebren, um die *Operationen* zu beschreiben, die bei Ausführung von *Algorithmen* durch eine abstrakte Maschine berechnet werden.

2.4 *Fundierte Ordnungen*

Für eine Menge $\mathcal{A}$ heißt eine Relation $<_{\mathcal{R}} \subset \mathcal{A} \times \mathcal{A}$ *Ordnungsrelation*, kurz: *Ordnung*, von $\mathcal{A}$, gdw. $<_{\mathcal{R}}$ eine irreflexive und transitive Relation ist. $<_{\mathcal{R}}$ heißt *totale* Ordnung, wenn $<_{\mathcal{R}}$ konnex ist und andernfalls *partiell*.

Für $\mathcal{B} \subset \mathcal{A}$ ist $b \in \mathcal{B}$ ein $<_{\mathcal{R}}$*-minimales* Element von $\mathcal{B}$, gdw. $c <_{\mathcal{R}} b$ für kein $c \in \mathcal{B}$. Eine Ordnung $<_{\mathcal{R}}$ von $\mathcal{A}$ genügt der *Minimalbedingung*, gdw. jede nichtleere Teilmenge $\mathcal{B}$ von $\mathcal{A}$ (mindestens) ein $<_{\mathcal{R}}$-minimales Element besitzt. Eine Ordnung heißt *fundiert*, wenn sie der Minimalbedingung genügt. Für fundierte Ordnungen gilt das

---

[1] Hier wird vorausgesetzt, daß jede Operation total ist und damit unsere Maschine M für jede Eingabe anhält.

Prinzip der Noetherschen Induktion [Cohn, 1981]

Sei $<_\mathcal{R} \subset \mathcal{A} \times \mathcal{A}$ eine fundierte Ordnung von $\mathcal{A}$ und $\mathcal{B} \subset \mathcal{A}$, so daß $\mathcal{B}$ jedes Element a von $\mathcal{A}$ enthält, wenn $\mathcal{B}$ alle Elemente $b \in \mathcal{A}$ mit $b <_\mathcal{R} a$ enthält. Dann gilt $\mathcal{B} = \mathcal{A}$.

Wir werden dieses Prinzip im folgenden häufig bei Induktionsbeweisen verwenden: Um zu beweisen, daß eine Aussage für alle $a \in \mathcal{A}$ gilt, zeigen wir zunächst die Aussage für alle $<_\mathcal{R}$-minimalen Elemente von $\mathcal{A}$. Anschließend verifizieren wir die Aussage für alle Elemente $a \in \mathcal{A}$, die nicht $<_\mathcal{R}$-minimal in $\mathcal{A}$ sind. Dabei verwenden wir als *Induktionshypothese*, daß die Aussage für alle $b \in \mathcal{A}$ mit $b <_\mathcal{R} a$ gilt. Mit dem Prinzip der Noetherschen Induktion gilt dann die Aussage für alle $a \in \mathcal{A}$.

Für eine fundierte Ordnung $<_\mathcal{R}$ ist jede Teilordnung $<_{\mathcal{R}'} \subset <_\mathcal{R}$ fundiert. Mit einer Familie fundierter Ordnungen lassen sich neue fundierte Ordnungen durch *lexikographische* Kombinationen definieren: Sei $\mathcal{A} = (\mathcal{A}_s)_{s \in S}$ eine S-indizierte Familie, $w = s_1 \ldots s_k$ und $<_{s_i} \subset \mathcal{A}_{s_i} \times \mathcal{A}_{s_i}$ eine Familie von Ordnungen. Dann ist die durch die $<_{s_i}$ gegebene *lexikographische Ordnung* $<_w$ von $\mathcal{A}_w$ definiert durch: $b_1 \ldots b_k <_w a_1 \ldots a_k$, gdw. $b_1 = a_1, \ldots, b_{i-1} = a_{i-1}$ und $b_i <_{s_i} a_i$ für ein $i \in \{1, \ldots, k\}$. Die lexikographische Ordnung $<_w$ ist fundiert, wenn alle Ordnungen $<_{s_i}$ fundiert sind.

3   *Spezifikationen*

Um formal mit Datenstrukturen und Algorithmen umgehen zu können, verwenden wir sogenannte *Spezifikationen*: Für eine Menge S von Sortensymbolen, eine S-sortierte Signatur Σ und eine endliche Menge Φ geschlossener Σ-Formeln ist das Tripel S=(S,Σ,Φ) eine Spezifikation.[1] Die Formeln in Φ werden die *Axiome* von S genannt. Eine Σ-Algebra M ist ein *Standardmodell* der Spezifikation S genau dann, wenn M ein Standardmodell von Φ ist. S ist eine *zulässige* Spezifikation genau dann, wenn S ein bis auf Σ-Isomorphie *eindeutiges* Standardmodell besitzt.

Für eine zulässige Spezifikation S definieren wir die *Theorie* Th(S) von S als Th(S)=Th(M), wobei M irgendein Standardmodell von S ist. Die Theorie von S ist eindeutig bestimmt, denn mit "S zulässig" gilt $M_1 \simeq_\Sigma M_2$ für alle Standardmodelle M_1 und M_2 von S und folglich Th(M_1)=Th(M_2). Also *spezifiziert* jede zulässige Spezifikation eine *Theorie*.

Wir erhalten zulässige Spezifikationen S' durch *Erweiterung* zulässiger Spezifikationen S durch *Datenstrukturen* und durch *Algorithmen*. Dabei fordern wir, daß jede Erweiterung bestimmten Bedingungen genügt, die garantieren, daß die resultierende Spezifikation S' auch tatsächlich zulässig ist. Als Ausgangspunkt verwenden wir die sogenannte *initiale Spezifikation*, definiert durch (S,Σ,Φ) mit $S=\{\text{bool}\}$, $\Sigma_{w,s}=\varnothing$ außer $\Sigma^c_{\lambda,\text{bool}}=\{\text{true, false}\}$ und $\Phi=\{\neg\text{true}\equiv\text{false}, \forall \text{b:bool } \text{b}\equiv\text{true} \vee \text{b}\equiv\text{false}\}$.

---

[1] Den Begriff "Spezifikation" haben wir aus [Goguen et al., 1978] übernommen, wobei Φ dort jedoch nur Σ-*Gleichungen* enthält.

3.1 Datenstrukturen

Wir erweitern eine zulässige Spezifikation S durch eine S'-*Struktur* D für ein neues Sortensymbol s durch Angabe der Konstruktorsymbole, mit denen die Elemente der neuen Datenstruktur aufgebaut werden. Zusätzlich ordnen wir jedem Konstruktor eine Menge von *Selektorsymbolen* zu und definieren die Signatur für alle diese neuen Funktionssymbole. Beispielsweise wird die Datenstruktur für number eingeführt durch

structure 0 succ(pred:number):number .

Hier sind $0 \in \Sigma^c_{\lambda,\text{number}}$ und $\text{succ} \in \Sigma^c_{\text{number,number}}$ die neuen Konstruktoren, und $\text{pred} \in \Sigma^d_{\text{number,number}}$ ist der (einzige) Selektor von succ. Als weiteres Beispiel betrachten wir die Datenstruktur für list aus Kapitel 1

structure empty add(head:number tail:list):list .

Hier sind $\text{empty} \in \Sigma^c_{\lambda,\text{list}}$ und $\text{add} \in \Sigma^c_{\text{number,list,list}}$ die Konstruktoren von list, und $\text{head} \in \Sigma^d_{\text{list,number}}$ und $\text{tail} \in \Sigma^d_{\text{list,list}}$ sind die Selektoren von add. Formal definieren wir: Für eine Spezifikation $S'=(\mathcal{S},\Sigma',\Phi')$ heißt ein Ausdruck D

(*)   *structure* $c^1(b^{1,1}{:}s^{1,1} \ldots b^{1,n_1}{:}s^{1,n_1}) \ldots c^k(b^{k,1}{:}s^{k,1} \ldots b^{k,n_k}{:}s^{k,n_k})$:s ,

eine S'-*Struktur* für s genau dann, wenn $s^{i,j} \in \mathcal{S}'$, $s \in \mathcal{S}'$, $c^i \in \Sigma'^c_{s^{i,1},\ldots,s^{i,n_i},s}$, $b^{i,j} \in \Sigma'^d_{s,s^{i,j}}$, alle Funktionssymbole in D verschieden sind und mindestens einer der Konstruktoren c^i in D irreflexiv ist. Die Funktionssymbole $b^{i,j}$ sind die *Selektoren* der Konstruktoren c^i in D. Die S'-Struktur D für s ist genau dann *zulässig* für eine Spezifikation $S=(\mathcal{S},\Sigma,\Phi)$, wenn alle Funktionssymbole in D und die neue Sorte s nicht in S vorkommen (also mit D erst eingeführt werden). Die Definition einer S'-Struktur legt also nur (sprach-)syntaktische Eigenschaften fest, während die Forderung der Zulässigkeit die Verträglichkeit von Spezifikationen in Termini von Funktions- und Sortensymbolen festlegt.

Sei D eine S'-Struktur für s, die für S zulässig ist. Dann ordnen wir der neuen Sorte s eine endliche Menge sogenannter *Repräsentationsformeln* REP_s zu. Diese Menge enthält geschlossene Σ'-Formeln, die Eigenschaften der neuen Datenstruktur axiomatisieren. REP_s wird aus D in uniformer Weise erzeugt (siehe Anhang A). Beispielsweise erhalten wir für die Datenstruktur list die folgende Menge von Repräsentationsformeln REP_{list}

$$\{ \; \forall k{:}list \; \forall n{:}number \; \neg empty \equiv add(n\;k), \qquad \forall k{:}list \; k \equiv empty \lor k \equiv add(head(k)\;tail(k)),$$

$$\forall k{:}list \; \forall n{:}number \; head(add(n\;k)) \equiv n, \qquad \forall k{:}list \; \forall n{:}number \; tail(add(n\;k)) \equiv k,$$

$$head(empty) \equiv 0, \qquad\qquad\qquad\qquad tail(empty) \equiv empty,$$

$$\forall k_1,k_2{:}list \; \forall n_1,n_2{:}number \; add(n_1\;k_1) \equiv add(n_2\;k_2) \to n_1 \equiv n_2 \land k_1 \equiv k_2 \}. \quad [2]$$

Eine Spezifikation $S'=(\mathcal{S},\Sigma',\Phi')$ ist genau dann eine *zulässige Erweiterung* einer zulässigen Spezifikation $S=(\mathcal{S},\Sigma,\Phi)$ durch eine S'-Struktur D, wenn D für S zulässig ist, $\mathcal{S}'=\mathcal{S}\cup\{s\}$, Σ'^c ist Σ^c, erweitert durch die Konstruktoren in D, Σ'^d ist Σ^d, erweitert durch die Selektoren in D und $\Phi'=\Phi\cup REP_s$. Dann ist D in S' und in allen zulässigen Erweiterungen von S' *enthalten.* [3]

Wir ordnen jeder S-Struktur für s, die in einer zulässigen Spezifikation $S=(\mathcal{S},\Sigma,\Phi)$ mit Standardmodell $M=(\mathcal{A},\alpha)$ enthalten ist, eine Ordnungsrelation $<_s \subset \mathcal{A}_s \times \mathcal{A}_s$ zu und definieren: $b <_s a$ gdw. $a=\alpha_c(a_1...a_n)$ für einen reflexiven Konstruktor $c \in \Sigma^c_{w,s}$ und $b \leq_s a_i$ für ein $i \in rPos(c)$. $<_s$ heißt die *strukturelle Ordnung* von s in M und ist fundiert.

Damit wird der S-Struktur für list beispielsweise die folgende Ordnungsrelation $<_{list} \subset \mathcal{A}_{list} \times \mathcal{A}_{list}$ zugeordnet: $k_1 <_{list} k_2$ gdw. $k_2 = add(m\;l)$ und $k_1 \leq_{list} l$. Das Element *empty* ist somit das einzige $<_{list}$ - minimale Element von $\mathcal{A}_{list}$.

---

[2] Die Formeln $head(empty) \equiv 0$ und $tail(empty) \equiv empty$ wirken (im Unterschied zu den restlichen Repräsentationsformeln) zunächst wenig einleuchtend. Da die Semantik der Logik erster Stufe jedoch *totale* Operationen verlangt, erlauben wir uns, für die Argumente außerhalb des "natürlichen" Definitionsbereichs einer Operation Ergebnisse zu fordern, die für unsere Zwecke von Vorteil sind, vgl. Abschnitt 4.2.

[3] Für eine zulässige Erweiterung S' einer zulässigen Spezifikation S durch eine S'-Struktur ist S' in der Terminologie der *Algebraischen Spezifikationen* eine *vollständige* und *konsistente* Erweiterung und damit eine *konservative* Erweiterung von S, vgl. [Ehrig und Mahr, 1985].

Unser Begriff der S-Struktur entspricht dem *shell principle* in [Boyer und Moore, 1979] und der *type definition* in [Aubin, 1979]. Die Menge der Repräsentationsformeln REP_S entspricht den *shell axioms* [Boyer und Moore, 1979] und den speziellen Ableitungsregeln für die *type definitions* [Aubin, 1979].

3.2 Algorithmen

Zulässige Spezifikationen S können auch durch einen neuen Algorithmus erweitert werden: Für eine Spezifikation $S'=(\mathcal{S}',\Sigma',\Phi')$ heißt ein Ausdruck F, gegeben durch

$$\textit{function } f(x^*{:}w){:}s \Leftarrow$$
$$\textit{if } \varphi_1 \textit{ then } r_1$$
$$\dots$$
$$\textit{if } \varphi_k \textit{ then } r_k \, ,$$

ein S'-*Algorithmus* für f genau dann, wenn $f \in \Sigma'^d_{w,s}$, $x^* \in \mathcal{V}_w$, φ_i eine quantorfreie Σ'-Formel und r_i ein Σ'-Term der Sorte s ist. Dabei ist $x^*{:}w$ eine Abkürzung für $x_1{:}s_1\dots x_n{:}s_n$, so daß $x^*=x_1\dots x_n$, $w=s_1\dots s_n$ und $n\neq0$. Zusätzlich fordern wir, daß alle Variablen in φ_i und r_i in der Liste der *formalen Parameter* x^* von F enthalten sind. Beispielsweise sind die Algorithmen für remove, sort und member aus Kapitel 1 S'-Algorithmen.

Die Ausdrücke "*if* φ_i *then* r_i" sind die *Fälle* von F, φ_i ist die *Bedingung*, und r_i ist das *Ergebnis* des Falles i. F ist ein *rekursiver* S'-Algorithmus genau dann, wenn mindestens ein Fall i von F *rekursiv* ist, d.h. φ_i oder r_i mindestens einen f-Term enthalten.[4] Die Menge der *Definitionsformeln* DEF_F von F ist

---

4 Hier ist mit "rekursiv" natürlich nicht "rekursiv" im Sinne der Berechenbarkeitstheorie gemeint. Alle Operationen, die durch einen zulässigen S'-Algorithmus berechnet werden, sind *rekursive Operationen* im Sinne der Berechenbarkeitstheorie, unabhängig davon, ob der *Algorithmus* nun rekursiv ist oder nicht. Wir könnten den Ausdruck "induktiv definierter Algorithmus"

definiert als

$$DEF_F = \{\ \forall\, x^*{:}w\ \varphi_1 \rightarrow fx^* {\equiv} r_1\ ,\ \dots\ ,\ \forall\, x^*{:}w\ \varphi_k \rightarrow fx^*{\equiv}r_k\ \}.$$

Beispielsweise besitzt der Algorithmus M für member

> *function* member(n:number x:list):bool $\Leftarrow$
> *if* x$\equiv$empty *then* false
> *if* x$\equiv$add(head(x) tail(x)) $\wedge$ head(x)$\equiv$n *then* true
> *if* x$\equiv$add(head(x) tail(x)) $\wedge$ $\neg$head(x)$\equiv$n *then* member(n tail(x)) ,

die folgende Menge DEF_M von Definitionsformeln:

$\{\ \forall$ n:number $\forall$ x:list x$\equiv$empty $\rightarrow$ member(n x)$\equiv$false ,

   $\forall$ n:number $\forall$ x:list x$\equiv$add(head(x) tail(x)) $\wedge$ head(x)$\equiv$n $\rightarrow$ member(n x)$\equiv$true ,

   $\forall$ n:number $\forall$ x:list x$\equiv$add(head(x)tail(x)) $\wedge$ $\neg$head(x)$\equiv$n $\rightarrow$ member(n x)$\equiv$member(n tail(x)) \}.

Ein S'-Algorithmus F heißt *deterministisch* in einer zulässigen Spezifikation $S=(S,\Sigma,\Phi)$ mit $S{\subseteq}S'$ und $\Sigma{\subset}\Sigma'$, gdw. $[\forall\, x^*{:}w\ \varphi_i \rightarrow \neg\varphi_j] \in Th(S,\Sigma')$ für alle Fälle i und j mit i$\neq$j, d.h. es gibt *höchstens* eine Bedingung, die für eine Eingabe erfüllt ist. F ist *total* in S, gdw. $[\forall\, x^*{:}w\ \varphi_1 \vee \dots \vee \varphi_k] \in Th(S,\Sigma')$, d.h. es gibt *mindestens* eine Bedingung, die für eine Eingabe erfüllt ist.[5]

Damit ist der Algorithmus für member deterministisch, falls

$\forall$ ... x$\equiv$empty $\rightarrow$ $\neg$(x$\equiv$add(head(x) tail(x)) $\wedge$ head(x)$\equiv$n)] $\in$ Th(S, Σ') ,

$\forall$ ... x$\equiv$empty $\rightarrow$ $\neg$(x$\equiv$add(head(x) tail(x)) $\wedge$ $\neg$head(x)$\equiv$n)] $\in$ ·Th(S, Σ') ,und

$\forall$ ... x$\equiv$add(head(x) tail(x)) $\wedge$ head(x)$\equiv$n$\rightarrow$$\neg$(x$\equiv$add(head(x)tail(x)) $\wedge$ $\neg$head(x)$\equiv$n)]$\in$ Th(S, Σ')

gilt. Der Algorithmus ist total, wenn

---

anstelle unseres "rekursiven Algorithmus" verwenden. Wir sehen jedoch davon ab, da die mehrdeutige Verwendung von "rekursiv" in der Informatik durchgängig ist.

[5] Wir benötigen die Σ'-Expansion Th(S,Σ') von Th(S), da eine Bedingung φ_i einen f-Term enthalten kann.

[∀ ... x≡empty ∨ x≡add(head(x) tail(x)) ∧ head(x)≡n ∨ x≡add(head(x) tail(x)) ∧ ¬head(x)≡n]

in Th(S,Σ') enthalten ist.

Sei M=($\mathcal{A}$,α) ein Standardmodell von S. Dann *terminiert* F in S, gdw. eine fundierte Ordnungsrelation $<_{\mathcal{R}}$ von $\mathcal{A}_w$ existiert, so daß für jede Σ'-Expansion M' = ($\mathcal{A}$,α') von M, für jedes a*∈ $\mathcal{A}_w$, für jeden rekursiven Fall i von F und für jeden f-Term $f\delta_{i,h}(x*)$ im Fall i gilt:

$$M'[\![x*/a*]\!] \vDash \varphi_i \quad \text{impliziert} \quad M'[\![x*/a*]\!] (\delta_{i,h}(x*)) <_{\mathcal{R}} a* .$$

Dabei ist $\delta_{i,h}$ eine Substitution, die der Liste der formalen Parameter x* die Liste $\delta_{i,h}(x*)$ der *aktuellen Parameter* im rekursiven Aufruf zuordnet. Die fundierte Ordnung $<_{\mathcal{R}}$ heißt auch eine *Terminierungsordnung* von F in M'.[6]

Mit $(n_1, k_1) <_{\mathcal{R}} (n_2, k_2)$ gdw. $k_1 <_{list} k_2$ ist beispielsweise eine Terminierungsordnung $<_{\mathcal{R}} \subseteq \mathcal{A}_{number,list} \times \mathcal{A}_{number,list}$ für den Algorithmus M für member gegeben, denn es gilt $M'[\![(n, x)/(n, k)]\!] ((n, tail(x))) <_{\mathcal{R}} (n, k)$, wenn $M'[\![(n, x)/(n, k)]\!]$ $\vDash$ x≡add(head(x) tail(x)) ∧ ¬head(x)≡n gilt. Alle Paare der Form $(n, empty)$ sind hier $<_{\mathcal{R}}$ - minimale Elemente von $\mathcal{A}_{number,list}$.

Ein S'-Algorithmus F für f heißt *zulässig* für eine zulässige Spezifikation S= (S,Σ,Φ), gdw. f∉ Σ, F deterministisch und total ist und in S terminiert. Eine Spezifikation S'=(S,Σ',Φ') ist eine *zulässige Erweiterung* von S durch F, gdw. F zulässig für S ist und S =S, $\Sigma^{d'}=\Sigma^d\cup\{f\}$ und $\Phi'=\Phi\cup DEF_F$ gilt. In diesem Fall ist F in S' und in allen zulässigen Erweiterungen von S' *enthalten*.[7]

Wir ordnen jedem Algorithmus F, der in einer zulässigen Spezifikation S = (S,Σ,Φ) mit Standardmodell M=($\mathcal{A}$,α) enthalten ist, eine Ordnungsrelation $<_F \subseteq \mathcal{A}_w \times \mathcal{A}_w$ zu und definieren: b* $<_F$ a*, gdw. es einen f-Term $f\delta_{i,h}(x*)$ in einem re-

---

6 Wir benötigen die Σ'-Expansionen M' von M, da ein Ergebnis r_i eines Falles geschachtelte *f*-Terme (wie etwa bei *Ackermanns Funktion*) enthalten kann.

7 Für eine zulässige Erweiterung S' einer zulässigen Spezifikation S durch einen S'-Algorithmus ist S' in der Terminologie der *Algebraischen Spezifikationen* eine *vollständige* und *konsistente* Erweiterung und damit eine *konservative* Erweiterung und ein "enrichment" von S, vgl. [Ehrig und Mahr, 1985].

kursiven Fall i von F mit Bedingung φ_i gibt, so daß

$$M[\![x^*/a^*]\!] \models \varphi_i \quad \text{und} \quad b^* \leq_F M[\![x^*/a^*]\!] (\delta_{i,h}(x^*)) \, .$$

Die Ordnung $<_F$ heißt die *Berechnungsordnung* von F in M. $<_F$ ist eine fundierte Ordnung und deshalb auch eine Terminierungsordnung von F, denn es gilt $<_F \subset <_\mathcal{R}$ für jede Terminierungsordnung $<_\mathcal{R}$ von F.

Damit wird dem Algorithmus M für member beispielsweise die folgende Ordnungsrelation $<_M \subset \mathcal{A}_{number,list} \times \mathcal{A}_{number,list}$ zugeordnet: $(n_1, k_1) <_M (n_2, k_2)$ gdw. $k_2 = add(m\ l)$, $m \neq n_2$ und $(n_1, k_1) \leq_M (n_2, l)$. Alle Paare der Form $(n, empty)$ oder $(n, add(n\ l)\,)$ sind damit $<_M$ - minimale Elemente von $\mathcal{A}_{number,list}$.

Der Begriff des S-Algorithmus entspricht der *definition by cases* in [Aubin, 1979] und dem *definition principle* in [Boyer und Moore, 1979]. Die Menge DEF_F der Definitionsformeln entspricht der *definition by k-recursion* [Aubin, 1979] und den Axiomen für das *definition principle* in [Boyer und Moore, 1979].

Unser Begriff der *Terminierung in einer Spezifikation* erfaßt den Begriff der Terminierung allerdings nicht vollständig: Es gibt S'-Algorithmen, die bei allen Eingaben halten, jedoch in keiner Spezifikation S terminieren. *McCarthy's* 91-Funktion und *Ashcroft's* Algorithmus für *reverse* [Manna, Ness und Vuillemin, 1973; Manna 1974] sind Beispiele hierfür, vgl. Abschnitt 1.3. Dieselbe Einschränkung gilt auch für die Systeme von *Aubin* und *Boyer-Moore*. Es gibt jedoch neuere Ansätze, die Terminierung dieser Algorithmen zu behandeln [Boyer und Moore, 1988]. Da uns jedoch keine sinnvollen Beispielalgorithmen bekannt sind, deren Terminierung mit unserem Terminierungsbegriff nicht erfaßt wird, folgen wir hier diesen Ansätzen nicht.

3.3 Normalformen für Algorithmen

Wir definieren einige Normalformen für Algorithmen, die nachfolgend benötigt werden: Ein Algorithmus F ist in *konjunktiver Normalform* (abgekürzt *KNF*), gdw. jede Bedingung eines Falles von F eine *Konjunktion* von *Literalen* ist. Ein Algorithmus F in KNF ist *inkonsistent*, gdw. ein Fall von F mit Bedingung φ *inkonsistent* ist, d.h. φ enthält ein Paar unnegierter Gleichungen $q \equiv c_1 r^*$ und $q \equiv c_2 t^*$ mit $c_1, c_2 \in \Sigma^c$ und $c_1 \neq c_2$. F ist beispielsweise inkonsistent, wenn eine Bedingung von F das Paar von Gleichungen $x \equiv 0$ und $x \equiv \text{succ}(\text{pred}(x))$ enthält. Ein Algorithmus F ist in *Strukturnormalform* (abgekürzt *SNF*), gdw. F in KNF und nicht inkonsistent ist. Beispielsweise sind die Algorithmen für *remove*, *sort* und *member* aus Kapitel 1 in SNF.

Folgender Satz zeigt, daß jede durch einen S-Algorithmus berechnete Operation auch durch einen Algorithmus in Strukturnormalform berechnet werden kann:

Satz 3.1
Für jede zulässige Erweiterung $S'=(S,\Sigma',\Phi')$ einer zulässigen Spezifikation $S=(S,\Sigma,\Phi)$ durch einen S'-Algorithmus F' für $f \in \Sigma'$ existiert eine zulässige Erweiterung $S''=(S,\Sigma',\Phi'')$ von S durch einen S''-Algorithmus F'' für $f \in \Sigma'$, so daß F'' in SNF ist und Th(S')=Th(S'') gilt. ∎

Mit diesem Satz darf nachfolgend davon ausgegangen werden, daß S-Algorithmen in SNF vorliegen, wann immer diese Annahme hilfreich ist. Außerdem sind alle Beispielalgorithmen in dieser Arbeit in SNF.

3.4 Zulässige Spezifikationen und Beweisen durch Induktion

Mit Hilfe zulässiger Erweiterungen können wir jetzt zulässige Spezifikationen induktiv konstruieren: Ausgehend von der initialen Spezifikation als *aktueller* Spezifikation erweitern wir die aktuelle Spezifikation zulässig durch eine Datenstruktur D oder durch einen Algorithmus F. So erhalten wir die neue aktuelle Spezifikation als zulässige Erweiterung der alten aktuellen Spezifikation. Der folgende Satz zeigt, daß dieses Verfahren tatsächlich immer eine zulässige Spezifikation liefert:

Satz 3.2

Ist S die initiale Spezifikation oder eine zulässige Erweiterung einer zulässigen Spezifikation durch eine S-Struktur oder durch einen S-Algorithmus, so ist S eine zulässige Spezifikation.   ∎

Spezifikationen können auch durch *Lemmata* erweitert werden: Eine Spezifikation $S'=(S',\Sigma',\Phi')$ ist eine zulässige Erweiterung einer Spezifikation $S=(S,\Sigma,\Phi)$ durch ein S'-*Lemma* φ, gdw. $S'=S$, $\Sigma'=\Sigma$, $\Phi'=\Phi\cup\{\varphi\}$ und $\varphi\in\mathrm{Th}(S)$. Damit wird natürlich nicht die Theorie erweitert, denn $\mathrm{Th}(S')=\mathrm{Th}(S)$. Diese Erweiterungsmöglichkeit hat jedoch beweistechnische Relevanz, da wir φ jetzt in Ableitungen verwenden können, ohne dafür erneut einen Beweis führen zu müssen. Da wir hier jedoch nicht an technischen Problemen des Induktionsbeweisens interessiert sind, werden wir diese Erweiterungsmöglichkeit nachfolgend außer acht lassen.

Angenommen, wir haben ausgehend von der initialen Spezifikation eine zulässige Spezifikation $S=(S,\Sigma,\Phi)$ als zulässige Erweiterung durch Datenstrukturen und Algorithmen erhalten. Dann repräsentieren die *Axiome* Φ von S das *explizite Wissen* über die Datenstrukturen und die in S enthaltenen Algorithmen. Die *Theorie* von S dagegen enthält *alle* Wahrheiten über die Datenstrukturen und die Algorithmen in S. Damit repräsentiert Th(S) das explizite und das *implizite Wissen* über die Datenstrukturen und die Algorithmen in S, soweit dies als Formel erster Stufe geschrieben werden kann. Enthält S beispielsweise die Algorithmen für sort und member und die Datenstruktur list aus Kapitel 1, so wird durch

$$[\forall\ n{:}number\ \forall\ x{:}list\ member(n\ x)\equiv true \rightarrow member(n\ sort(x))\equiv true] \in Th(S)$$

formal ausgedrückt, daß kein Listenelement verloren geht, wenn sort eine Liste bearbeitet. Wenn wir Eigenschaften von Algorithmen *verifizieren* wollen, benötigen wir also irgendein beweistechnisches Hilfsmittel, um festzustellen, ob eine Formel φ in der Theorie Th(S) enthalten ist. Darüber hinaus benötigen wir dieses Hilfsmittel auch, um festzustellen, ob eine Formel φ in der Expansion einer Theorie Th(S) enthalten ist, wenn bei Erweiterung einer zulässigen Spezifikation durch einen Algorithmus dessen Determinimus und Totalität geprüft werden müssen. Wie wir später sehen werden, läßt sich auch der Terminierungstest auf die Frage "$\varphi \in Th(S)$" zurückführen.

Da wir uns hier für Automatisches Beweisen interessieren, benötigen wir *syntaktische* Kriterien, die $\varphi \in Th(S)$ garantieren: Angenommen, wir haben einen korrekten und vollständigen Kalkül erster Stufe K. Wie üblich schreiben wir $\Psi \vdash \psi$, um auszudrücken, daß ψ in K aus der Menge der Hypothesen Ψ abgeleitet werden kann. Damit ist $\Phi \vdash \varphi$ hinreichend für $\varphi \in Th(S)$, aber mit ausschließlicher Verwendung der Axiome Φ von S als Hypothesen können nur Formeln abgeleitet werden, die in *allen* Modellen von Φ gelten. Damit verfehlen wir diejenigen Formeln, die in einem Standardmodell von S gelten, aber in einem Nichtstandardmodell von Φ falsch sind, und es sind gerade diese Formeln, die für unser Anliegen interessant sind.

Um dieses Problem zu lösen, verwendet man Formelschemata, um *Induktionsaxiome* für eine zulässige Spezifikation S (kurz: *S-Induktionsaxiome*) zu gewinnen. Enthält S beispielsweise die in Abschnitt 3.1 für list gegebene Datenstruktur, so ist für jede Σ-Formel ψ mit $z \in \mathcal{V}_{list}$ als einzige freie Variable in ψ

$$(*)\quad \psi[z/empty] \wedge \forall\ x{:}list\ (\psi[z/x] \rightarrow \forall\ n{:}number\ \psi[z/add(n\ x)]) \rightarrow \forall\ z{:}list\ \psi$$

ein S-Induktionsaxiom, wobei $\psi[z/t]$ aus ψ entsteht, indem jedes freie Vorkommen von z in ψ durch t ersetzt wird. Man kann rein syntaktische Kriterien in Form von Formelschemata erster Ordnung formulieren, um ein S-Induktionsaxiom für eine Σ-Formel zu erzeugen, so wie z. B. (*) für ψ erzeugt wurde. Die zentrale Idee dabei ist, daß aus jedem *terminierenden* Algorithmus in uniformer Weise ein S-Induktionsaxiom gewonnen werden kann. Damit liefert ein Verfahren zur Automatisierung von Terminierungsbeweisen gleichzeitig einen Beitrag zum Automatischen Beweisen durch Vollständige Induktion. Wir wollen hier jedoch nicht weiter auf Details der Erzeugung von S-Induktionsaxiomen eingehen. Der interessierte Leser sei auf die Arbeiten [Aubin, 1979; Boyer und Moore, 1979] verwiesen, in denen Verfahren diskutiert werden, die S-Induktionsaxiome als Instanzen von Formelschemata erster Ordnung erzeugen.

Wir fordern hier lediglich, daß jedes S-Induktionsaxiom einer zulässigen Spezifikation S in einem Standardmodell von S gilt, d.h. $I(S) \subset Th(S)$. Dabei bezeichnet $I(S)$ die Menge aller S-Induktionsaxiome, die als Instanzen eines bestimmten (entscheidbaren) Formelschemas für S-Induktionsaxiome gewonnen werden können. Offenbar ist mit dieser Forderung $\Phi \cup I(S) \vdash \varphi$ hinreichend für $\varphi \in Th(S)$, und dies ist die Grundidee, auf der das (traditionelle[8]) Automatische Beweisen durch vollständige Induktion beruht. Damit hängt die Leistungsfähigkeit eines Induktionsbeweissystems in großem Maße von der "Qualität" seines Schemas für S-Induktionsaxiome ab. Als Konsequenz von *Gödel's* Erstem Unvollständigkeitssatz können wir natürlich nicht "$\varphi \in Th(S)$" für *alle* $\varphi \in Th(S)$ verifizieren, denn $\Phi \cup I(S) \not\vDash \varphi$ für ein $\varphi \in Th(S)$, gleich wie "erschöpfend" $I(S)$ definiert ist. Experimente mit Induktionsbeweissystemen belegen jedoch, daß dieser Ansatz trotz der Unvollständigkeit große praktische Relevanz hat, vgl. [Aubin 1979, Boyer und Moore 1975, Boyer und Moore 1979].

Im folgenden verwenden wir " $\vdash_S \varphi$ " als abkürzende Schreibweise für " $\Phi \cup I(S) \vdash \varphi$ ", wobei S für eine zulässige Spezifikation steht. Damit steht " $\vdash_S \varphi$ " für "φ ist aus Φ durch ein Induktionsbeweissystem herleitbar", also beispielsweise durch eines der Systeme beschrieben in [Aubin, 1979; Boyer und Moore,

---

[8] Induktionsbeweisverfahren, die durch Modifikation des *Knuth-Bendix Vervollständigungsverfahrens* gewonnen werden, bezeichnen wir hier als nicht "traditionell" - siehe [Kapur und Musser 1987] für eine Diskussion dieses Ansatzes.

1979; Biundo et al., 1986].[9]

Ausgehend von Satz 3.2 und $\vdash_S$ können wir uns nun eine Softwareentwicklungs- (und Verifikations-)umgebung als ein System vorstellen, das *zulässige Spezifikationen verwaltet*: Nach dem Urstart enthält das System die initiale Spezifikation als aktuelle Spezifikation. Der Systembenutzer definiert nun die Datenstrukturen und Algorithmen, an denen er interessiert ist, in Form von S-Strukturen und S-Algorithmen. Das System überprüft jede Eingabe auf Zulässigkeit und erweitert gegebenenfalls seine aktuelle Spezifikation. Andernfalls wird die Eingabe mit einer Fehlermeldung zurückgewiesen.

Um den Zulässigkeitstest für S-Algorithmen zu implementieren, verwendet unser System einen *Induktionsbeweiser*, der die Tests auf Determinismus und Totalität durchführt. Die übrigen Zulässigkeitskriterien sind trivialer syntaktischer Natur, ausgenommen das Kriterium für *Terminierung*. Wir beschäftigen uns daher im verbleibenden Teil dieser Arbeit damit, unser System um ein Verfahren zu erweitern, das die *Terminierung* von S-Algorithmen *automatisch* erkennt.

---

9 Man beachte: $\Phi \cup I(S) \vdash \psi$ für eine Σ'-Formel ψ ist hinreichend für $\psi \in \text{Th}(S,\Sigma')$, d.h. ψ ist dann Element der Σ'-*Expansion* der Theorie von S.

3.5 *Zusammenfassung*

▸ *Zulässige Spezifikationen* bilden den formalen Rahmen für den Umgang mit Datenstrukturen und Algorithmen.

▸ Die *Theorie* einer zulässigen Spezifikation enthält alle wahren Sätze über die Datenstrukturen und Algorithmen der Spezifikation, soweit diese auf der ersten Stufe formulierbar sind.

▸ Um festzustellen, ob eine Formel in der Theorie einer zulässigen Spezifikation enthalten ist, müssen *Induktionsbeweise* geführt werden. Dieser Test wird durch *Induktionsbeweissysteme* automatisiert.

▸ Die *Terminierung* von Algorithmen ist das wichtigste Kriterium bei Aufbau zulässiger Spezifikationen. Der Terminierungsnachweis für einen Algorithmus liefert den Ausgangspunkt für die *automatische Erzeugung* geeigneter Induktionsaxiome.

4 Beweisen durch Abschätzen mit dem E-Kalkül

4.1 Die Anzahlordnung

Für Terminierungsbeweise werden häufig fundierte Ordnungen verwendet, die Datenobjekte anhand ihrer "Größe" vergleichen. Beispielsweise vergleicht man Keller anhand ihrer Tiefe, Listen anhand ihrer Länge, Bäume anhand der Anzahl ihrer Knoten usw. Formal versteht man unter der "Größe" eines Datenobjekts die Anzahl der *reflexiven* Konstruktoren, mit denen das Datenobjekt aufgebaut werden kann. Diese Anzahl ist durch die sogenannte *s-count*-Abbildung gegeben. Die *Anzahlordnung* vergleicht nun ein Paar von Datenobjekten durch Vergleich ihrer Größe mit Hilfe der $<_{\mathbb{N}}$-Relation auf den natürlichen Zahlen $\mathbb{N}$. Im verbleibenden Teil dieser Arbeit steht $(\mathcal{A}, \alpha)$ für irgendeine Σ-Standardalgebra A, und wir definieren:

Definition 4.1

Für jedes $s \in S$ wird die *s-count*-Abbildung $\#_s : \mathcal{A} \to \mathbb{N}$ in A definiert durch:

(1) $\#_s(a) = 0$, wenn $a \in \mathcal{A}_{s'}$ und $s \neq s'$,

(2) $\#_s(\alpha_c(a^*)) = 0$, wenn $c \in \Sigma^c_{w,s}$, $a^* \in \mathcal{A}_w$ und c ist irreflexiv,

(3) $\#_s(\alpha_c(a^*)) = 1 + \#_s(a^1) + ... + \#_s(a^{|w|})$, wenn $c \in \Sigma^c_{w,s}$, $a^* = a^1 ... a^{|w|} \in \mathcal{A}_w$ und c ist reflexiv.

Die *Anzahlordnung* $<_\#$ in A ist eine Teilmenge von $\mathcal{A} \times \mathcal{A}$ und definiert als : $a_1 <_\# a_2$ gdw. $a_1, a_2 \in \mathcal{A}_s$ für ein $s \in S$ und $\#_s(a_1) <_{\mathbb{N}} \#_s(a_2)$. Wir schreiben $a_1 =_\# a_2$ gdw. $a_1, a_2 \in \mathcal{A}_s$ gleiche Größe besitzen, d.h. $\#_s(a_1) = \#_s(a_2)$. Weiter verwenden wir $a_1 \leq_\# a_2$ als Abkürzung für $a_1 <_\# a_2$ *oder* $a_1 =_\# a_2$, d.h. $\#_s(a_1) \leq \#_s(a_2)$. ∎[1]

---

[1] Für jedes $a \in \mathcal{A}$ gibt es genau ein $c \in \Sigma^c_{w,s}$ und genau ein $a^* \in \mathcal{A}_w$, so daß $a = \alpha_c(a^*)$, vorausgesetzt $(\mathcal{A}, \alpha)$ ist eine Σ-*Standard*algebra. Damit ist $\#_s$ eine wohldefinierte und totale Abbildung.

Bedingung (1) stellt sicher, daß *Unterstrukturen* der betrachteten Datenstruktur beim Vergleich mit der Anzahlordnung ignoriert werden. Wir zählen also beispielsweise nicht die Anzahl der Konstruktoren für number, wenn wir Elemente der Datenstruktur list vergleichen. Deshalb gilt z.B.

add(succ(succ(0)) empty) $<_\#$ add(0 add(0 empty)),

wobei die Datenstrukturen number und list gegeben sind durch

structure 0 succ(pred:number):number   , und
structure empty add(head:number tail:list):list   .

Wegen Bedingung (2) sind alle mit *irreflexiven* Konstruktoren aufgebaute Datenobjekte *minimale Elemente* der Anzahlordnung. Für die *s-expressions* von LISP [McCarthy et al., 1962], hier definiert durch

structure atom(index:number) nil cons(car:sexpr cdr:sexpr):sexpr   ,

erhalten wir bespielsweise *nil* und alle Datenobjekte der Form *atom*(n) als minimale Elemente in $\mathcal{A}_{\text{sexpr}}$.[2] Für die Anzahlordnung gilt folgender Satz:

Lemma 4.1

$<_\#$ ist eine fundierte und partielle Ordnung von $\mathcal{A}$. ∎

---

[2] Zur Erinnerung: Wir schreiben aus Gründen der besseren Lesbarkeit oft für Operationen *foo* anstatt α_{foo}, also etwa *nil* und *atom* anstatt α_{nil} und α_{atom}, vgl. Abschnitt 2.2.

4.2 Abschätzungen durch argumentbeschränkte Operationen

Angenommen wir wollen für ein Paar q, r von Termen beweisen, daß A⟦ x*/a*⟧ (q) $\leq_\#$ A⟦ x*/a*⟧ (r) für alle Belegungen ⟦ x*/a*⟧ der Variablen in q und r gilt. Da uns bislang nur *semantische* Begriffe zur Verfügung stehen, müssen wir für unsere Beweisaufgabe *syntaktische* Hilfsmittel entwickeln. Als Ausgangspunkt wählen wir die Technik des *Abschätzens*, um Ungleichungen zu beweisen.

Um etwa nachzuweisen, daß (n-m)/p $\leq_\#$ n für alle natürlichen Zahlen n,m und p gilt (wobei hier $\leq_\# = \leq_N$), verwenden wir bestimmte Gesetzmäßigkeiten, die für die verwendeten Operationen gelten, nämlich a/b $\leq_\#$ a für die (gerundete) Division und (a-b) $\leq_\#$ a für die Subtraktion.[3] Mit dem ersten Gesetz schließen wir dann, daß (n-m)/p $\leq_\#$ (n-m) gilt. Mit dem zweiten Gesetz erhalten wir (n-m) $\leq_\#$ n und mit Verwendung der Transitivität von $\leq_\#$ ist die gegebene Ungleichung bewiesen. Wir haben dabei lediglich die beiden Gesetzmäßigkeiten und die Transitivität von $\leq_\#$ verwendet.

Wir werden jetzt diese Technik zum Beweis von Ungleichungen formalisieren und definieren dazu eine Relation auf Termen, die die semantische $\leq_\#$-Relation auf der *syntaktischen Ebene* widerspiegelt.

Betrachten wir die beiden Gesetzmäßigkeiten in unserem Beispiel, so stellen wir folgende Ähnlichkeit fest: Beide drücken aus, daß das Ergebnis einer Operation durch deren erstes Argument (i.S.d. $\leq_\#$-Relation) beschränkt ist. Wir nennen solche Operationen *1-beschränkt*. Natürlich können wir beim Abschätzen auch Gesetzmäßigkeiten verwenden, die das Ergebnis einer Operation durch irgendein anderes Argument beschränken. Wir formalisieren diese Eigenschaft durch den Begriff der *argumentbeschränkten* Operation:

---

[3] Hier nehmen wir an, daß a/0 = 0 und 0-b = 0 gilt.

Definition 4.2

Sei $f \in \Sigma^d_{w,s}$ und $p \in rPos(f)$. Dann ist α_f eine *p-beschränkte* Operation, gdw. $\alpha_f(a^*) \leq_\# a^p$ für alle $a^* \in \mathcal{A}_w$. α_f ist eine *argumentbeschränkte* Operation, gdw. α_f eine *p-beschränkte* Operation für irgendein $p \in rPos(f)$ ist.

Im folgenden steht $\Gamma(A)=(\Gamma_p(A))_{p\in\mathbb{N}}$ für eine Familie von Mengen mit $\Gamma_p(A) \subseteq \Sigma^d$ für alle $p \in \mathbb{N}$. $\Gamma_p(A)$ ist eine Menge *p-beschränkter Funktionssymbole in* A, gdw. α_f eine p-beschränkte Operation für jedes $f \in \Gamma_p(A)$ ist. $\Gamma(A)$ ist eine Familie *argumentbeschränkter Funktionssymbole in* A, gdw. für alle $p \in \mathbb{N}$ $\Gamma_p(A)$ eine Menge p-beschränkter Funktionssymbole in A ist. Nachfolgend schreiben wir kurz Γ_p und Γ, wenn A aus dem Kontext ersichtlich ist. ∎

In der Informatik werden argumentbeschränkte Operationen häufig verwendet, um Algorithmen rekursiv zu definieren. Zum Beispiel sind alle *reflexiven* Selektoren 1-beschränkt, vorausgesetzt, daß sie als Ergebnis ihr Eingabeargument liefern, wenn sie auf einen Konstruktor angewendet werden, zu dem sie nicht gehören. Damit bezeichnen car, cdr, pred und tail 1-beschränkte Operationen, vorausgesetzt, daß $car(nil) = cdr(nil) = nil,$ $car(atom(a)) = cdr(atom(a)) = atom(a),$ $tail(empty) = empty$ und $pred(0) = 0$ gilt (vgl. Abschnitt 3.1 und Abschnitt A.1 in Anhang A).

Beispiele für argumentbeschränkte Operationen aus der Arithmetik sind die *Subtraktion*, die (gerundete) *Division* und die *Restklassen*operation als 1-beschränkte Operationen, denn es gilt $n-m \leq_\mathbb{N} n$, $n/m \leq_\mathbb{N} n$ und $(n \bmod m) \leq_\mathbb{N} n$ (wobei hier $0-m=0$, $n/0 \leq_\mathbb{N} n$ und $(n \bmod 0) \leq_\mathbb{N} n$ angenommen wird). Die Restklassenoperation ist auch 2-beschränkt, d.h. $(n \bmod m) \leq_\mathbb{N} m$, falls $(n \bmod 0)=0$ gilt.[4]

In der Programmiersprache COMMONLISP [Steele, 1984], beispielsweise, bezeichnen nthcdr, member und remove 2-beschränkte Operationen. Unser Algo-

---

[4] Man beachte, daß wir diese zusätzlichen Forderungen nur für "Ausnahmefälle" benötigen, wie z.B. car(nil) oder Division durch Null, deren Ergebnis normalerweise undefiniert ist. Dies wäre nicht notwendig, wenn wir *partielle* Operationen verwenden könnten. Da die Semantik der Logik erster Stufe jedoch *totale* Operationen verlangt, erlauben wir uns, für die Argumente außerhalb des "natürlichen" Definitionsbereichs einer Operation Ergebnisse anzunehmen, die für unsere Zwecke von Vorteil sind.

rithmus für remove aus Kapitel 1 berechnet eine 2-beschränkte Operation, und es fällt auf, daß all diese Operationen häufig bei rekursiven Definitionen von Algorithmen verwendet werden.

Mit Kenntnis p-beschränkter Funktionssymbole (durch deren Enthaltensein in einer Familie Γ argumentbeschränkter Funktionssymbole) können wir jetzt unser Vorgehen, Ungleichungen durch Abschätzen zu beweisen, formalisieren: Wir definieren den *E-Kalkül* (engl. *estimation calculus*) bestehend aus Axiomen und Schlußregeln, mit denen Ungleichungen bewiesen werden. Wir schreiben $\vdash_\Gamma (q,r)$, wenn wir ein Paar q, r von Termen in unserem Kalkül (relativ zur Familie Γ) ableiten können. Wir fordern natürlich die *Korrektheit* unseres Kalküls, d.h. mit $\vdash_\Gamma (q,r)$ gilt auch $A[\![x^*/a^*]\!](q) \leq_\# A[\![x^*/a^*]\!](r)$ für alle Belegungen $[\![x^*/a^*]\!]$ der Variablen x^* in q und r. Da diese Forderung immer erfüllt ist, wenn $q = r$ gilt, verwenden wir

$$\frac{\quad\overline{}\quad}{(q,q)} \qquad q \in \mathcal{T}(\Sigma,\mathcal{V})$$

als ein Axiom des E-Kalküls, die sogenannte *Identitätsregel*.[5] Nun sei $f \in \Gamma_p$ ein p-beschränktes Funktionssymbol und $q^1,..., q^n,r$ eine Folge von Termen. Dann gilt $A[\![x^*/a^*]\!](fq^1...q^n) \leq_\# A[\![x^*/a^*]\!](q^p)$ für alle Belegungen $[\![x^*/a^*]\!]$ der Variablen in der Folge $q^1,..., q^n,r$. Angenommen wir haben bereits $\vdash_\Gamma (q^p,r)$ nachgewiesen. Dann gilt mit der Korrektheit des E-Kalküls $A[\![x^*/a^*]\!](q^p) \leq_\# A[\![x^*/a^*]\!](r)$ und damit auch $A[\![x^*/a^*]\!](fq^1...q^n) \leq_\# A[\![x^*/a^*]\!](r)$. Wir formalisieren diese Schlußweise durch eine Schlußregel unseres Kalküls, die sogenannte *Argumentregel*:

$$\frac{(q^p,r)}{(fq^1...q^n,r)} \qquad \text{, wenn } f \in \Gamma_p\,,\ fq^1...q^n \in \mathcal{T}(\Sigma,\mathcal{V}),\ r \in \mathcal{T}(\Sigma,\mathcal{V}).$$

---

[5] Wie üblich fassen wir Axiome als *Regeln ohne Prämissen* auf.

Für das 1-beschränkte Funktionssymbol tail und das 2-beschränkte Funktionssymbol remove erhalten wir beispielsweise folgende Ableitung im E-Kalkül:

(x , x) , Identitätsregel,

$(tail(x) , x)$, Argumentregel mit tail 1-beschränkt,

$(remove(n \; tail(x)) , x)$, Argumentregel mit remove 2-beschränkt.

Mit der Korrektheit des E-Kalküls folgt, daß $A[...](remove(n \; tail(x))) \leq_\# A[...](tail(x)) \leq_\# A[x*/a*](x)$ für alle Belegungen $[...]$ der Variablen n und x gilt.

Nachdem wir die beiden wichtigsten Schlußregeln unseres Kalküls definiert
und illustriert haben, vertagen wir die Vorstellung der restlichen Schlußregeln
auf Abschnitt 4.4. Zuvor werden wir ein syntaktisches Hilfsmittel zum Nachweis
der strikten $<_\#$-Relation entwickeln.

4.3 *Differenzliterale für argumentbeschränkte Operationen*

Nachdem wir mit Hilfe des E-Kalküls ein syntaktisches Hilfsmittel zum Nachweis der $\leq_\#$-Relation erhalten haben, entwickeln wir nun ein syntaktisches Hilfsmittel zum Nachweis der $<_\#$-Relation: Für ein Paar q, r von Termen mit $\vdash_\Gamma (q,r)$
suchen wir eine syntaktische Bedingung, die $A[x*/a*](q) <_\# A[x*/a*](r)$ garantiert. Dazu müssen wir nun offensichtlich auch die Variablenbelegungen in Be-
tracht ziehen, denn andernfalls wäre $<_\#$ nicht fundiert.

Wir nehmen daher an, daß jedem p-beschränkten Funktionssymbol $f \in \Gamma_p$ ein
Literal $D_{p,f}(x*)$ zugeordnet ist, das genau dann gilt, wenn der Wert von $f(x*)$
kleiner ist (i.S.v. $<_\#$) als x^p. Wir nennen dieses Literal ein *p-Differenzliteral* von
f. Beispielsweise ist member(n x)$\equiv$true ein 2-Differenzliteral von remove(n x), und
x$\equiv$add(head(x) tail(x)) ist ein 1-Differenzliteral von tail(x).

Definition 4.3

Für $f \in \Gamma_p(A) \cap \Sigma^d_{w,s}$ sei $D_{p,f}(x^*) \in \mathcal{L}it\,(\Sigma, \mathcal{V})$ mit $x^* \in \mathcal{V}_w$. $D_{p,f}(x^*)$ ist ein p-*Differenzliteral von* f *in* A genau dann, wenn

$$A[\![\,x^*/a^*]\!] \models D_{p,f}(x^*) \quad \text{gdw.} \quad \alpha_f(a^*) <_\# a^p \quad \text{für alle } a^* \in \mathcal{A}_w\,. \quad \blacksquare$$

Für die Ungleichungskette $A[\![\,...]\!]\,(\text{remove}(n\ \text{tail}(x))) \leq_\# A[\![\,...]\!]\,(\text{tail}(x)) \leq_\# A[\![\,...]\!]\,(x)$ gilt, daß remove(n tail(x)) *echt* kleiner ist als x, d.h. $(*)$ $A[\![\,...]\!]\,(\text{remove}(n\ \text{tail}(x))) <_\# A[\![\,...]\!]\,(x)$, gdw. mindestens eine der Ungleichungen in der Kette strikt ist. Dies läßt sich aber mit Hilfe der Differenzliterale ausdrükken. Wir erhalten member(n tail(x))$\equiv$true $\vee$ x$\equiv$add(head(x) tail(x)) als eine äquivalente syntaktische Formulierung für die strikte Ungleichung $(*)$. Wir gehen also folgendermaßen vor: Für ein Paar q, r von Termen mit $\vdash_\Gamma (q,r)$ bauen wir die Kette der konstituierenden Ungleichungen auf und sammeln die zugehörigen Differenzliterale in einer sogenannten *Differenzklausel* von q und r. Dann ist das durch q bezeichnete Objekt *echt kleiner* als das durch r bezeichnete Objekt, gdw. mindestens eines der Literale in der Differenzklausel gilt.

Wir formalisieren dieses Vorgehen durch eine Modifikation des E-Kalküls: Mit jedem Termpaar (q,r) wird zusätzlich eine *Differenzklausel* $\Delta \in C\,(\Sigma, \mathcal{V})$ hergeleitet. Dabei soll die Differenzklausel genau dann gelten, wenn die durch q und r benannten Objekte in der $<_\#$-Relation stehen. Wir schreiben dafür $\vdash_\Gamma <(q,r),\Delta>$ und fordern, daß $A[\![\,x^*/a^*]\!] \models \Delta$ gdw. $A[\![\,x^*/a^*]\!]\,(q) <_\# A[\![\,x^*/a^*]\!]\,(r)$ für alle Belegungen $[\![\,x^*/a^*]\!]$ der Variablen in q, r und Δ gilt. Um dieser Forderung zu genügen, modifizieren wir jetzt die Identitäts- und die Argumentregel des E-Kalküls:

Da mit der Identitätsregel nur identische Terme hergeleitet werden können und $A[\![\,x^*/a^*]\!]\,(q) <_\# A[\![\,x^*/a^*]\!]\,(q)$ für keine Variablenbelegung gilt, erhalten wir die leere Klausel als Differenzklausel für diese Regel:

$$\frac{\overline{}}{<(q\,,q)\,,\varnothing>} \qquad q\in \mathcal{T}(\Sigma,\, \mathcal{V})\,.$$

Sei nun f ein p-beschränktes Funktionssymbol mit p-Differenzliteral $D_{p,f}$ und sei $q^1,\dots, q^n,r$ eine Folge von Termen. Dann gilt

(1) $\quad A\llbracket x^*/a^*\rrbracket\,(fq^1\dots q^n) \leq_\# A\llbracket x^*/a^*\rrbracket\,(q^p)$ und

(2) $\quad A\llbracket x^*/a^*\rrbracket \vDash D_{p,f}(q^1\dots q^n)$ gdw. $A\llbracket x^*/a^*\rrbracket\,(fq^1\dots q^n) <_\# A\llbracket x^*/a^*\rrbracket\,(q^p)$

für alle Belegungen $\llbracket x^*/a^*\rrbracket$ der Variablen in der Folge $q^1,\dots,q^n,r$. Angenommen, wir haben bereits $\vdash_\Gamma <(q^p,r),\Delta>$ im modifizierten E-Kalkül hergeleitet. Dann gilt mit der Korrektheit des modifizierten E-Kalküls

(3) $\quad A\llbracket x^*/a^*\rrbracket\,(q^p) \leq_\# A\llbracket x^*/a^*\rrbracket\,(r)$ und

(4) $\quad A\llbracket x^*/a^*\rrbracket \vDash \Delta$ gdw. $A\llbracket x^*/a^*\rrbracket\,(q^p) <_\# A\llbracket x^*/a^*\rrbracket\,(r)$

und damit

(5) $\quad A\llbracket x^*/a^*\rrbracket\,(fq^1\dots q^n) \leq_\# A\llbracket x^*/a^*\rrbracket\,(r)$ und

(6) $\quad A\llbracket x^*/a^*\rrbracket \vDash \{D_{p,f}(q^1\dots q^n)\}\cup\Delta$ gdw. $A\llbracket x^*/a^*\rrbracket\,(fq^1\dots q^n)<_\# A\llbracket x^*/a^*\rrbracket\,(r)$.

Wir formalisieren diese Schlußweise durch eine Modifikation der Argumentregel:

$$\frac{<(q^p\,,r)\quad,\quad \Delta>}{<(fq^1\dots q^n\,,r)\quad,\quad \Delta\cup\{D_{p,f}(q^1\dots q^n)\}>} \qquad \begin{array}{l}\text{mit } f\in\Gamma_p \text{ und}\\[4pt] ,D_{p,f}(x^*) \text{ ist ein p-Differenz-}\\[4pt] \text{literal von } f(x^*).\end{array}$$

Für die Abschätzung aus Abschnitt 4.2 erhalten wir beispielsweise jetzt die folgende Herleitung im modifizierten E-Kalkül:

(1)   < (x , x)   ,   Ø >
(2)   < (tail(x) , x)   , {x≡add(head(x) tail(x))} >
(3)   < (remove(n tail(x)) , x) , {x≡add(head(x) tail(x)) , member(n tail(x))≡true} > .

Dabei haben wir (1) die Identitätsregel, (2) die Argumentregel mit "tail 1-beschränkt" und (3) die Argumentregel mit "remove 2-beschränkt" verwendet. Offensichtlich haben wir das erwünschte Ergebnis erhalten und damit formal bewiesen, daß A[...] (remove(n tail(x))) <$_\#$ A[..] (x) gdw. A[...] ⊨ member(n tail(x))≡true ∨ x≡add(head(x) tail(x)) (für alle Belegungen [...] der Variablen n und x) gilt.

4.4 Abschätzungen durch Datenstrukturen

Nachdem wir die wichtigsten Regeln des E-Kalküls definiert und veranschaulicht haben, stellen wir nun die restlichen Regeln vor. Wir benötigen diese zusätzlichen Regeln, um die Leistungsfähigkeit unseres Kalküls beim Beweisen von Ungleichungen zu steigern, wobei wir natürlich keinen *vollständigen* E-Kalkül erhalten. Diese Unvollständigkeit stört uns jedoch nicht, da wir den E-Kalkül nur für bestimmte Abschätzungen verwenden, nämlich solche, die bei Terminierungsbeweisen und bei der Berechnung von Differenzliteralen anfallen, vgl. Kapitel 5 und 6. Wir wir sehen werden, ist der E-Kalkül für unsere Zwecke "vollständig genug".

Alle im folgenden vorgestellten Regeln hängen allein von der Definition einer Datenstruktur ab, d.h. diese Regeln können uniform aus den S-Strukturen einer Spezifikation gewonnen werden. Deshalb ist kein bestimmtes Wissen bei Definition dieser Regeln erforderlich, im Unterschied zur Argumentregel, für die p-beschränkte Funktionssymbole und deren p-Differenzliterale bekannt sein müssen.

Wir veranschaulichen jede Regel durch ein Beispiel, bevor wir in Abschnitt 4.5 eine formale Definition des E-Kalküls angeben und dessen Korrektheit beweisen. Wir beginnen mit den Axiomen des Kalküls, d.h. den Schlußregeln ohne Prämissen:

Seien c_1q^* und c_2r^* Terme, wobei $c_1, c_2 \in \Sigma^c$ irreflexiv sind. Beispielsweise vergleichen wir den Term atom(n) mit nil. Offenbar gilt $A[\ldots](atom(n)) =_\# A[\ldots](nil)$ für alle Belegungen der Variablen n, und wir erhalten die folgende Instanz der *Äquivalenzregel*:

$$\frac{-}{< (\,atom(n)\,,\,nil\,)\,,\,\varnothing\,>} \quad .$$

Seien c_1q^* und c_2r^* Terme, wobei $c_1 \in \Sigma^c_{v,s}$ irreflexiv und $c_2 \in \Sigma^c_{w,s}$ reflexiv ist. Beispielweise wollen wir die Terme atom(n) und cons(x y) vergleichen. Offenbar gilt $A[\ldots](atom(n)) <_\# A[\ldots](cons(x\ y))$ für alle Belegungen der Variablen in den Termen, und wir erhalten die folgende Instanz der *Konstruktorregel*:

$$\frac{-}{< (\,atom(n)\,,\,cons(x\ y)\,)\,,\,\{TRUE\}\,>} \quad .$$

Seien c_1q^* und r Terme, wobei $c_1 \in \Sigma^c_{v,s}$ irreflexiv ist. Beispielsweise wollen wir den Term atom(n) mit der Variablen x vergleichen. Es gilt offenbar $A[\ldots](atom(n)) \leq_\# A[\ldots](x)$ für alle Belegungen der Variablen in den Termen, und $A[\ldots](atom(n)) <_\# A[\ldots](x)$ genau dann, wenn x durch einen reflexiven Konstruktor darstellbar ist. Damit erhalten wir folgende Instanz der *Minimumregel*:

$$\frac{-}{< (\,atom(n)\,,\,x\,)\,,\,\{x \equiv cons(car(x)\ cdr(x))\}\,>} \quad .$$

Wir illustrieren jetzt die nicht-Axiom Regeln, d.h. die Regeln des E-Kalküls mit Prämissen: Seien q und $cr^1...r^n$ Terme, so daß $\vdash_\Gamma <(q,r^p),\Delta>$ gilt und p eine reflexive Argumentposition des Konstruktors c ist. Beispielsweise gilt $\vdash_\Gamma$ $<$ (tail(x) , x) , {x≡add(head(x) tail(x))} $>$, und wir wollen tail(x) mit add(m x) vergleichen. Mit $A⟦...⟧(\text{tail}(x)) \leq_\# A⟦...⟧(x)$ gilt dann auch $A⟦...⟧(\text{tail}(x)) <_\#$ $A⟦...⟧(\text{add}(m\ x))$ für alle Belegungen der Variablen in den Termen, und wir erhalten die folgende Instanz der *starken Einbettungsregel*:

$$\frac{<\ (\ \text{tail}(x)\ ,\ x\ )\qquad\qquad,\ \{x\equiv\text{add}(\text{head}(x)\ \text{tail}(x))\}\ >}{<\ (\ \text{tail}(x)\ ,\ \text{add}(m\ x)\ )\ ,\ \{\text{TRUE}\}\ >}\ .$$

Abschließend betrachten wir ein Paar von Termen $cq^1...q^n$ und $cr^1...r^n$, so daß c ein reflexiver Konstruktor ist und $\vdash_\Gamma <(q^j,r^j),\Delta^j>$ für alle reflexiven Argumentpositionen j von c gilt. Beispielsweise wollen wir cons(car(x) cdr(y)) mit cons(x y) vergleichen. Mit $A⟦...⟧(\text{car}(x)) \leq_\# A⟦...⟧(x)$ und $A⟦...⟧(\text{cdr}(y)) \leq_\#$ $A⟦...⟧(y)$ gilt offensichtlich auch $A⟦...⟧(\text{cons}(\text{car}(x)\ \text{cdr}(y))) \leq_\# A⟦...⟧(\text{cons}(x\ y))$ für alle Belegungen der Variablen in den Termen, und wir erhalten folgende Instanz der *schwachen Einbettungsregel*:

$$\frac{<\ (\ \text{car}(x)\ ,\ x\ )\ ,\{x\equiv\text{cons}(\text{car}(x)\ \text{cdr}(x))\}\ >\quad,\quad<\ (\ \text{cdr}(y)\ ,\ y\ )\ ,\ \{\neg y\equiv\text{cdr}(y)\}\ >}{<\ (\ \text{cons}(\text{car}(x)\ \text{cdr}(y))\ ,\ \text{cons}(x\ y)\ )\ ,\ \{x\equiv\text{cons}(\text{car}(x)\ \text{cdr}(x))\}\ \cup\ \{\neg y\equiv\text{cdr}(y)\}\ >}\ .$$

4.5   *Formale Definition und Korrektheit des E-Kalküls*

Nachdem wir alle Schlußregeln vorgestellt haben, geben wir jetzt die formale
Definition des E-Kalküls und beweisen seine Korrektheit:

Definition   4.4

Sei A=$(\mathcal{A},\alpha)$ eine Σ-Standardalgebra und $\Gamma(A)$ eine Familie argumentbeschränkter Funktionssymbole in A. Dann ist der *E-Kalkül* definiert durch:

(i) Sprache : $\cup_{s\in S}\ \mathcal{T}(\Sigma,\mathcal{V})_s \times \mathcal{T}(\Sigma,\mathcal{V})_s \times C(\Sigma,\mathcal{V})$

(ii) Schlußregeln (Schemata):

(1)   *Identität* (Axiom) : für $q \in \mathcal{T}(\Sigma,\mathcal{V})$

$$\frac{-}{<(q,\,q)\,,\,\varnothing>}$$

(2)   *Äquivalenzregel* (Axiom): für $c_1 \in \Sigma^c_{v,s}$ und $c_2 \in \Sigma^c_{w,s}$ irreflexiv,
       $q^* \in \mathcal{T}(\Sigma,\mathcal{V})_v$ und $r^* \in \mathcal{T}(\Sigma,\mathcal{V})_w$

$$\frac{-}{<(c_1 q^*\,,\,c_2 r^*)\,,\,\varnothing>}$$

(3)   *Konstruktorregel* (Axiom): für $c_1 \in \Sigma^c_{v,s}$ irreflexiv, $c_2 \in \Sigma^c_{w,s}$ reflexiv,
       $q^* \in \mathcal{T}(\Sigma,\mathcal{V})_v$ und $r^* \in \mathcal{T}(\Sigma,\mathcal{V})_w$

$$\overline{}$$

$$\frac{}{<(c_1 q^* , c_2 r^*) , \{TRUE\}>}$$

(4) *starke Einbettung* : für $c \in \Sigma^c_{w,s}$ reflexiv, $p \in rPos(c)$, $q \in \mathcal{T}(\Sigma, \mathcal{V})_s$
und $r^* \in \mathcal{T}(\Sigma, \mathcal{V})_w$

$$<(q , r^p) , \Delta>$$

$$\frac{}{<(q , cr^*) , \{TRUE\}>}$$

(5) *Argumentregel* : für $f \in \Sigma^d_{w,s} \cap \Gamma_p(A)$, $q^* \in \mathcal{T}(\Sigma, \mathcal{V})_w$,
$r \in \mathcal{T}(\Sigma, \mathcal{V})_s$ und ein p-Differenzliteral $D_{p,f}(q^*)$ von fq^*

$$< (q^p , r) , \Delta >$$

$$\frac{}{< (fq^* , r), \Delta \cup \{D_{p,f}(q^*)\} >}$$

(6) *schwache Einbettung* : für $c \in \Sigma^c_{w,s}$ reflexiv, $rPos(c) = \{j_1, \dots , j_k\}$ und
$q^*, r^* \in \mathcal{T}(\Sigma, \mathcal{V})_w$

$$<(q^{j_1} , r^{j_1}) , \Delta_{j_1} >, \quad \dots \quad , <(q^{j_k} , r^{j_k}) , \Delta_{j_k} >$$

$$\frac{}{<(cq^* , cr^*) , \Delta_{j_1} \cup \dots \cup \Delta_{j_k} >}$$

(7) *Minimumregel* (Axiom) : für $c \in \Sigma^c_{v,s}$ irreflexiv, $c_1, \ldots c_k \in \Sigma^c$ sind alle reflexiven Konstruktoren der Sorte s, $b_{i,1}, \ldots, b_{i,h_i}$ sind alle zum reflexiven Konstruktor c_i gehörenden Selektoren, $q^* \in T(\Sigma, \mathcal{V})_v$ und $r \in T(\Sigma, \mathcal{V})_s$

$$\frac{-}{\rule{6cm}{0.4pt}} \ .$$

$$<(cq^*, r), \{r \equiv c_1 b_{1,1} r \ldots b_{1,h_1} r, \ldots, r \equiv c_k b_{k,1} r \ldots b_{k,h_k} r\}>$$

(iii) Eine *Herleitung* im E-Kalkül ist eine Folge von Ausdrücken $<(q_1, r_1), \Delta_1>$, $\ldots, <(q_n, r_n), \Delta_n>$, bei der jeder Ausdruck $<(q_k, r_k), \Delta_k>$ in der Folge die Konsequenz einer Regel ist, deren sämtliche Prämissen vor $<(q_k, r_k), \Delta_k>$ in der Folge vorkommen. So eine Herleitung nennen wir auch eine *Abschätzung* von $<(q_n, r_n), \Delta_n>$. Nachfolgend bezeichnen wir mit $\vdash_\Gamma <(q,r),\Delta>$ die Existenz einer Abschätzung von $<(q, r), \Delta>$ im E-Kalkül. ∎

Nachdem wir den E-Kalkül definiert haben, wollen wir nun dessen Korrektheit beweisen:

Satz 4.1

Seien $q, r \in T(\Sigma, \mathcal{V})$, $\Delta \in C(\Sigma, \mathcal{V})$ und $x^* \in \mathcal{V}_w$ mit $\mathcal{V}(\{q,r\}) \subset \mathcal{V}(x^*)$ und $\vdash_\Gamma <(q,r),\Delta>$. Dann gilt für alle $a^* \in \mathcal{A}_w$

(1) $A[\![x^*/a^*]\!] (q) \leq_\# A[\![x^*/a^*]\!] (r)$, und

(2) $A[\![x^*/a^*]\!] \models \Delta$ gdw. $A[\![x^*/a^*]\!] (q) <_\# A[\![x^*/a^*]\!] (r)$.

Beweisskizze Wir beweisen den Satz durch Induktion über die Länge der Abschätzung von $<(q, r), \Delta>$. Für den Induktionsanfang verifizieren wir die Aussage des Satzes für alle $<(q, r), \Delta>$, die Konsequenz eines der Axiome sind. Im Induktionsschritt beweisen wir die Aussage des Satzes für alle $<(q, r), \Delta>$, die Konsequenz einer der nicht-Axiom Regeln sind, wobei wir als Induktionshypothese annehmen, daß die Aussage für alle Prämissen $\langle(q', r'), \Delta'\rangle$ der Regeln gilt. Für einen detaillierteren Beweis verweisen wir auf Anhang B. ∎

4.6 Das Differenzäquivalent

Sei $S=(\mathcal{S},\Sigma,\Phi)$ eine zulässige Spezifikation mit Standardmodell A, seien q, r $\in$ $\mathcal{T}(\Sigma,\mathcal{V})$ und sei $\varphi \in \mathcal{F}(\Sigma,\mathcal{V})$. Angenommen unsere Aufgabe ist zu beweisen, daß für alle a*$\in \mathcal{A}_w$

$$(*) \qquad A⟦x^*/a^*⟧ \models \varphi \quad \text{impliziert} \quad A⟦x^*/a^*⟧(q) <_\# A⟦x^*/a^*⟧(r)$$

gilt (wobei alle Variablen in q, r und φ in x*$\in \mathcal{V}_w$ enthalten sind). Wir möchten unsere Aufgabe ohne Rückgriff auf semantische Begriffe lösen und gehen deshalb folgendermaßen vor: Zuerst verwenden wir den E-Kalkül, um $\langle(q,r),\Delta\rangle$ für ein $\Delta \in C(\Sigma,\mathcal{V})$ herzuleiten. Wenn uns der Nachweis von

$$(1) \qquad \vdash_\Gamma \langle(q,r),\Delta\rangle$$

gelungen ist, verwenden wir einen Induktionsbeweiser, um

$$(2) \qquad \vdash_S [\,\forall x^*{:}w\ \varphi \to \Delta\,]$$

zu verifizieren. Wenn auch dieser Schritt erfolgreich absolviert ist, dürfen wir

$$(3) \qquad A⟦x^*/a^*⟧ \models \varphi \quad \text{impliziert} \quad A⟦x^*/a^*⟧ \models \Delta$$

annehmen, denn unser Induktionsbeweiser ist nach Voraussetzung korrekt. Mit der Korrektheit des E-Kalküls, vgl. Satz 4.1, erhalten wir

$$(4) \qquad A⟦x^*/a^*⟧ \models \Delta \quad \text{gdw.} \quad A⟦x^*/a^*⟧(q) <_\# A⟦x^*/a^*⟧(r)\,.$$

Mit (3) und (4) gilt die zu zeigende Aussage (*). Offensichtlich haben wir (*) mit rein syntaktischen Hilfsmitteln, nämlich mit (1) und (2), bewiesen, also die Aufgabe so gelöst, wie wir dies anfangs verlangten. Diese Vorgehensweise zeigt, wie wir den E-Kalkül im folgenden verwenden werden. Wir geben ein Beispiel: Angenommen wir wollen zeigen, daß

$$(*)\quad A\llbracket ...\rrbracket \models \neg x\equiv 0 \quad \text{impliziert} \quad A\llbracket ...\rrbracket (\min(\text{pred}(x)\ \text{minus}(x\ y))) <_\# A\llbracket ...\rrbracket (x)$$

gilt, wobei min das Minimum eines Paares natürlicher Zahlen berechnet, pred die Vorgängerfunktion und minus die Subtraktion auf den natürlichen Zahlen bezeichnet. Dann sind min, pred und minus 1-beschränkt, und min ist auch 2-beschränkt. Der Leser mag sich davon überzeugen, daß $\neg\text{minus}(n\ m)\equiv 0$, $\neg n\equiv 0$ und $\neg\text{minus}(n\ m)\equiv n$ 1-Differenzliterale von min(n m), pred(n) bzw. minus(n m) sind, und daß $\neg\text{minus}(m\ n)\equiv 0$ ein 2-Differenzliteral für min(n m) ist. Mit dem E-Kalkül erhalten wir folgende Abschätzung:

(1) $< (x, x)$ $, \varnothing >$

(2) $< (\text{pred}(x), x)$ $, \{\neg x\equiv 0\} >$

(3) $< (\min(\text{pred}(x)\ \text{minus}(x\ y)), x)\ , \{\neg x\equiv 0, \neg\text{minus}(\text{pred}(x)\ \text{minus}(x\ y))\equiv 0\} >,$

wobei wir (1) die Identitätsregel, (2) die Argumentregel mit "pred ist 1-beschränkt" und (3) die Argumentregel mit "min ist 1-beschränkt" angewendet haben. Also rufen wir unseren Induktionsbeweiser auf mit

$$\vdash_S [\ \forall x,y:\text{number}\ \neg x\equiv 0 \rightarrow (\ \neg x\equiv 0 \vee \neg\text{minus}(\text{pred}(x)\ \text{minus}(x\ y))\equiv 0\ )\ ]\ .$$

Ein Beweis dieser Formel ist offenbar trivial, und damit ist (*) verifiziert. Leider hat diese Vorgehensweise jedoch einen schwerwiegenden beweistechnischen Nachteil. Angenommen wir hätten anstelle der obigen Abschätzung die folgende Abschätzung gefunden:

(1') $< (x, x)$ $, \varnothing >$
(2') $< (minus(x\ y), x)$ $, \{ \neg minus(x\ y) \equiv x \} >$
(3') $< (min(pred(x)\ minus(x\ y)), x)$, $\{ \neg minus(x\ y) \equiv x,$
$$\neg minus(minus(x\ y)\ pred(x)) \equiv 0 \} > ,$$

wobei wir (1') die Identitätsregel, (2') die Argumentregel mit "minus ist 1-beschränkt" und (3') die Argumentregel mit "min ist 2-beschränkt" angewendet haben. Jetzt müssen wir unseren Induktionsbeweiser mit

$$\vdash_S [\ \forall x,y\!:\!number \ \neg x \equiv 0 \rightarrow (\ \neg minus(x\ y) \equiv x \ \vee \ \neg minus(minus(x\ y)\ pred(x)) \equiv 0 \ )]$$

aufrufen. Der Beweis dieser Formel ist jedoch nicht trivial, da Induktion und mehrere Ableitungsschritte erforderlich sind. Offensichtlich hätten wir keine Probleme mit dieser Abschätzung, aber ähnliche Schwierigkeiten mit der vorherigen, wenn wir $\vdash_S [\ \forall x,y\!:\!number \ \neg minus(x\ y) \equiv x \rightarrow ... \ ]$ anstelle von $\vdash_S [\ \forall x,y\!:\!number \ \neg x \equiv 0 \rightarrow ... \ ]$ zu zeigen hätten.

Das Problem besteht hier offensichtlich darin, diejenige Differenzklausel einer Abschätzung zu finden, die für ein gegebenes Beweisproblem am geeignetsten ist. Unsere Lösung dieses Problems ist überraschend einfach: Anstelle einer bestimmten Differenzklausel verwenden wir das sogenannte *Differenzäquivalent*, das ist die *Vereinigung aller Differenzklauseln*, die für ein gegebenes Termpaar hergeleitet werden können.[6] Jetzt rufen wir den Induktionsbeweiser mit

$$\vdash_S [\ \forall x,y\!:\!number \ \neg x \equiv 0 \rightarrow (\ \neg x \equiv 0 \ \vee \ \neg minus(pred(x)\ minus(x\ y)) \equiv 0$$
$$\vee \ \neg minus(x\ y) \equiv x \ \vee \ \neg minus(minus(x\ y)\ pred(x)) \equiv 0 \ ) \ ] ,$$

beziehungsweise mit

---

6 Diese Vorgehensweise setzt natürlich voraus, daß für jedes Termpaar höchstens *endlich* viele Differenzklauseln im E-Kalkül hergeleitet werden können. Wir vertagen den Nachweis dieser Behauptung auf den nächsten Abschnitt.

$\vdash_S$ [$\forall$x,y:number $\neg$minus(x y)$\equiv$x $\rightarrow$ ($\neg$x$\equiv$0 $\vee$ $\neg$minus(pred(x) minus(x y))$\equiv$0

$\vee$ $\neg$minus(x y)$\equiv$x $\vee$ $\neg$minus(minus(x y) pred(x))$\equiv$0)]

auf, und wir haben in keinem der beiden Fälle beweistechnische Schwierigkeiten. Wir formalisieren dieses Vorgehen mit folgender Definition:

Definition 4.5

Seien q, r$\in$ $\mathcal{T}(\Sigma,\mathcal{V})$. Dann ist *r* eine Γ-*Schranke* von *q*, abgekürzt: q $\leq_\Gamma$ r, gdw. $\vdash_\Gamma$ <(q,r),Δ> für ein $\Delta\in$ $\mathcal{C}$ ($\Sigma,\mathcal{V}$) gilt. Für *q* und *r* mit q $\leq_\Gamma$ r ist das Γ-*Differenzäquivalent* Δ_Γ(q,r) von *q* und *r* definiert als

$$\Delta_\Gamma(q, r) = \begin{cases} \{\text{TRUE}\} & , \text{wenn TRUE}\in \Delta \text{ für ein } \Delta\in \mathcal{C}\,(\Sigma,\mathcal{V}) \text{ mit} \\ & \quad \vdash_\Gamma <(q, r), \Delta>, \text{ und andernfalls} \\ \bigcup_{\Delta\in D}\Delta & , \text{wobei } D = \{\Delta\in \mathcal{C}\,(\Sigma,\mathcal{V})|\vdash_\Gamma <(q, r), \Delta> \}. \end{cases}$$ $\blacksquare$[7]

Mit Verwendung des Differenzäquivalents anstelle einer Differenzklausel machen wir uns von den Zufälligkeiten der Herleitung einer Differenzklausel bei einer Abschätzung im E-Kalkül unabhängig. Die Korrektheit dieser Vorgehensweise wird mit folgendem Korollar bewiesen, das unmittelbar aus Satz 4.1 folgt:

Korollar 4.2

Seien q, r $\in$ $\mathcal{T}(\Sigma,\mathcal{V})$ und x*$\in$ $\mathcal{V}_w$ mit $\mathcal{V}(\{q,r\})\subset \mathcal{V}(x^*)$ und q $\leq_\Gamma$ r. Dann gilt für alle a*$\in$ $\mathcal{A}_w$

(1)   A⟦ x*/a*⟧ (q) $\leq_\#$ A⟦ x*/a*⟧ (r)   , und

(2)   A⟦ x*/a*⟧ $\models$ Δ_Γ(q, r) gdw. A⟦ x*/a*⟧ (q) $<_\#$ A⟦ x*/a*⟧ (r) . $\blacksquare$

---

[7] $\leq_\Gamma$ ist eine reflexive und transitive Relation auf $\mathcal{T}(\Sigma,\mathcal{V})\times\mathcal{T}(\Sigma,\mathcal{V})$. Außerdem gilt mit q$\leq_\Gamma$r, daß beide Terme die gleiche Sorte besitzen.

4.7 Ein Beweisverfahren für den E-Kalkül

Mit Verwendung des Γ-Differenzäquivalents und der Γ-Schranke lösen wir unsere Aufgabe aus Abschnitt 4.6 jetzt folgendermaßen: Für ein Paar von Termen q und r entscheiden wir, ob $q \leq_\Gamma r$ gilt. Wenn dies der Fall ist, berechnen wir $\Delta_\Gamma(q, r)$. Wir entwerfen dafür ein Beweisverfahren **estimate(q r)** für den E-Kalkül, das entweder $\Delta_\Gamma(q,r)$ berechnet oder eine Fehlermeldung liefert, falls $q \leq_\Gamma r$ nicht gilt.

Wir erhalten so ein Verfahren durch "Rückwärtsanwendung" der Ableitungsregeln des E-Kalküls. Angenommen wir wollten lediglich $q \leq_\Gamma r$ entscheiden: Da $q \leq_\Gamma r$ nur dann gilt, wenn $<(q,r), ...>$ eine Konsequenz einer unserer Ableitungsregeln ist, suchen wir nach solchen Regeln. Falls wir ein Axiom finden, hält unser Verfahren mit einer positiven Antwort. Wenn wir eine nicht-Axiom Regel finden, wird das Verfahren rekursiv mit allen Prämissen der Regel aufgerufen. Wir erhalten genau dann eine positive Antwort für das gegebene Entscheidungsproblem, wenn *alle* dabei entstehenden Unterprobleme positiv gelöst werden können. Natürlich müssen wir dazu *alle* Regeln betrachten, die in einer bestimmten Situation anwendbar sind, um Sackgassen zu vermeiden und eine Abschätzung zu finden, sofern überhaupt eine existiert. Nur *eine* dieser Regeln muß jedoch erfolgreich sein, um das gegebene Entscheidungsproblem positiv zu beantworten.

Wir organisieren unsere Suche daher durch einen *UND/ODER - Baum*, vgl. [Nilson, 1971]. Dabei stammen die Nachfolger eines UND-Knotens von den Prämissen einer Regel ab und die Nachfolger eines ODER-Knotens von den verschiedenen Regeln, die bei einem bestimmten Abschätzungsproblem anwendbar sind. Wenn wir keine anwendbare Regel finden, so wissen wir, daß $q \leq_\Gamma r$ nicht gilt, und das Verfahren hält mit einer Fehlermeldung. In dieser Weise wenden wir die Ableitungsregeln des E-Kalküls rückwärts an, bis ein Axiom gefunden ist oder keine Regel mehr angewendet werden kann.

Das Verfahren **estimate(q r)** terminiert immer, da für jede Prämisse $<(q',r'),\Delta'>$ einer Ableitungsregel mit Konsequenz $<(q,r),\Delta>$ gilt, daß entweder q' ein *echter* Unterterm von q und r' ein Unterterm von r ist oder q' ein Unterterm von q und r' ein *echter* Unterterm von r ist. Deshalb wird bei jedem rekursiven Aufruf **estimate(q'r')** das erste oder das zweite Argument (i.S.d. fundierten Untertermordnung) echt kleiner, wobei das jeweils andere Argument nicht größer wird. Aus dem gleichen Grund gilt, daß für alle $q, r \in \mathcal{T}(\Sigma, \mathcal{V})$ die Menge $\{ <(q,r),\Delta> \mid \vdash_\Gamma <(q,r),\Delta> \}$ entscheidbar und die Menge $\{ \Delta \in \mathcal{C}(\Sigma, \mathcal{V}) \mid \vdash_\Gamma <(q,r),\Delta> \}$ endlich ist .

Offensichtlich terminiert **estimate** mit einer positiven Antwort genau dann, wenn eine Abschätzung $\vdash_\Gamma <(q,r),\Delta>$ existiert. Wir wollen jetzt unser Beweisverfahren so erweitern, daß auch die zur gefundenen Abschätzung gehörende Differenzklausel Δ berechnet wird: Wenn ein Axiom auf q und r anwendbar ist, so liefert das Verfahren einfach die zu diesem Axiom gehörende Differenzklausel als Ergebnis. Andernfalls werden bei rekursivem Aufruf die Differenzklauseln aller Unterprobleme berechnet, die mit den Prämissen einer anwendbaren Regel entstehen. Die Differenzklausel des gegebenen Problems wird dann durch mengentheoretische Vereinigung der Differenzklauseln der Prämissen gebildet, so wie für jede der nicht-Axiom Regeln in Definition 4.4 angegeben.

Um jedoch das Differenzäquivalent anstatt einer Differenzklausel zu berechnen, müssen wir die Kontrollstruktur des Verfahrens modifizieren: Da wir jetzt die Vereinigung *aller* Differenzklauseln berechnen, müssen wir nun auch *alle* Nachfolger eines *ODER-Knotens* bearbeiten und dabei die zu jedem ODER-Zweig gehörende Differenzklausel berechnen. Man beachte, daß nur *ein* ODER-Zweig erfolgreich sein muß, um $\leq_\Gamma$ positiv zu entscheiden, aber *alle* ODER-Zweige durchlaufen werden müssen, um Δ_Γ zu berechnen. Das Verfahren hält jedoch sofort, wenn {TRUE} als Differenzklausel irgendeines ODER-Zweigs berechnet wird.

Abschließend beseitigen wir die Indeterminismen unseres Beweisverfahrens, indem wir festlegen, daß die Ableitungsregeln in der Reihenfolge angewendet werden, in der sie in Definition 4.4 eingeführt wurden, d.h. die Identitätsregel wird immer zuerst betrachtet und die Minimumregel zuletzt. Durch diese Reihenfolge wird die Anzahl der rekursiven Aufrufe minimiert, insbesondere wenn TRUE Element einer der Differenzklauseln ist.

Wir haben damit ein Beweisverfahren **estimate** erhalten (siehe Anhang A für eine formal präzise Definition), das $\leq_\Gamma$ entscheidet und Δ_Γ berechnet, und wir können folgenden Satz beweisen:

Satz 4.3
Für q, r $\in \mathcal{T}(\Sigma, \mathcal{V})$ gilt, daß

(1) **estimate** (q r) terminiert ,

(2) q $\leq_\Gamma$ r gdw. **estimate** (q r) $\neq$ fail , und

(3) wenn **estimate** (q r) $\neq$ fail , dann **estimate** (q r) $= \Delta_\Gamma(q, r)$. ∎

Mit Satz 4.3 ist $\leq_\Gamma$ also eine *entscheidbare* Relation und Δ_Γ eine *effektiv berechenbare* Menge.

4.8   Zusammenfassung

▶ Die *Anzahlordnung* ist eine semantische Ordnung. Sie ist definiert über die
  Anzahl der Konstruktoren, die bei Aufbau der zu vergleichenden Datenobjekte verwendet werden.

▶ Die Anzahlordnung ist *fundiert* und wird häufig zum Nachweis der
  Terminierung von Algorithmen verwendet.

▶ Ungleichungen, die über der Anzahlordnung gegeben sind, werden mit dem
  E-Kalkül bewiesen. Dieser Kalkül ist *korrekt*, aber unvollständig. Die Sätze
  des E-Kalküls sind *entscheidbar*.

▶ *Argumentregeln* sind die wichtigsten Ableitungsregeln des E-Kalküls. Jedes
  argumentbeschränkte Funktionssymbol und dessen *Differenzliteral* definiert
  eine Argumentregel.

▶ Argumentbeschränkte Funktionssymbole bezeichnen *argumentbeschränkte
  Operationen*, d.h. Operationen, deren Ergebnis kleiner oder gleich groß
  (i.S.d. Anzahlordnung) einem ihrer Argumente ist. Die zugehörigen Differenzliterale repräsentieren notwendige und hinreichende Bedingungen
  für die *Striktheit* dieser Ungleichungen.

▶ Die *Leistungsfähigkeit* des E-Kalküls beim Beweisen von Ungleichungen
  hängt unmittelbar von der *Kenntnis* argumentbeschränkter Funktionssymbole
  und deren Differenzliterale ab.

▶ Das Beweisverfahren `estimate` entscheidet, ob eine Ungleichung im E-
  Kalkül hergeleitet werden kann, und berechnet im positiven Fall das *Differenzäquivalent*, d.h. eine äquivalente Bedingung für die Striktheit der vorliegenden Ungleichung.

5 Erzeugung von Terminierungshypothesen

5.1 Terminierungshypothesen durch Abschätzungen

Mit Definition der Γ-Schranke $\leq_\Gamma$ und des Γ-Differenzäquivalents Δ_Γ stehen uns jetzt beweistechnische Hilfsmittel zur Verfügung, um (für eine Familie Γ argumentbeschränkter Funktionssymbole) die *semantischen* $\leq_\#$- und $<_\#$-Relationen auf der *syntaktischen* Ebene nachzuvollziehen. Damit sind die Voraussetzungen geschaffen, ein rein syntaktisches Terminierungskriterium für rekursiv definierte Algorithmen zu formulieren:

Für einen gegebenen Algorithmus F für f, prüfen wir zuerst für *jeden* rekursiven Aufruf $f(t_{j,1}...t_{j,n})$ in einem Fall j mit Bedingung φ_j, ob *ein* x_p aus der Liste $x_1,...,x_n$ der formalen Parameter von F eine Γ-Schranke der zugehörigen aktuellen Parameter $t_{j,p}$ in den rekursiven Aufrufen ist. Wir prüfen also, ob $t_{j,p} \leq_\Gamma x_p$ für *ein* p gilt, das für *alle* rekursiven Aufrufe in den Fällen j fest gewählt ist. Danach verwenden wir einen Induktionsbeweiser, um nachzuweisen, daß die Bedingung φ_j jedes rekursiven Falles j hinreichend für das Γ-Differenzäquivalent $\Delta_\Gamma(t_{j,p}, x_p)$ der verglichenen Terme ist, d.h. wir verifizieren, ob $\vdash_S [\ \forall x^*{:}w\ \varphi_j \to \Delta_\Gamma(t_{j,p}, x_p)\ ]$ gilt.

Falls beide Tests erfolgreich verlaufen sind, wissen wir mit Korollar 4.2, daß für F das Argument an der Position p in *jedem* rekursiven Aufruf *strikt* kleiner (i.S.d. $<_\#$-Ordnung) wird, und deshalb muß F terminieren. Wir probieren diese Vorgehensweise anhand des Algorithmus für sort aus der Einleitung aus:

```
function sort(x:list):list ⇐
    if x≡empty then empty
    if x≡add(head(x)tail(x)) then add(minimum(x) sort(remove(minimum(x) x)))
```

Hier müssen wir nur einen rekursiven Aufruf betrachten, nämlich
sort(remove(minimum(x) x)). Da wir annehmen, daß remove(n x) eine 2-beschränkte
Funktion mit 2-Differenzliteral member(n x)≡true ist, erhalten wir
remove(minimum(x) x) $\leq_\Gamma$ x und sind mit unserem ersten Test erfolgreich. Nun berechnen wir Δ_Γ(remove(minimum(x) x), x) als {member(minimum(x) x)≡true} und
rufen unseren Induktionsbeweiser auf mit

$$\vdash_S [\ \forall x{:}list\ x{\equiv}add(head(x)\ tail(x)) \rightarrow member(minimum(x)\ x){\equiv}true\ ]\ .$$

Wie in der Einleitung versprochen, haben wir die Terminierungshypothese für
sort gefunden, und mit deren Nachweis ist die Terminierung von sort bewiesen.

Wir formalisieren diese Vorgehensweise mit dem folgenden Terminierungskriterium:

Lemma 5.1

Sei S=(S,Σ,Φ) eine zulässige Spezifikation mit Standardmodell M, sei S'=
(S,Σ',Φ') eine Spezifikation, und sei F ein S'-Algorithmus für ein f$\in \Sigma'^d_{w,s}\backslash\Sigma$,
wobei $\Sigma'=\Sigma\cup\{f\}$. Dann terminiert F in S, wenn es ein p$\in$ Pos(f) gibt, so daß für
jeden f-Term f$\delta_{j,h}$(x*) in einem rekursiven Fall j von F mit Bedingung φ_j gilt:

$$(1)\quad \delta_{j,h}(x^p) \leq_{\Gamma(M)} x^p \qquad\qquad\qquad , und$$
$$(2)\quad \vdash_S [\ \forall x^*{:}w\ \varphi_j \rightarrow \Delta_{\Gamma(M)}(\ \delta_{j,h}(x^p),\ x^p\ )\ ]\ .\ \blacksquare$$

Der Beweis ergibt sich unmittelbar aus dem nachfolgenden Lemma 5.2. Wenn
wir die Bedingungen (1) und (2) für einen Algorithmus F gezeigt haben, so haben
wir auch nachgewiesen, daß τ(x*)=#$_s$(x^p) eine *Terminierungsfunktion* für F ist
[Manna 1974; Dershowitz und Manna, 1979; Gries, 1981]. Denn in diesem Fall
gilt $\tau(\delta_{j,h}$(x*)) = #$_s(\delta_{j,h}$(x^p)) <$_N$ #$_s$(x^p) = τ(x*) für jeden rekursiven Aufruf
f$\delta_{j,h}$(x*) in F, vorausgesetzt φ_j gilt.

Die Formeln in Bedingung (2) von Lemma 5.1 heißen die *Terminierungshypothesen* von F, und dies sind die Formeln, die wir automatisch erzeugen wollen. Die Terminierungshypothesen repräsentieren die *schwächsten* Forderungen für die Terminierung eines Algorithmus. Mit Korollar 4.2 (2) gilt nämlich, daß das Differenzäquivalent hinreichend und *notwendig* dafür ist, daß (mindestens) ein Argument in einem rekursiven Aufruf (bzgl. $<_\#$) echt kleiner wird.[1]

Wir probieren unser Terminierungskriterium mit einem anderen Algorithmus aus und versuchen, die Terminierung des folgenden Algorithmus G, vgl. [Boyer und Moore, 1979], für die Berechnung des größten gemeinsamen Teilers zweier natürlicher Zahlen zu beweisen:

function gcd(n,m:number):number $\Leftarrow$

if n$\equiv$0 *then* m

if n$\equiv$succ(pred(n)) $\wedge$ m$\equiv$0 *then* n

if n$\equiv$succ(pred(n))$\wedge$m$\equiv$succ(pred(m)) $\wedge\neg$gt(n m)$\equiv$true *then* gcd(n minus(m n))

if n$\equiv$succ(pred(n)) $\wedge$ m$\equiv$succ(pred(m)) $\wedge$gt(n m)$\equiv$true *then* gcd(minus(n m) m)

Hier nehmen wir an, daß gt die übliche "größer als"-Relation auf den natürlichen Zahlen (hier durch die Datenstruktur number gegeben) berechnet, und daß minus die Subtraktion auf den natürlichen Zahlen bezeichnet. Weiter nehmen wir an, daß minus(n m) eine 1-beschränkte Funktion mit 1-Differenzliteral $\neg$minus(n m)$\equiv$n ist. Offenbar terminiert der Algorithmus G, doch können wir dies mit Lemma 5.1 nicht nachweisen: Ersetzen wir p in Lemma 5.1 durch *1*, so verifizieren wir n $\leq_\Gamma$ n und erhalten

$$[\forall\ n,m:number\ \ n\equiv succ(pred(n)) \wedge m\equiv succ(pred(m)) \wedge \neg gt(n\ m)\equiv true \rightarrow FALSE]$$

als Terminierungshypothese für den ersten rekursiven Fall von G. Ersetzen wir p durch *2*, so verifizieren wir m $\leq_\Gamma$ m und erhalten

---

[1] Dies entspricht der Forderung in [Boyer und Moore, 1979], daß ein menschlicher Systembenutzer jedes Induktionslemma mit einer "*cleanest hypothesis available*" angeben solle, um möglichst einfache Terminierungshypothesen zu erhalten.

$$[\ \forall\ n,m\text{:number}\ n{\equiv}succ(pred(n))\ \wedge\ m{\equiv}succ(pred(m))\ \wedge\ gt(n\ m){\equiv}true \rightarrow FALSE]$$

als Terminierungshypothese für den zweiten rekursiven Fall von G. Offenbar sind beide Terminierungshypothesen falsch. Unsere Methode ist nicht erfolgreich, da in jedem rekursiven Aufruf von G jeweils eines von beiden Argumenten unverändert bleibt.

Wir müssen also *beide* Argumente betrachten, d.h. wir überprüfen zuerst (i) $n \leq_\Gamma n$ und $minus(m\ n) \leq_\Gamma m$ für den ersten rekursiven Fall und dann (ii) $minus(n\ m) \leq_\Gamma n$ und $m \leq_\Gamma m$ für den zweiten. Der Induktionsbeweiser muß jetzt die Terminierungshypothesen

$$[\ \forall n,m\text{:number}\ n{\equiv}succ(pred(n))\ \wedge\ m{\equiv}succ(pred(m))\ \wedge\ \neg gt(n\ m){\equiv}true$$
$$\rightarrow \neg minus(m\ n){\equiv}m\ ]$$

und

$$[\ \forall n,m\text{:number}\ n{\equiv}succ(pred(n))\ \wedge\ m{\equiv}succ(pred(m))\ \wedge\ gt(n\ m){\equiv}true$$
$$\rightarrow \neg minus(n\ m){\equiv}n\ ]$$

überprüfen. Bei Erfolg ist die Terminierung von G bewiesen, denn wegen (i) und (ii) ist (in jedem rekursiven Aufruf) jeder formale Parameter eine Γ-Schranke des korrespondierenden aktuellen Parameters. Mit der Gültigkeit der Terminierungshypothesen ist dann jeweils einer der aktuellen Parameter in einem rekursiven Aufruf *echt* kleiner als der zugehörige formale Parameter.[2] Wir formalisieren diese Vorgehensweise mit einer Modifikation von Lemma 5.1:

---

[2] Interessanterweise benötigen wir im Unterschied zu dem Verfahren in [Boyer und Moore, 1979] keine *lexikographische* Ordnung, um die Terminierung des Algorithmus G zu beweisen.

Lemma 5.2

Sei $S=(\mathcal{S},\Sigma,\Phi)$ eine zulässige Spezifikation mit Standardmodell M, sei $S'=(\mathcal{S},\Sigma',\Phi')$ eine Spezifikation, und sei F ein S'-Algorithmus für ein $f\in\Sigma'^d_{w,s}\backslash\Sigma$, wobei $\Sigma'=\Sigma\cup\{f\}$. Dann terminiert F in S, wenn es eine nicht-leere Menge $P\subset Pos(f)$ gibt, so daß für jeden f-Term $f\delta_{j,h}(x^*)$ in einem rekursiven Fall j von F mit Bedingung φ_j gilt:

(1) $\delta_{j,h}(x^p) \leq_{\Gamma(M)} x^p$ für alle $p\in P$ und

(2) $\vdash_S [\,\forall x^*\!:\!w\ \varphi_j \to \bigcup_{p\in P}\Delta_{\Gamma(M)}(\,\delta_{j,h}(x^p)\,,\,x^p\,)\,]$.

Beweis Sei $M=(\mathcal{A},\alpha)$ ein Standardmodell von S, und sei $M'=(\mathcal{A},\alpha')$ eine Σ'-Expansion von M. Wir suchen eine fundierte Ordnung $<_\mathcal{R}\subset\mathcal{A}_w\times\mathcal{A}_w$, so daß für alle $a^*\in\mathcal{A}_w$ und jeden f-Term $f\delta_{j,h}(x^*)$ in einem rekursiven Fall j von F gilt

$$M'[\![\,x^*/a^*\,]\!] \models \varphi_j \quad\text{impliziert}\quad M'[\![\,x^*/a^*\,]\!](\delta_{j,h}(x^*)) <_\mathcal{R} a^* .$$

Sei $w=s^1\ldots s^{|w|}$. Wir definieren $<_\mathcal{R}$ als: $a^1\ldots a^{|w|} <_\mathcal{R} b^1\ldots b^{|w|}$ gdw. $a^p \leq_{\#} b^p$ für *alle* $p\in P$ und $a^n <_{\#} b^n$ für ein $n\in P$ gilt. Mit der Fundiertheit von $<_{\#}$, vgl. Lemma 4.1, ist $<_\mathcal{R}$ ebenfalls eine fundierte Ordnung von $\mathcal{A}_w$.

Sei $f\delta_{j,h}(x^*)$ ein f-Term in F und sei $a^*\in\mathcal{A}_w$, so daß $M'[\![\,x^*/a^*\,]\!] \models \varphi_j$. Da $\Gamma(M)$ auch eine Familie argumentbeschränkter Funktionssymbole in M' ist, erhalten wir mit Korollar 4.2 (1) aus unserer ersten Voraussetzung (1)

(*) $M'[\![\,x^*/a^*\,]\!](\delta_{j,h}(x^p)) \leq_{\#} M'[\![\,x^*/a^*\,]\!](x^p)$ für alle $p\in P$.

Mit der zweiten Voraussetzung und der Korrektheit unseres Induktionsbeweisers folgern wir

$$M'\models [\,\forall x^*\!:\!w\ \varphi_j \to \bigcup_{p\in P}\Delta_{\Gamma(M)}(\delta_{j,h}(x^p)\,,\,x^p)] .$$

Mit $M'[x^*/a^*] \models \varphi_j$ gilt dann auch $M'[x^*/a^*] \models [\bigcup_{p \in P} \Delta_{\Gamma(M)}(\delta_{j,h}(x^p),$ $x^p)]$, also $M'[x^*/a^*] \models \Delta_{\Gamma(M)}(\delta_{j,h}(x^n), x^n)$ für ein $n \in P$, und wir erhalten mit Korollar 4.2 (2)

$$(**) \quad M'[x^*/a^*](\delta_{j,h}(x^n)) <_{\#} M'[x^*/a^*](x^n) \quad \text{für ein } n \in P.$$

Wegen (*) gilt dann $M'[x^*/a^*](\delta_{j,h}(x^*)) <_{\mathcal{R}} M'[x^*/a^*](x^*) = a^*$, und der Satz ist bewiesen. ∎

Die Indexmenge P in Lemma 5.2 entspricht dem *measured subset* in [Boyer und Moore, 1979] und bezeichnet diejenigen Argumentpositionen, die für die Terminierung eines Algorithmus wesentlich sind.[3] Mit Nachweis der Bedingungen (1) und (2) von Lemma 5.2 haben wir für einen Algorithmus F gleichzeitig bewiesen, daß $\tau(x^*) = \Sigma_{p \in P} \#_s(x^p)$ eine *Terminierungsfunktion* von F ist, vgl. [Manna 1974; Dershowitz und Manna, 1979; Gries, 1981]. Es gilt dann $\tau(\delta_{j,h}(x^*)) = \Sigma_{p \in P} \#_s(\delta_{j,h}(x^p)) <_N \Sigma_{p \in P} \#_s(x^p) = \tau(x^*)$ für jeden rekursiven Aufruf $f\delta_{j,h}(x^*)$ in F, vorausgesetzt φ_j ist erfüllt.

Wir benötigen eine Indexmenge anstatt eines einzigen Index (wie in Lemma 5.1) auch dann, wenn ein Algorithmus *nur einen* rekursiven Aufruf enthält. Als Beispiel betrachten wir den folgenden Algorithmus G' für die Berechnung des größten gemeinsamen Teilers, vgl. [Manna und Pnueli, 1974]:

function gcd2(n,m:number):number $\Leftarrow$

if n≡m *then* n

if ¬n≡m ∧ n≡0 *then* m

if ¬n≡m ∧ m≡0 *then* n

if ¬n≡m∧ n≡succ(pred(n))∧ m≡succ(pred(m)) *then* gcd2(mod(n m) mod(m n))

---

[3] Verwendet man das Terminierungsverfahren in einem *Induktionsbeweissystem*, so sollten *alle minimalen* Mengen P aus Lemma 5.2 ermittelt werden, da man so möglichst viele adäquate *Induktionsaxiome* aus den Algorithmen gewinnt, vgl. [Boyer und Moore, 1979].

Hier nehmen wir an, daß mod die Restklassenoperation bezeichnet und mod(n m) 1-beschränkt ist mit 1-Differenzliteral ¬mod(n m)≡n. Der Leser mag sich davon überzeugen, daß die Terminierung des Algorithmus G' aus den gleichen Gründen wie für den obigen Algorithmus G mit Lemma 5.1 nicht bewiesen werden kann. Mit Lemma 5.2 verifizieren wir (1) mod(n m) $\leq_\Gamma$ n und mod(m n) $\leq_\Gamma$ m, wobei hier P={1,2} angenommen wird. Anschließend erzeugen wir die (beweisbare) Terminierungshypothese

$$(2) \quad [\ \forall n,m\text{:number}\ \neg n \equiv m \ \wedge\ n \equiv \text{succ}(\text{pred}(n))\ \wedge\ m \equiv \text{succ}(\text{pred}(m))$$
$$\rightarrow\ \neg\text{mod}(n\ m) \equiv n\ \vee\ \neg\text{mod}(m\ n) \equiv m\ ]$$

und können so die Terminierung von G' mit Hilfe von Lemma 5.2 nachweisen.

5.2 *Ein Terminierungskriterium mit Termrepräsentanten*

Wir probieren unseren Ansatz mit einem weiteren Beispiel aus. Wir versuchen die Terminierung des folgenden Algorithmus M zu beweisen, der ein minimales Element einer Liste natürlicher Zahlen (gegeben durch die Datenstruktur list) bezüglich einer Ordnungsrelation le für "kleiner oder gleich" auf den natürlichen Zahlen (gegeben durch die Datenstruktur number) berechnet:

function minimum(x:list):number $\Leftarrow$

if x≡empty *then* 0

if x≡add(head(x) tail(x)) ∧ tail(x)≡empty *then* head(x)

if x≡add(head(x) tail(x)) ∧ tail(x)≡add(head(tail(x)) tail(tail(x)))

  ∧ ¬le(head(x) head(tail(x)))≡true *then* minimum(tail(x))

if x≡add(head(x) tail(x)) ∧ tail(x)≡add(head(tail(x)) tail(tail(x)))

  ∧ le(head(x) head(tail(x)))≡true *then* minimum(add(head(x) tail(tail(x))))

Da tail(x) 1-beschränkt ist mit 1-Differenzliteral x≡add(head(x) tail(x)), erhalten wir tail(x) $\leq_\Gamma$ x für die erste Rekursion und müssen

$$\vdash_S [\, \forall x{:}list \; x{\equiv}add(head(x) \; tail(x)) \wedge tail(x){\equiv}add(head(tail(x)) \; tail(tail(x)))$$
$$\wedge \; \neg le(head(x) \; head(tail(x))){\equiv}true \rightarrow x{\equiv}add(head(x) \; tail(x)) \,]$$

verifizieren. Bei der zweiten Rekursion versagt unser Verfahren jedoch, denn add(head(x) tail(tail(x))) $\leq_\Gamma$ x gilt nicht! Wir können also die Terminierung von M so nicht zeigen, obwohl M offensichtlich terminiert. Unser Verfahren muß folglich noch verbessert werden.

Eine Analyse des Mißerfolgs ergibt, daß wir die Eigenschaft des Parameters x (die durch die Bedingung des rekursiven Falls ausgedrückt wird), daß x mindestens zwei Elemente besitzt, hier ignoriert haben. Offenbar dürfen wir add(head(x) add(head(tail(x)) tail(tail(x)))) immer dann anstelle des formalen Parameters x verwenden, wenn wir x unter den Bedingungen der rekursiven Fälle von M betrachten. Wir nennen diesen "Doppelgänger" von x einen *Repräsentanten* von x. Wir prüfen also jetzt, ob

$$add(head(x) \; tail(tail(x))) \leq_\Gamma add(head(x) \; add(head(tail(x)) \; tail(tail(x))))$$

gilt, wenn wir die Terminierung von M beweisen wollen. Diese Γ-Schranke ist nachweisbar (unter Verwendung der Regeln für Identität, starke Einbettung und schwache Einbettung), und wir erhalten {TRUE} als Γ-Differenzäquivalent beider Terme. Also rufen wir den Induktionsbeweiser mit

$$\vdash_S [\, \forall x{:}list \; x{\equiv}add(head(x) \; tail(x)) \wedge tail(x){\equiv}add(head(tail(x)) \; tail(tail(x)))$$
$$\wedge \; le(head(x) \; head(tail(x))){\equiv}true \rightarrow TRUE \,]$$

auf, und die Terminierung von M ist damit trivial nachzuweisen.

Die Kernidee in diesem Beispiel ist, daß wir für den Nachweis der Terminierung einen formalen Parameter durch seinen *Repräsentanten* ersetzen. Wir versuchen nun, diese "Doppelgänger"-Terme formal zu fassen. Dabei setzen wir voraus, daß unsere Algorithmen in *Strukturnormalform (SNF)* gegeben sind, wie bereits in Abschnitt 3.3 gefordert.

Wie wir in unserem Beispiel sahen, erhält man den Repräsentanten von x, indem man mit Hilfe der Gleichungen der Rekursionsbedingung "Gleiches durch Gleiches" ersetzt: Mit x≡add(head(x) tail(x)) ersetzen wir zunächst x durch add(head(x) tail(x)) und erhalten danach add(head(x) add(head(tail(x)) tail(tail(x)))) unter Verwendung von tail(x)≡add(head(tail(x)) tail(tail(x))). Dabei verwenden wir nur bestimmte Gleichungen, nachfolgend *Strukturgleichungen* genannt, die die Form von Termen allein durch Konstruktoren und Selektoren ausdrücken. Wir benötigen für unsere Zwecke keine beliebigen Gleichungen, sondern nur Strukturgleichungen, da nur mit Strukturgleichungen diejenigen Terme gebildet werden können, mit denen wir erfolgreiche Abschätzungen beim Terminierungsnachweis erhalten. Eine Strukturgleichung kennzeichnet also einen *Term, der* einen anderen Term bei Berechnung eines Repräsentanten *ersetzt.*

Wir dürfen allerdings Strukturgleichungen nur in bestimmter Weise verwenden, wenn wir Repräsentanten berechnen, da unsere Berechnung andernfalls nicht hält. Beispielsweise könnten wir x durch add(head(x) tail(x)) unter Verwendung der Strukturgleichung x≡add(head(x) tail(x)) ersetzen, danach mit der gleichen Strukturgleichung diesen Term durch add(head(x) tail(add(head(x) tail(x)))) ersetzen, danach dann diesen Term durch add(head(x) tail(add(head(x) tail(add(head(x) tail(x)))))) ersetzen usw. Um solche nicht endenden Ersetzungen zu vermeiden, müssen wir auch diejenigen Terme kennzeichnen, die ersetzt werden sollen. Wir nennen diese Terme *Parameterkomponenten*, d.h. eine Parameterkomponente ist ein *Term, der* bei Berechnung eines Repräsentanten durch einen anderen Term *ersetzt wird.*

Als Ausgangspunkt legen wir fest, daß jeder formale Parameter eines Algorithmus eine Parameterkomponente ist. Damit dürfen wir x durch add(head(x) tail(x)) unter Verwendung der Strukturgleichung x≡add(head(x) tail(x)) ersetzen, so wie wir dies in unserem Beispiel taten. Die Gestalt von add(head(x) tail(x)) läßt sich mittels Konstruktoren und Selektoren nun weiter verfeinern, wenn head(x) oder tail(x) unter Verwendung einer Strukturgleichung ersetzt werden können.

Wir definieren daher head(x) und tail(x) als Parameterkomponenten, und da tail(x)≡add(head(tail(x)) tail(tail(x))) in unserem Beispiel eine Strukturgleichung ist, erhalten wir add(head(x) add(head(tail(x)) tail(tail(x)))). Jetzt definieren wir head(tail(x)) und tail(tail(x)) als Parameterkomponenten. In unserem Beispiel ist jedoch keine Strukturgleichung der Form head(tail(x))≡... oder tail(tail(x))≡... vorhanden, und so hält die Berechnung mit add(head(x) add(head(tail(x)) tail(tail(x)))) als dem Repräsentanten von x.

Dieses Beispiel zeigt, wie wir die Repräsentanten eines Terms berechnen. Wir geben nun die präzisen formalen Definitionen für die verwendeten Begriffsbildungen an:

Wir nennen eine Gleichung der Form $q \equiv cb^1q...b^nq$ eine *Strukturgleichung* gdw. c ein Konstruktor mit Selektoren $b^1,...,b^n$ ist. Beispielsweise sind x≡ add(head(x) tail(x)), tail(x)≡add(head(tail(x)) tail(tail(x))), n≡succ(pred(n)) und y≡ cons(car(y) cdr(y)) Strukturgleichungen.

Für einen Algorithmus F in SNF definieren wir den Begriff der Parameterkomponente: Ein Term t ist eine *Parameterkomponente* in einem Fall i von F, gdw. t ein formaler Parameter von F ist oder eine nicht-negierte Strukturgleichung $q \equiv cb^1q...b^nq$ in der Bedingung des Falles i vorhanden ist, so daß q eine Parameterkomponente im Fall i und t einer der Terme $b^1q,...,b^nq$ ist. Damit ist jede Parameterkomponente eine Variable (nämlich ein formaler Parameter), oder andernfalls von der Form bq, wobei b ein Selektorfunktionssymbol und q eine Parameterkomponente ist.

Beispielsweise ist x die einzige Parameterkomponente im ersten Fall von M. Die Terme x, head(x), tail(x), head(tail(x)) und tail(tail(x)) sind alle Parameterkomponenten im dritten (und ebenso im vierten) Fall von M.

Mit Verwendung von Strukturgleichungen und Parameterkomponenten können wir jetzt den Repräsentanten eines Terms formal definieren:

Definition 5.1

Für einen Algorithmus F in SNF wird der F,i-*Repräsentant* eines Terms t in einem Fall i von F (mit Bedingung φ_i) bezeichnet durch $\lceil t \rceil_{F,i}$ und definiert als

$$
\lceil t \rceil_{F,i} = \begin{cases} \lceil c\lceil b^1 t\rceil_{F,i}...\lceil b^n t\rceil_{F,i} & \text{, falls } t\equiv cb^1 t...b^n t \text{ eine Strukturgleichung in } \varphi_i \\ & \text{und t eine Parameterkomponente im Fall i ist} \\ f\lceil t_1\rceil_{F,i}...\lceil t_{n+1}\rceil_{F,i} & \text{, falls } t = ft_1...t_{n+1} \text{ und t keine Parameterkompo-} \\ & \text{nente im Fall i ist} \\ t & \text{, sonst .} \end{cases}
$$

∎

Jeder Repräsentant $\lceil t \rceil_{F,i}$ ist eindeutig bestimmt, da wir fordern, daß unsere Algorithmen in SNF und deshalb nicht inkonsistent sind, vgl. Abschnitt 3.3. Deshalb existiert höchstens eine Strukturgleichung $t\equiv cb^1 t...b^n t$ in φ_i. Außerdem schließen sich die Fälle in der Definition gegenseitig aus. Nachfolgend schreiben wir $\lceil t \rceil_i$ oder $\lceil t \rceil$ anstatt $\lceil t \rceil_{F,i}$, wenn F bzw. F und i aus dem Kontext heraus bekannt sind.

Für den oben angegebenen Algorithmus M für minimum erhalten wir beispielsweise $\lceil tail(x) \rceil_1 = tail(x), \lceil tail(x) \rceil_2 = empty, \lceil tail(x) \rceil_3 = \lceil tail(x) \rceil_4 = add(head(tail(x))\ tail(tail(x)))$. Damit erhalten wir dann $\lceil remove(n\ tail(x)) \rceil_1 = remove(n\ tail(x)), \lceil remove(n\ tail(x)) \rceil_2 = remove(n\ empty), \lceil remove(n\ tail(x)) \rceil_3 = \lceil remove(n\ tail(x)) \rceil_4 = remove(n\ add(head(tail(x))\ tail(tail(x)))) $ und $\lceil tail(remove(n\ tail(x))) \rceil_3 = \lceil tail(remove(n\ tail(x))) \rceil_4 = tail(remove(n\ add(head(tail(x))\ tail(tail(x)))))$.

Die Berechnung der Repräsentanten läßt sich als ein Gleichheitsbeweisverfahren auffassen, das speziell auf unsere Belange zugeschnitten ist. Da wir bei Berechnung eines Repräsentanten unter Verwendung der Strukturgleichungen eines Falles "Gleiches durch Gleiches" ersetzen, sind die durch einen Term und seinen Repräsentanten bezeichneten Objekte identisch, vorausgesetzt, die Bedingung des Falles ist erfüllt. Wir dürfen daher den Repräsentanten anstelle des von ihm repräsentierten Terms verwenden, wann immer dies für uns von Vorteil ist, wie folgender Satz zeigt:

Lemma 5.3

Sei $S=(S,\Sigma,\Phi)$ eine zulässige Spezifikation mit Standardmodell $M=(\mathcal{A}, \alpha)$, so daß S einen Algorithmus F in SNF enthält. Dann existiert für jeden Fall i von F mit Bedingung φ_i und für alle $t \in \mathcal{T}(\Sigma,\mathcal{V})$ genau ein $\lceil t \rceil_{F,i}$, und für alle $x^* \in \mathcal{V}_w$ mit $\mathcal{V}(\varphi_i) \cup \mathcal{V}(t) \subset \mathcal{V}(x^*)$ und für alle $a^* \in \mathcal{A}_w$ gilt

$$M[\![x^*/a^*]\!] \models \varphi_i \quad \text{impliziert} \quad M[\![x^*/a^*]\!] (\lceil t \rceil_{F,i}) = M[\![x^*/a^*]\!] (t) . \quad \blacksquare$$

Mit Verwendung der Repräsentanten können wir nun das Terminierungskriterium aus Lemma 5.2 neu fassen:

Satz 5.4

Sei $S=(S,\Sigma,\Phi)$ eine zulässige Spezifikation mit Standardmodell M, sei $S'=(S,\Sigma',\Phi')$ eine Spezifikation, und sei F ein S'-Algorithmus für ein $f \in \Sigma'^d_{w,s} \backslash \Sigma$, wobei $\Sigma'=\Sigma \cup \{f\}$. Dann terminiert F in S, wenn eine nicht-leere Menge $P \subset \mathrm{Pos}(f)$ existiert, so daß für jeden f-Term $f\delta_{j,h}(x^*)$ in einem rekursiven Fall j von F mit Bedingung φ_j gilt

(1) $\lceil \delta_{j,h}(x^P) \rceil_j \leq_{\Gamma(M)} \lceil x^P \rceil_j$ für alle $p \in P$ und

(2) $\vdash_S [\, \forall x^* \!:\! w\ \varphi_j \to \cup_{p \in P} \Delta_{\Gamma(M)}(\lceil \delta_{j,h}(x^P) \rceil_j, \lceil x^P \rceil_j)\,]$.

Beweis Offensichtliche Folgerung aus den Lemmata 5.2 und 5.3. $\blacksquare$

Wir probieren unser neues Terminierungskriterium mit dem Algorithmus M für minimum vom Beginn dieses Abschnitts aus. Als ersten Test für die Rekursion in Fall 3 erhalten wir

$$\begin{aligned}
\lceil \delta_{3,1}(x) \rceil_3 \ &= \ \lceil \mathrm{tail}(x) \rceil_3 \\
&= \ \mathrm{add}(\mathrm{head}(\mathrm{tail}(x))\ \mathrm{tail}(\mathrm{tail}(x))) \\
&\leq_\Gamma \mathrm{add}(\mathrm{head}(x)\ \mathrm{add}(\mathrm{head}(\mathrm{tail}(x))\ \mathrm{tail}(\mathrm{tail}(x)))) \\
&= \ \lceil x \rceil_3
\end{aligned}$$

(unter Verwendung der Ableitungsregeln Identität und starke Einbettung). Als
ersten Test für die Rekursion in Fall 4 erhalten wir

$$
\begin{aligned}
\lceil \delta_{4,1}(x) \rceil_4 &= \lceil \text{add(head(x) tail(tail(x)))} \rceil_4 \\
&= \text{add(head(x) tail(tail(x)))} \\
&\leq_\Gamma \text{add(head(x) add(head(tail(x)) tail(tail(x))))} \\
&= \lceil x \rceil_4
\end{aligned}
$$

(unter Verwendung der Ableitungsregeln Identität, starke Einbettung und schwache Einbettung). Da beide Abschätzungen die starke Einbettungsregel verwenden,
erhalten wir in beiden Fällen das Differenzäquivalent {TRUE} und damit für M
die Terminierungshypothesen:

$$
\vdash_S [\; \forall x\text{:list } x \equiv \text{add(head(x) tail(x))} \wedge \text{tail(x)} \equiv \text{add(head(tail(x)) tail(tail(x)))}
$$
$$
\wedge \neg \text{le(head(x) head(tail(x)))} \equiv \text{true} \rightarrow \text{TRUE} \;] \quad \text{und}
$$

$$
\vdash_S [\; \forall x\text{:list } x \equiv \text{add(head(x) tail(x))} \wedge \text{tail(x)} \equiv \text{add(head(tail(x)) tail(tail(x)))}
$$
$$
\wedge \text{le(head(x) head(tail(x)))} \equiv \text{true} \rightarrow \text{TRUE} \;] \; .
$$

Mit $\lceil ... \rceil$ und Δ_Γ haben wir spezielle Deduktionsverfahren entworfen, die für
unsere Zwecke der Erzeugung von Terminierungshypothesen gut geeignet sind.
Interessanterweise werden Terminierungsbeweise durch unser Verfahren stark
vereinfacht oder mitunter sogar trivial, wenn TRUE $\in \bigcup_{p \in P} \Delta_{\Gamma(M)}(\lceil \delta_{j,h}(x^P) \rceil_j,$
$\lceil x^P \rceil_j)$ gilt. Offenbar ist diese Eigenschaft immer erfüllt, wenn ein Algorithmus
gemäß der *strukturellen Ordnung* (vgl. Abschnitt 3.1) terminiert, wie dies beispielsweise für die Algorithmen für remove und member aus Abschnitt 1.1 der
Fall ist. Doch diese Eigenschaft ist auch für andere Algorithmen erfüllt (vgl. Anhang C), wie etwa für den oben angegebenen Algorithmus für minimum oder für
den folgenden Algorithmus purge, der alle Mehrfachvorkommen von natürlichen
Zahlen in einer Liste löscht:

function purge(y:list):list $\Leftarrow$

  if y$\equiv$empty *then* empty

  if y$\equiv$add(head(y) tail(y)) *then* add(head(y) purge(remove(head(y) tail(y))))

Hier berechnen wir

$$\lceil \delta_{2,1}(y)\rceil_2 \;=\; \lceil \text{remove(head(y) tail(y))}\rceil_2$$
$$=\; \text{remove(head(y) tail(y))}$$
$$\leq_\Gamma \text{tail(y)}$$
$$\leq_\Gamma \text{add(head(y) tail(y))}$$
$$=\; \lceil y\rceil_2$$

und beweisen die Terminierung von purge, denn die erzeugte Terminierungshypothese

$$\vdash_S [\;\forall\, y\text{:list } y\equiv\text{add(head(y) tail(y))} \rightarrow \text{TRUE}\;]$$

ist trivialerweise wahr. Wie aus diesen Beispielen ersichtlich, sind diese Terminierungsbeweise trivial, obwohl diese Algorithmen nicht mit der strukturellen Ordnung terminieren. Ursache dafür ist, daß unser Beweisverfahren die Kenntnis argumentbeschränkter Funktionen ausnutzt.

Mit Satz 5.4 sind wir nun in der Lage, unser Softwareentwicklungssystem aus Abschnitt 3.4 mit einem *halb*automatischen Verfahren zum Nachweis der Terminierung (einiger) Algorithmen auszustatten: Wir erlauben einer Systembenutzerin eine Familie $\Gamma(S)\subseteq\Sigma^d$ von Funktionssymbolen anzugeben, die argumentbeschränkte Operationen bezeichnen, und verlangen außerdem, daß sie die zugehörigen Differenzliterale definiert. Das System prüft dann bei Eingabe eines neuen S'-Algorithmus F, ob die Bedingungen (1) und (2) von Satz 5.4 erfüllt sind:

Dazu berechnet das System zuerst die Indexmenge P aus Satz 5.4 als die größte Teilmenge von Pos(f), für die $\lceil \delta_{j,h}(x^p)\rceil_j \leq_{\Gamma(S)} \lceil x^p\rceil_j$ für alle $p\in P$ gilt. Anschließend wird $\Delta_{j,h} = \bigcup_{p \in P} \Delta_{\Gamma(S)}(\lceil \delta_{j,h}(xp) \rceil_j, \lceil xp \rceil_j)$ berechnet, vorausgesetzt die erste Berechnung ergab P≠∅. Für diese Kalkulationen verwendet unser System das Beweisverfahren **estimate** aus Abschnitt 4.7, durch das die Berechnung von $\leq_{\Gamma(S)}$ und $\Delta_{\Gamma(S)}$ bereits automatisiert ist. Danach wird jede Terminierungshypothese [$\forall x^*{:}w \; \varphi_j \to \Delta_{j,h}$] einem Induktionsbeweissystem übergeben. Wenn jede Terminierungshypothese verifiziert werden kann, so ist die Terminierung des neuen Algorithmus bewiesen (vgl. Satz 5.4), vorausgesetzt $\Gamma(S)$ ist eine Familie argumentbeschränkter Funktionssymbole im Standardmodell der aktuellen Spezifikation S, und die angegebenen Literale sind tatsächlich Differenzliterale für diese Funktionssymbole.

Da unser Verfahren jedoch bei Eingabe eines *nicht terminierenden* Algorithmus F Terminierungshypothesen $\psi \notin Th(S)$ für F erzeugt, müssen wir unseren Induktionsbeweiser mit einem *Haltekriterium* versehen, etwa wie in [Aubin, 1976; Boyer und Moore, 1979].

5.3 Algorithmen in positiver Strukturnormalform

Unglücklicherweise ist der Erfolg unseres Terminierungskriteriums aus Satz 5.4 immer noch von der *Gestalt* des Algorithmus abhängig, dessen Terminierung nachgewiesen werden soll. Wenn wir bei Definition eines Algorithmus Strukturgleichungen in den Bedingungen vermeiden, so schlägt unser Ansatz fehl, wie folgendes Beispiel zeigt: Der folgende Algorithmus M'

function minimum(x:list):number $\Leftarrow$
  if tail(x)≡empty *then* head(x)
  if tail(x)≡add(head(tail(x)) tail(tail(x)))
      $\wedge$ ¬le(head(x) head(tail(x))) *then* minimum(tail(x))
  if ¬tail(x)≡empty
      $\wedge$ le(head(x) head(tail(x))) *then* minimum(add(head(x) tail(tail(x))))

berechnet die gleiche Operation wir der Algorithmus M. Wir können die Terminierung von M' jedoch nicht mit Satz 5.4 beweisen: Als ersten Test für die Rekursion in Fall 2 erhalten wir

$$\lceil \delta_{2,1}(x) \rceil_2 = \lceil tail(x) \rceil_2$$
$$= add(head(tail(x))\ tail(tail(x)))$$
$$\not\equiv_\Gamma x$$
$$= \lceil x \rceil_2 \ ,$$

und wir erhalten als ersten Test für die Rekursion in Fall 3

$$\lceil \delta_{3,1}(x) \rceil_3 = \lceil add(head(x)\ tail(tail(x))) \rceil_3$$
$$= add(head(x)\ tail(tail(x)))$$
$$\not\equiv_\Gamma x$$
$$= \lceil x \rceil_3 \ .$$

Ursache für diesen Fehlschlag ist, daß wir keinen (von einem formalen Parameter verschiedenen) Repräsentanten berechnen können, da die erforderlichen Strukturgleichungen im Algorithmus M' fehlen. Folgerichtig können wir solche Fehlschläge vermeiden, wenn wir als zusätzliche Forderung verlangen, daß Strukturgleichungen immer dann verwendet werden, wenn dies möglich ist. Formal erzwingt man dies mit Definition einer weiteren Normalform für S-Algorithmen:

Ein Algorithmus F ist in *positiver Strukturnormalform* (kurz PSNF), gdw. F in SNF ist, F keine Literale der Form $\neg q \equiv cr*$ enthält, wobei c ein Konstruktor ist, und alle nicht-negierten Gleichungen der Form $q \equiv cr*$ (wobei c ein Konstruktor ist) in einem Fall i von F Strukturgleichungen sind, so daß q eine Parameterkomponente in i ist.

Beispielsweise ist der Algorithmus M in PSNF, genauso wie die Algorithmen für remove und für sort. Der Algorithmus M' ist jedoch nicht in PSNF, denn tail(x) ist keine Parameterkomponente in den Fällen 1 und 2, und Fall 3 enthält eine negierte Gleichung mit einem Konstruktor.

Algorithmen in SNF lassen sich immer in Algorithmen in PSNF transformieren, die die gleiche Operation berechnen. Dies erreicht man durch Einfügung zusätzlicher Strukturgleichungen und durch Ersetzen negierter Gleichungen mit einem Konstruktor durch eine äquivalente Disjunktion von nicht-negierten Strukturgleichungen. Beispielweise wird x≡ add(head(x) tail(x)) in die Fälle 2 und 3 von M' eingefügt, und ¬tail(x)≡ empty läßt sich äquivalenzerhaltend in Fall 3 durch tail(x)≡add(head(tail(x)) tail(tail(x))) ersetzen. Wir erhalten so für M' (nach einer offensichtlichen Modifikation des nicht-rekursiven Falles 1) den Algorithmus M vom Anfang dieses Kapitels. Wir fordern daher von nun an, daß Algorithmen in positiver Strukturnormalform gegeben sind, wann immer dies für uns zweckmäßig ist.

5.4 *Lexikographische Terminierungsordnungen*

Wir erhalten schwächere Forderungen für den Terminierungstest als die in Satz 5.4, wenn wir die Parameterliste eines rekursiven Aufrufs mit der Liste der formalen Parameter durch die *lexikographische Ordnung* (definiert über der Anzahlordnung) vergleichen. Diese Erweiterung unseres Terminierungskriteriums ist beispielsweise dann erforderlich, wenn die Terminierung des Algorithmus für *Ackermanns Funktion*, wie beispielsweise in [Boyer und Moore, 1979] angegeben, bewiesen werden soll. Die Forderungen für den Terminierungstest lassen sich noch weiter abschwächen, indem wir eine *Permutation* einer *Teilliste* der Parameterliste mit der lexikographischen Ordnung vergleichen. Wir erhalten so das folgende verallgemeinerte Terminierungskriterium:

Satz 5.5
Sei S=(S,Σ,Φ) eine zulässige Spezifikation mit Standardmodell M, sei S'= (S,Σ',Φ') eine Spezifikation, und sei F ein S'-Algorithmus für ein f$\in \Sigma'^d_{w,s}\backslash\Sigma$, wobei $\Sigma'=\Sigma\cup\{f\}$. Dann terminiert F in S, wenn es eine nicht-leere Menge P $\subset$ Pos(f) und eine totale Ordnung $<_P$ von P gibt, so daß für jeden f-Term $f\delta_{j,h}(x^*)$ in

einem rekursiven Fall j von F (mit Bedingung φ_j) ein $p_{j,h} \in P$ und ein $P_{j,h} \subseteq P$ mit $P_{j,h}=\{p \in P | p \leq_P p_{j,h}\}$ existiert, derart daß gilt:

$$(1) \quad \lceil \delta_{j,h}(x^p) \rceil_j \leq_{\Gamma(M)} \lceil x^p \rceil_j \quad \text{für alle } p \in P_{j,h} \qquad\qquad \text{und}$$

$$(2) \quad \vdash_S [\, \forall x^*{:}w \; \varphi_j \to \bigcup_{p \in P_{j,h}} \Delta_{\Gamma(M)}(\lceil \delta_{j,h}(x^p) \rceil_j, \lceil x^p \rceil_j)\,] \quad . \quad \blacksquare$$

Alle Algorithmen, die nach diesem Satz terminieren, terminieren mit der *lexikographischen* Anzahlordnung für eine *Permutation* einer Teilliste der Parameterliste. Um die Terminierung eines neuen S'-Algorithmus F gemäß den Forderungen von Satz 5.5 nachzuweisen, muß ein System P, $<_P$ und $P_{j,h}$ berechnen, so daß $\lceil \delta_{j,h}(x^p) \rceil_j \leq_{\Gamma(S)} \lceil x^p \rceil_j$ für alle $p \in P_{j,h}$ gilt. Anschließend wird $\Delta_{j,h}= \bigcup_{p \in P_{j,h}} \Delta_{\Gamma(S)}(\lceil \delta_{j,h}(x^p) \rceil_j, \lceil x^p \rceil_j)$ berechnet und danach jede Terminierungshypothese $[\, \forall x^*{:}w \; \varphi_j \to \Delta_{j,h}]$ dem Induktionsbeweissystem übergeben.

Als Beispiel betrachten wir den Algorithmus für *Ackermanns Funktion* aus [Boyer und Moore, 1979]:

function ack(m,n:number):number $\Leftarrow$

   if $m{\equiv}0$ *then* succ(n)

   if $m{\equiv}$succ(pred(m)) $\wedge$ $n{\equiv}0$ *then* ack(pred(m) succ(0))

   if $m{\equiv}$succ(pred(m)) $\wedge$ $n{\equiv}$succ(pred(n)) *then* ack(pred(m) ack(m pred(n)))

Wir definieren $P=\{1,2\}$, $1 <_P 2$, $P_{2,1}=\{1\}$, $P_{3,1}=\{1\}$, $P_{3,2}=\{1,2\}$, und müssen zuerst

$$\lceil \delta_{2,1}(x^1) \rceil_2 = \text{pred}(m) \qquad\qquad \leq_{\Gamma(M)} \; \text{succ}(\text{pred}(m)) \quad = \lceil x^1 \rceil_2 \, ,$$
$$\lceil \delta_{3,1}(x^1) \rceil_3 = \text{pred}(m) \qquad\qquad \leq_{\Gamma(M)} \; \text{succ}(\text{pred}(m)) \quad = \lceil x^1 \rceil_3 \, ,$$
$$\lceil \delta_{3,2}(x^1) \rceil_3 = \text{succ}(\text{pred}(m)) \leq_{\Gamma(M)} \; \text{succ}(\text{pred}(m)) \quad = \lceil x^1 \rceil_3 \text{ und}$$
$$\lceil \delta_{3,2}(x^2) \rceil_3 = \text{pred}(n) \qquad\qquad \leq_{\Gamma(M)} \; \text{succ}(\text{pred}(n)) \quad = \lceil x^2 \rceil_3$$

zeigen. Danach werden die Terminierungshypothesen

$[\ \forall\ m,n{:}number\ m{\equiv}succ(pred(m))\ \wedge\ n{\equiv}0 \rightarrow \text{TRUE}\ ]$,

$[\ \forall\ m,n{:}number\ m{\equiv}succ(pred(m))\ \wedge\ n{\equiv}succ(pred(n)) \rightarrow \text{TRUE}\ ]$ und

$[\ \forall\ m,n{:}number\ m{\equiv}succ(pred(m))\ \wedge\ n{\equiv}succ(pred(n)) \rightarrow \text{TRUE}\ ]$

erzeugt, und die Terminierung von *Ackermanns Funktion* ist trivialerweise bewiesen.

Die Indexmenge P in Satz 5.5 entspricht dem *measured subset* in [Boyer und Moore, 1979] und $<_P$ repräsentiert eine *Permutation* derjenigen Teilliste der Parameterliste, die durch P gegeben ist. Folglich lassen sich diese Mengen so berechnen, wie in [Boyer und Moore, 1979] beschrieben.[4] Allerdings kann die Berechnung von P, $<_P$ und $P_{j,h}$ sehr aufwendig werden: Wir müssen $2^{|Pos(f)|}{-}1$ Kandidaten für P betrachten, für jedes P erhalten wir $|P|!$ Kandidaten für $<_P$, und damit gibt es für jeden f-Term $f\delta_{j,h}$ $|P|!{*}|P|$ Kandidaten für $P_{j,h}$. Offensichtlich kann die Menge der Kandidaten sehr groß werden.

Für jeden der Kandidaten für $P_{j,h}$ muß nun überprüft werden, ob Bedingung (1) von Satz 5.5 erfüllt ist. Dieser Nachweis ist leicht zu erbringen, denn wir müssen lediglich Beweise im E-Kalkül führen. Der Nachweis von Bedingung (2) aus Satz 5.5 ist dagegen wesentlich aufwendiger, da hier *Induktionsbeweise* geführt werden müssen.

Allerdings begegnet man in der Praxis kaum Algorithmen, die erst nach einer Permutation der Parameterliste (mit der lexikographischen Ordnung) terminieren. Beispielsweise terminieren alle Algorithmen in [Boyer und Moore, 1979] mit der lexikographischen Ordnung, d.h. für diese Beispielalgorithmen sind Permutationen der Parameterliste für Terminierungsbeweise nicht erforderlich. Daher erscheint es für die Praxis vorteilhaft, Permutationen der Parameterliste außer acht zu lassen, denn der Aufwand des Terminierungstests aus Satz 5.5 wird so signifikant reduziert: Wir beschränken uns also auf Algorithmen, die mit der *lexikographischen* Ordnung einer Teilliste der Parameterliste terminieren, d.h. $<_P := <_N$, und vermeiden so den durch $<_P$ verursachten kombinatorischen Auf-

---

[4] Verwendet man das Terminierungsverfahren in einem *Induktionsbeweissystem*, so sollten *alle minimalen* Mengen P und *alle* $<_P$ aus Satz 5.5 ermittelt werden, da man so möglichst viele adäquate *Induktionsaxiome* aus den Algorithmen gewinnt, vgl. [Boyer und Moore, 1979].

wand. Jetzt haben wir $2^{|Pos(f)|}$-1 Kandidaten für P, und für jeden f-Term $f\delta_{j,h}$ gibt es lediglich $|P|$ Kandidaten für $P_{j,h}$.

Der Aufwand des Terminierungstest läßt sich noch weiter reduzieren, wenn wir $P_{j,h}$:=P für alle f-Terms $f\delta_{j,h}$ festsetzen. Jetzt können wir nur noch die Terminierung von Algorithmen beweisen, die *für alle Permutationen* (einer Teilliste) der Parameterliste nach der lexikographischen Ordnung terminieren. Der Aufwand ist hier weiter reduziert, da wir jetzt nur noch die $2^{|Pos(f)|}$-1 Kandidaten für P betrachten müssen. Mit dieser zusätzlichen Forderung erhalten wir genau das Terminierungskriterium von Satz 5.4.

Interessanterweise terminieren alle Algorithmen in [Boyer und Moore, 1979] mit den Forderungen von Satz 5.4, ausgenommen der Algorithmus für *Ackermanns Funktion*. Nach Abwägung der Vor- und Nachteile des Terminierungstests von Satz 5.5 kommen wir zu dem Schluß, daß sich der zu treibende Aufwand nicht lohnt, da wir keine praktisch relevanten Algorithmen kennen, die nicht nach dem Terminierungskriterium von Satz 5.4 terminieren. Wir bevorzugen daher eine Implementierung des Terminierungskriteriums von Satz 5.4.

5.5   *Terminierungshypothesen für das 'Sort'-Beipiel*

Wir betrachten noch einmal unser Einführungsbeispiel aus Kapitel 1: Dazu nehmen wir an, daß die aktuelle Spezifikation S die Datenstruktur für list, d.h.

structure empty add(head:number tail:list):list

enthält. Bei Eingabe des Algorithmus für remove

function remove(n:number x:list):list $\Leftarrow$
if x$\equiv$empty *then* x
if x$\equiv$add(head(x) tail(x)) $\wedge$ head(x)$\equiv$n *then* remove(n tail(x))
if x$\equiv$add(head(x) tail(x)) $\wedge$ $\neg$head(x)$\equiv$n *then* add(head(x) remove(n tail(x)))

verifiziert das System (unter Verwendung des Beweisverfahrens **estimate**)

$$\lceil \delta_{2,1}(x) \rceil_2 = tail(x) \leq_{\Gamma(S)} add(head(x)\ tail(x)) = \lceil x \rceil_2 \text{ und}$$
$$\lceil \delta_{3,1}(x) \rceil_3 = tail(x) \leq_{\Gamma(S)} add(head(x)\ tail(x)) = \lceil x \rceil_3$$

und berechnet (unter Verwendung von **estimate**)

$$\Delta_{\Gamma(S)}(\ tail(x),\ add(head(x)\ tail(x))\ ) = \{\ TRUE\ \}.$$

Mit dem (trivialen) Beweis der Terminierungshypothesen

$$\vdash_S [\ \forall x{:}list\ \forall n{:}number\ x\equiv add(head(x)\ tail(x))\ \wedge\ head(x)\equiv n \rightarrow TRUE\ ]\ \text{ und}$$
$$\vdash_S [\ \forall x{:}list\ \forall n{:}number\ x\equiv add(head(x)\ tail(x))\ \wedge\ \neg head(x)\equiv n \rightarrow TRUE\ ]$$

ist die Terminierung von remove nachgewiesen. Genauso werden die Terminierungshypothesen

$$\vdash_S [\ \forall x{:}list\ \forall n{:}number\ x\equiv add(head(x)\ tail(x))\ \wedge\ \neg head(x)\equiv n \rightarrow TRUE\ ]$$

für member, vgl. Abschnitt 1.1, und die Terminierungshypothesen

$$\vdash_S [\ \forall x{:}list\ x\equiv add(head(x)\ tail(x))\ \wedge\ tail(x)\equiv add(head(tail(x))\ tail(tail(x)))$$
$$\wedge\ \neg le(head(x)\ head(tail(x))) \rightarrow TRUE\ ]\ \text{ und}$$

$$\vdash_S [\ \forall x{:}list\ x\equiv add(head(x)\ tail(x))\ \wedge\ tail(x)\equiv add(head(tail(x))\ tail(tail(x)))$$
$$\wedge\ le(head(x)\ head(tail(x))) \rightarrow TRUE\ ]$$

für minimum, vgl. Abschnitt 5.2, erzeugt und bewiesen.[5]

---

[5] Interessanterweise ist unser Terminierungsverfahren auch noch dann erfolgreich, wenn $\Gamma(S)$ = Ø gilt, d.h. dem System sind keine argumentbeschränkten Funktionssymbole bekannt. In diesem Fall kann immer noch die Terminierung von Algorithmen gemäß der *strukturellen Ordnung*, vgl. Abschnitt 3.1, nachgewiesen werden. Die Terminierungshypothesen sind dann von der

Jetzt nehmen wir an, daß die Benutzerin unseres Systems remove als 2-beschränkt deklariert und member(n x)≡true als 2-Differenzliteral für remove(n x) angibt. Bei Eingabe des Algorithmus für sort

function sort(x:list):list ⇐

  if x≡empty *then* empty

  if x≡add(head(x)tail(x)) *then* add(minimum(x) sort(remove(minimum(x) x)))

verifiziert das System (unter Verwendung von **estimate**)

$$\lceil \delta_{2,1}(x) \rceil_2 = \text{remove(minimum(x) x)} \leq_{\Gamma(S)} x = \lceil x \rceil_2 \,,$$

wobei **x** als Abkürzung für add(head(x) tail(x)) steht. Anschließend berechnet das System (unter Verwendung von **estimate**)

$$\Delta_{\Gamma(S)}(\text{remove(minimum(x) x), x}) = \{\ \text{member(minimum(x) x)} \equiv \text{true}\ \}.$$

Mit einem Beweis der Terminierungshypothese

$$[\ \forall\, x\text{:list}\ x \equiv \text{add(head(x) tail(x))} \rightarrow$$
$$\text{member(minimum(add(head(x) tail(x))) add(head(x) tail(x)))} \equiv \text{true}\ ]$$

ist dann die Terminierung von sort nachgewiesen.

Um den generellen Nutzen unseres Verfahrens für Terminierungsbeweise zu beurteilen, ist offenbar Erfahrung im Umgang mit der Methode erforderlich. Wir präsentieren daher in Anhang C eine Sammlung von Algorithmen, um den Leser davon zu überzeugen, daß die durch unser Verfahren generierten Terminierungshypothesen entweder trivial sind, wie z.B. bei den Algorithmen für remove, member, minimum, purge und ack, oder zumindest keine Herausforde-

---

Form [...→ TRUE]. Beispielsweise können wir die Terminierung von *remove* und *member* ohne Kenntnis argumentbeschränkter Funktionssymbole nachweisen.

rung für ein Induktionsbeweissystem darstellen, wie z.B. die Terminierungshypothesen für die Algorithmen sort und gcd.

Der Erfolg unseres Verfahrens ist jedoch immer noch von einem *vertrauenswürdigen* menschlichen Systembenutzer abhängig: Die Ableitungen unseres Systems sind inkorrekt, wenn Funktionssymbole fälschlicherweise als argumentbeschränkt deklariert oder falsche Differenzliterale angegeben werden.

Im verbleibenden Teil dieser Arbeit befassen wir uns daher mit dem Problem, argumentbeschränkte Operationen *automatisch zu erkennen* und zweckmäßige Differenzliterale für diese Operationen *automatisch zu synthetisieren*, um so von menschlicher Hilfestellung unabhängig zu werden.

5.6 Zusammenfassung

▸ *Terminierungshypothesen* für rekursiv definierte Algorithmen werden aus Herleitungen des E-Kalküls gewonnen. Um die Terminierung eines Algorithmus zu beweisen, müssen die so erzeugten Terminierungshypothesen durch einen *Induktionsbeweiser* verifiziert werden.

▸ Durch die Verwendung von *Termrepräsentanten* wird der Erfolg des Verfahrens bei Erzeugung von Terminierungshypothesen gesteigert. Die Berechnung der Repräsentanten ist ein *Gleichheitsbeweisverfahren*, das speziell auf unsere Belange zugeschnitten ist.

▸ Für einen Algorithmus lassen sich syntaktische Bedingungen in Form von Sätzen des E-Kalküls formulieren. Diese Bedingungen sind hinreichend dafür, daß der Algorithmus gemäß der *lexikographischen Ordnung* einer Permutation einer Teilliste der Parameterliste terminiert.

▸ Die *Leistungsfähigkeit* des vorgestellten Terminierungsverfahrens ist in großem Maße von der Kenntnis argumentbeschränkter Funktionssymbole und ihrer Differenzliterale abhängig.

6 Erkennen argumentbeschränkter Operationen

6.1 Reflexive Selektoren

Um argumentbeschränkte Operationen zu erkennen, unterscheiden wir zwischen Operationen, die durch *Selektoren* bezeichnet sind und solchen, die durch *Algorithmen* berechnet werden. Wir betrachten zunächst die Selektoren der Datenstrukturen, die in einer zulässigen Spezifikation S enthalten sind. Da jedes Standardmodell von S die Repräsentationsformeln (vgl. Abschnitte 3.1 und A.1) der in S enthaltenen Datenstrukturen erfüllt, muß jeder *reflexive* Selektor eine 1-beschränkte Operation bezeichnen:

Satz 6.1

Sei S=(S,Σ,Φ) eine zulässige Spezifikation mit Standardmodell M=$(\mathcal{A},\alpha)$, so daß S eine Datenstruktur für ein s$\in S$ enthält. Sei c$\in \Sigma^c_{s_1...s_m,s}$, und seien $b^1,...,b^m$ die Selektoren von c. Dann ist α_b eine 1-beschränkte Operation für jeden *reflexiven* Selektor b$\in \Sigma^d_{s,s}$ von c, und x$\equiv$cb^{1}x ... b^{m}x ist ein 1-Differenzliteral von b in M.

Beweis Zu zeigen ist, daß für alle a$\in \mathcal{A}_s$ gilt: (1) $\alpha_b(a) \leq_\# a$ und (2) M$\llbracket$ x/a$\rrbracket \models$ x$\equiv$cb^{1}x ... b^{m}x gdw. $\alpha_b(a) <_\# a$. Wenn a$\neq\alpha_c$(a*) für alle a*$\in \mathcal{A}_{s_1...s_m,s}$, dann $\alpha_b(a)=a$ und M$\llbracket$ x/a$\rrbracket \not\models$ x$\equiv$cb^{1}x ... b^{m}x, denn M$\models$ REP$_s$ und b ist reflexiv. Wenn a=α_c(a^1... a^m) für ein a^1... a$^m\in \mathcal{A}_{s_1...s_m,s}$, dann (*) a^i = $\alpha_{b^i}(a)$ für alle i$\in$ {1,...m}, denn M$\models$ REP$_s$. Also M$\llbracket$ x/a$\rrbracket \models$ x$\equiv$cb^{1}x ... b^{m}x und $\alpha_b(a) <_\# a$, denn

$$\#_s(\alpha_b(a)) \ <_\mathbb{N} 1 + \Sigma_{p\in rPos(c)} \#_s(\alpha_{b^p}(a))$$
$$= \#_s(\alpha_c(\alpha_{b^1}(a) ... \alpha_{b^m}(a))) \qquad \text{, wegen Definition 4.1,}$$
$$= \#_s(a) \qquad\qquad\qquad \text{, wegen Annahme und (*).} \quad \blacksquare$$

Für eine Spezifikation, die die Datenstruktur für list enthält, gegeben durch

structure empty add(head:number tail:list):list ,

bezeichnet beispielsweise tail eine 1-beschränkte Operation und x≡add(head(x) tail(x)) ist ein 1-Differenzliteral für tail(x). Für die Datenstruktur number, gegeben durch

structure 0 succ(pred:number):number ,

bezeichnet pred eine 1-beschränkte Operation, und n≡succ(pred(n)) ist ein 1-Differenzliteral für pred(n). Für die Datenstruktur sexpr, hier definiert durch

structure atom(index:number) nil cons(car:sexpr cdr:sexpr):sexpr ,

bezeichnen car(x) und cdr(x) 1-beschränkte Funktionssymbole, beide mit 1-Differenzliteral x≡cons(car(x) cdr(x)).

6.2 *Argumentbeschränkte Algorithmen*

Wir beschäftigen uns jetzt mit Operationen, die durch Algorithmen berechnet werden. Dazu betrachten wir die betreffenden Algorithmen und suchen nach Kriterien, die garantieren, daß die berechneten Operationen argumentbeschränkt sind. Wir beginnen mit einem Beispiel und betrachten den Algorithmus R für remove aus der Einleitung:

function remove(n:number x:list):list ⟸
  if x≡empty *then* empty
  if x≡add(head(x) tail(x)) ∧ head(x)≡n *then* remove(n tail(x))
  if x≡add(head(x) tail(x)) ∧ ¬head(x)≡n *then* add(head(x) remove(n tail(x)))

Wir wollen beweisen, daß R eine 2-beschränkte Operation berechnet, d.h. $remove$(n a) $\leq_\#$ a für alle n$\in \mathcal{A}_{number}$ und alle a$\in \mathcal{A}_{list}$.[1] Der Beweis wird durch Induktion über die Berechnungsordnung (vgl. Abschnitt 3.2) $<_R$ von R geführt: Für den Induktionsanfang a=$empty$ erhalten wir

$$remove(\text{n a}) = empty \qquad \text{, mit Fall 1 von R,}$$
$$\leq_\# \text{a} \qquad \text{, mit Definition von } <_\# .$$

Jetzt nehmen wir a=$add\,(head(\text{a})\ tail(\text{a}))$ an. Unsere Induktionsvoraussetzung lautet $remove$(n $tail$(a)) $\leq_\#$ $tail$(a): Für n=$head$(a) erhalten wir

$$remove(\text{n a}) = remove(\text{n } tail(\text{a})) \quad \text{, mit Fall 2 von R,}$$
$$\leq_\# tail(\text{a}) \qquad \text{, mit der Induktionshypothese, und}$$
$$\leq_\# \text{a} \qquad \text{, denn tail ist 1-beschränkt.}$$

Für n$\neq head$(a) erhalten wir

$$remove(\text{n a}) = add\,(head(\text{a})\ remove(\text{n } tail(\text{a}))) \quad \text{, mit Fall 3 von R,}$$
$$\leq_\# add\,(head(\text{a})\ tail(\text{a})) \qquad \text{, mit Induktionshypothese, und}$$
$$= \text{a} \qquad \text{, mit Annahme.}$$

Also gilt in allen Fällen $remove$(n a) $\leq_\#$ a, und $remove$ ist somit eine 2-beschränkte Operation.

Eine Analyse dieses Beweises ergibt, daß wir keine spezifischen Eigenschaften des Algorithmus R verwendet haben. Wir haben den Beweis durch Induktion (über die Berechnungsordnung des Algorithmus) geführt und lediglich unser Wissen über $\leq_\#$ verwendet. Da wir aber mit der Γ-Schranke ein beweistechnisches Hilfsmittel besitzen, um Ungleichungen i.S.v. $\leq_\#$ nachzuweisen, können wir rein

---

[1] Zur Erinnerung: Wir schreiben aus Gründen der besseren Lesbarkeit oft für Operationen foo anstatt α_{foo}, also etwa nil und $remove$ anstatt α_{nil} und α_{remove}, vgl. Abschnitt 2.2.

syntaktische Kriterien für einen Algorithmus angeben, die garantieren, daß der Algorithmus eine argumentbeschränkte Operation berechnet.

Diese Vorgehensweise ist tatsächlich allgemein anwendbar, da Algorithmen, die p-beschränkte Operationen berechnen, oft von *ähnlicher Gestalt und Struktur* sind, wie beispielsweise die nachfolgend angegebenen Algorithmen für minus, half, log, remove und für nthcdr. Dies ist eine empirische Aussage, die durch unsere Analyse zahlreicher Algorithmen (vgl. Anhang C) gestützt wird.

Die Ähnlichkeit dieser Algorithmen läßt sich formal durch ein *Algorithmenschema* fassen. Dabei berechnet jede Instanz des Schemas eine p-beschränkte Operation und wird als *p-beschränkter Algorithmus* bezeichnet:

Definition 6.1

Sei S=(S,Σ,Φ) eine zulässige Spezifikation mit Standardmodell M, so daß S einen Algorithmus G für ein g$\in \Sigma_{w,s}$ enthält, der gegeben ist durch:

$$\begin{aligned} &\textit{function } g(x^*:w):s \Leftarrow \\ &\quad \textit{if } \varphi_1 \textit{ then } r_1 \\ &\quad \quad \dots \\ &\quad \textit{if } \varphi_k \textit{ then } r_k. \end{aligned}$$

G ist ein *p-beschränkter Algorithmus* für ein p$\in$ rPos(g) gdw. für alle Fälle i von G gilt:

(1) r_i enthält keinen g-Term und $\lceil r_i \rceil_i \leq_{\Gamma(M)} \lceil x^p \rceil_i$, oder

(2) r_i enthält genau einen g-Term $g\delta_i(x^*)$,

    (i) $r_i \leq_{\Gamma(M)} g\delta_i(x^*)$ und

    (ii) $\lceil \delta_i(x^p) \rceil_i \leq_{\Gamma(M)} \lceil x^p \rceil_i$,oder

(3) r_i enthält genau einen g-Term $g\delta_i(x^*)$ und für ein $c\in \Sigma^c_{s_1...s_m,s}$, ein

$n\in rPos(c)$ und die Selektoren $b^j\in \Sigma^d_{s,s_j}$ von c gilt

   (i) $r_i \leq_{\Gamma(M)} cb^1x^p...b^{n-1}x^p\, g\delta_i(x^*)\, b^{n+1}x^p...b^mx^p$,

   (ii) $\lceil\delta_i(x^p)\rceil_i \leq_{\Gamma(M)} \lceil b^nx^p\rceil_i$, und

   (iii) $[x^p\equiv cb^1x^p ... b^mx^p] \in \varphi_i$.[2]

G ist ein *argumentbeschränkter Algorithmus*, gdw. G ein p-beschränkter Al–
gorithmus für ein $p\in rPos(g)$ ist. ∎ [3]

Die syntaktischen Kriterien, die wir bei Definition der argumentbeschränkten
Algorithmen verwendet haben, sind hinreichend dafür, daß die berechneten Operationen argumentbeschränkt sind. Wir sind also in der Lage, uniform die Argumentbeschränktheit der berechneten Operationen zu beweisen, und zwar genauso,
wie wir dies für remove im Beispiel taten:

Satz 6.2
Sei $S=(S,\Sigma,\Phi)$ eine zulässige Spezifikation mit Standardmodell $M=(\mathcal{A},\alpha)$, so daß
S einen p-beschränkten Algorithmus G für ein $g\in \Sigma_{w,s}$ enthält. Dann ist α_g eine
p-beschränkte Operation.

Beweis Zu zeigen ist, daß $\alpha_g(a^*) = M\llbracket x^*/a^*\rrbracket (gx^*) \leq_\# M\llbracket x^*/a^*\rrbracket (x^p) = a^p$ für
alle $a^*\in \mathcal{A}_w$ gilt, wobei $x^*\in \mathcal{V}_w$. Da G total und deterministisch ist, existiert für
jedes $a^*\in \mathcal{A}_w$ genau ein Fall i von G mit $M\llbracket x^*/a^*\rrbracket \vDash \varphi_i$. Also gilt
$M\llbracket x^*/a^*\rrbracket (gx^*) = M\llbracket x^*/a^*\rrbracket (r_i)$, denn M erfüllt DEF_G, und es verbleibt der

---

[2] Da wir fordern, daß Algorithmen in SNF gegeben sind, ist φ_i eine *Konjunktion von Litera-*
len. Für eine Konjunktion φ von Literalen und ein Literal L verwenden wir hier und nachfolgend $L\in \varphi$ als Abkürzung für "L ist ein Konjunktionsglied von φ".

[3] Gelegentlich verwenden wir den Repräsentanten $\lceil t\rceil_i$ eines Terms an Stelle des Terms t in
dieser Definition. Dies geschieht aus den gleichen Gründen, die uns zur Verwendung dieser
"Doppelgängerterme" in Kapitel 5 bewogen haben: Durch Verwendung der Strukturgleichungen
eines Falles sind Termvergleiche mit der Γ-Schranke öfter erfolgreich.

Nachweis von $M[\![x^*/a^*]\!] (r_i) \leq_{\#} M[\![x^*/a^*]\!] (x^P)$. Dies wird durch Noethersche Induktion über die Berechnungsordnung $<_G$ von G gezeigt:

Induktionsanfang a* ist $<_G$-minimal in $\mathcal{A}_w$: Dann bezeichnet i einen nicht-rekursiven Fall, und mit Definition 6.1 (1) gilt $\lceil r_i \rceil_i \leq_{\Gamma(M)} \lceil x^P \rceil_i$. Wir erhalten dann mit Korollar 4.2 (1) und Lemma 5.3 $M[\![x^*/a^*]\!] (r_i) = M[\![x^*/a^*]\!] (\lceil r_i \rceil_i) \leq_{\#} M[\![x^*/a^*]\!] (\lceil x^P \rceil_i) = M[\![x^*/a^*]\!] (x^P)$. $\square$

Induktionsschritt a* ist nicht $<_G$-minimal in $\mathcal{A}_w$: Dann bezeichnet i einen rekursiven Fall, und unsere Induktionsvoraussetzung lautet $M[\![x^*/a^*]\!] (g\delta_i(x^*)) \leq_{\#} M[\![x^*/a^*]\!] (\delta_i(x^P))$ für alle g-Terme $g\delta_i(x^*)$ im Fall i von G.

Fall (a) r_i erfüllt Kriterium (2) von Definition 6.1: Dann gilt

$M[\![x^*/a^*]\!] (r_i) \leq_{\#} M[\![x^*/a^*]\!] (g\delta_i(x^*))$	, mit Definition 6.1(2, i) und Korollar 4.2 (1),
$\leq_{\#} M[\![x^*/a^*]\!] (\delta_i(x^P))$	, mit Induktionshypothese,
$= M[\![x^*/a^*]\!] (\lceil \delta_i(x^P) \rceil_i)$	, mit Lemma 5.3,
$\leq_{\#} M[\![x^*/a^*]\!] (\lceil x^P \rceil_i)$	, mit Definition 6.1(2, ii) und Korollar 4.2 (1),
$= M[\![x^*/a^*]\!] (x^P)$	, mit Lemma 5.3 . $\square$

Fall (b) r_i erfüllt Kriterium (3) von Definition 6.1: Dann schließen wir unter häufiger Verwendung von Korollar 4.2 (1)

$M[\![x^*/a^*]\!] (r_i)$

$\leq_{\#} M[\![x^*/a^*]\!] (cb^1 x^P \ldots b^{n-1} x^P \, g\delta_i(x^*) \, b^{n+1} x^P \ldots b^m x^P)$	, mit Definition 6.1(3, i),
$\leq_{\#} M[\![x^*/a^*]\!] (cb^1 x^P \ldots b^{n-1} x^P \, \delta_i(x^P) \, b^{n+1} x^P \ldots b^m x^P)$	, mit Induktionshypothese,
$= M[\![x^*/a^*]\!] (cb^1 x^P \ldots b^{n-1} x^P \lceil \delta_i(x^P) \rceil b^{n+1} x^P \ldots b^m x^P)$	, mit Lemma 5.3,
$\leq_{\#} M[\![x^*/a^*]\!] (cb^1 x^P \ldots b^{n-1} x^P \lceil b^n x^P \rceil b^{n+1} x^P \ldots b^m x^P)$	, mit Definition 6.1(3, ii),
$= M[\![x^*/a^*]\!] (cb^1 x^P \ldots b^{n-1} x^P \, b^n x^P \, b^{n+1} x^P \ldots b^m x^P)$	, mit Lemma 5.3,
$= M[\![x^*/a^*]\!] (x^P)$	, mit Definition 6.1(3, iii). $\square\square\blacksquare$

Die Kriterien (1) und (2) von Definition 6.1 sind unabhängig von der Definition der Datenstruktur für s. Kriterium (3) dagegen ist *abhängig* von der Definition der Datenstruktur für s. Für s=number, s=list oder s= sexpr, beispielsweise, erhalten wir für Kriterium (3) die folgenden Kriterien (3'), (3") beziehungsweise (3'''):

(3') r_i enthält genau einen g-Term $g\delta_i(x^*)$ und es gilt:

    (i) $r_i \leq_{\Gamma(M)} succ(g\delta_i(x^*))$,

    (ii) $\lceil \delta_i(x^P) \rceil_i \leq_{\Gamma(M)} \lceil pred(x^P) \rceil_i$, und

    (iii) $[x^P \equiv succ(pred(x^P))] \in \varphi_i$,

(3") r_i enthält genau einen g-Term $g\delta_i(x^*)$ und es gilt:

    (i) $r_i \leq_{\Gamma(M)} add(head(x^P)\ g\delta_i(x^*))$,

    (ii) $\lceil \delta_i(x^P) \rceil_i \leq_{\Gamma(M)} \lceil tail(x^P) \rceil_i$, und

    (iii) $[x^P \equiv add(head(x^P)\ tail(x^P))] \in \varphi_i$,

(3''') r_i enthält genau einen g-Term $g\delta_i(x^*)$ und es gilt:

    (i) $r_i \leq_{\Gamma(M)} cons(car(x^P)\ g\delta_i(x^*))$ *oder* $r_i \leq_{\Gamma(M)} cons(g\delta_i(x^*)\ cdr(x^P))$

    (ii) $\lceil \delta_i(x^P) \rceil_i \leq_{\Gamma(M)} \lceil cdr(x^P) \rceil_i$ *oder* $\lceil \delta_i(x^P) \rceil_i \leq_{\Gamma(M)} \lceil car(x^P) \rceil_i$, und

    (iii) $[x^P \equiv cons(car(x^P)\ cdr(x^P))] \in \varphi_i$.

Überraschenderweise sind zahlreiche Algorithmen, die argumentbeschränkte Operationen berechnen, Instanzen unseres Schemas für argumentbeschränkte Algorithmen, vgl. Anhang C. Wir geben einige Beispiele: Der folgende Algorithmus M

function minus(n,m:number):number $\Leftarrow$

if m$\equiv$0 *then* n

if m$\equiv$succ(pred(m)) *then* minus(pred(n) pred(m)) ,

der die Subtraktion auf den natürlichen Zahlen berechnet, ist ein 1-beschränkter Algorithmus, denn mit

$$n \leq_{\Gamma(M)} n \, ,$$

ist Kriterium 6.1 (1) im ersten Fall erfüllt, und die Kriterien 6.1 (2)

(i) $\text{minus}(\text{pred}(n) \ \text{pred}(m)) \leq_{\Gamma(M)} \text{minus}(\text{pred}(n) \ \text{pred}(m))$ und

(ii) $\text{pred}(n) \leq_{\Gamma(M)} n$

sind im zweiten Fall von M erfüllt. Der Algorithmus H

> *function* half(n:number):number $\Leftarrow$
> *if* n≡0 *then* 0
> *if* n≡succ(pred(n)) ∧ pred(n)≡0 *then* 0
> *if* n≡succ(pred(n)) ∧ pred(n)≡succ(pred(pred(n)))
>   *then* succ(half(pred(pred(n)))) ,

der den abgerundeten Quotienten durch 2 berechnet, ist ein 1-beschränkter Algorithmus, denn mit

$$0 \leq_{\Gamma(M)} 0 \qquad \text{und} \qquad 0 \leq_{\Gamma(M)} \text{succ}(0)$$

ist Kriterium 6.1 (1) in den Fällen 1 und 2 von H erfüllt, und mit

(i) $\text{succ}(\text{half}(\text{pred}(\text{pred}(n)))) \leq_{\Gamma(M)} \text{succ}(\text{half}(\text{pred}(\text{pred}(n))))$,

(ii) $\text{pred}(\text{pred}(n)) \leq_{\Gamma(M)} \text{succ}(\text{pred}(\text{pred}(n)))$, und

(iii) $[n \equiv \text{succ}(\text{pred}(n))] \in [\ n \equiv \text{succ}(\text{pred}(n)) \ \wedge \ \text{pred}(n) \equiv \text{succ}(\text{pred}(\text{pred}(n)))\ ]$.

ist Kriterium 6.1(3) im Rekursionsfall von H erfüllt. Der folgende Algorithmus L

> *function* log(n:number):number $\Leftarrow$
> *if* n$\equiv$0 *then* 0
> *if* n$\equiv$succ(pred(n)) $\wedge$ pred(n)$\equiv$0 *then* 0
> *if* n$\equiv$succ(pred(n)) $\wedge$ pred(n)$\equiv$succ(pred(pred(n)))
>   *then* succ(log(succ(half(pred(pred(n))))))

berechnet den abgerundeten dualen Logarithmus einer natürlichen Zahl. Dieser Algorithmus ist 1-beschränkt, denn mit

$$0 \leq_{\Gamma(M)} 0 \qquad \text{und} \qquad 0 \leq_{\Gamma(M)} \text{succ}(0)$$

ist Kriterium 6.1 (1) in den nicht-rekursiven Fällen von L erfüllt, und mit

(i)   succ(log(succ(half(pred(pred(n)))))) $\leq_{\Gamma(M)}$ succ(log(succ(half(pred(pred(n)))))) ,

(ii)   succ(half(pred(pred(n)))) $\leq_{\Gamma(M)}$ succ(pred(pred(n))), und

(iii)   [n$\equiv$succ(pred(n))] $\in$ [n$\equiv$succ(pred(n)) $\wedge$ pred(n)$\equiv$succ(pred(pred(n)))]

ist Kriterium 6.1 (3) im dritten Fall von L erfüllt (wobei wir die soeben bewiesene Eigenschaft, daß half eine 1-beschränkte Operation bezeichnet, verwendet haben). Der oben angegebene Algorithmus R für remove ist ein 2-beschränkter Algorithmus, denn mit

$$\text{empty} \leq_{\Gamma(M)} \text{empty}$$

ist Kriterium 6.1 (1) im ersten Fall erfüllt, mit

(i)   remove(n tail(x)) $\leq_{\Gamma(M)}$ remove(n tail(x)) , und

(ii)   tail(x) $\leq_{\Gamma(M)}$ add(head(x) tail(x))

ist Kriterium 6.1 (2) in Fall 2 erfüllt, und mit

(i) $\text{add}(\text{head}(x) \; \text{remove}(n \; \text{tail}(x))) \leq_{\Gamma(M)} \text{add}(\text{head}(x) \; \text{remove}(n \; \text{tail}(x)))$,

(ii) $\text{tail}(x) \leq_{\Gamma(M)} \text{tail}(x)$, **und**

(iii) $[x{\equiv}\text{add}(\text{head}(x) \; \text{tail}(x))] \in [\; x{\equiv}\text{add}(\text{head}(x) \; \text{tail}(x)) \wedge \neg\text{head}(x){\equiv}n \;]$

ist Kriterium 6.1 (3) im dritten Fall erfüllt. Als letztes Beispiel betrachten wir einen Algorithmus aus [Steele, 1984] :

> *function* nthcdr(n:number x:sexpr):sexpr $\Leftarrow$
>   *if* n$\equiv$0 *then* x
>   *if* n$\equiv$succ(pred(n)) *then* cdr(nthcdr(pred(n) x)) .

Dieser Algorithmus ist 2-beschränkt, denn mit

$$x \leq_{\Gamma(M)} x \; ,$$

ist Kriterium 6.1 (1) im ersten Fall und mit

(i) $\text{cdr}(\text{nthcdr}(\text{pred}(n) \; x)) \leq_{\Gamma(M)} \text{nthcdr}(\text{pred}(n) \; x)$, und

(ii) $x \leq_{\Gamma(M)} x$

sind die Kriterien 6.1 (2) im Rekursionsfall erfüllt.

Der Algorithmus für sort aus Kapitel 1 berechnet eine 1-beschränkte Operation, ist jedoch nicht 1-beschränkt, da weder Kriterium 6.1 (2,i) noch Kriterium 6.1 (3,ii) im Rekursionsfall von sort erfüllt sind.

Wie wir sahen, verwenden wir *rein syntaktische Kriterien* in unserer Definition für p-beschränkte Algorithmen. Jedes dieser Kriterien schreibt entweder die syntaktische Form von Ergebnissen und Bedingungen in den Fällen eines Algorithmus vor, oder aber die Existenz gewisser Γ-Schranken. Da wir lediglich *Syntaxtests*, *Termrepräsentanten* und die *Γ-Schranke* berechnen müssen, um zu entscheiden, ob ein Algorithmus p-beschränkt ist, ist die Klasse der argumentbeschränkten Algorithmen *entscheidbar*.

6.3 Synthese von Differenzalgorithmen

Nachdem wir nun ein entscheidbares Hilfsmittel entwickelt haben, um argumentbeschränkte Operationen zu erkennen, können wir ein System implementieren, das automatisch eine Familie argumentbeschränkter Funktionssymbole immer dann erweitert, wenn die aktuelle Spezifikation durch einen argumentbeschränkten Algorithmus erweitert wird. Dies reicht jedoch noch nicht für das Führen von Terminierungsbeweisen aus, solange dem System die zugehörigen Differenzliterale unbekannt sind. Wir beschäftigen uns daher jetzt mit der Berechnung dieser Literale. Dabei gehen wir folgendermaßen vor:

Aus einem p-beschränkten Algorithmus G für ein $g \in \Sigma_{w,s}$ *synthetisieren* wir einen Algorithmus $\Delta^P G$ für ein neues Funktionsssymbol $\Delta^P g \in \Sigma'_{w,bool}$ (wobei Σ' = $\Sigma \cup \{\Delta^P g\}$), so daß $\Delta^P G(t^*)$ als Ergebnis genau dann true liefert, wenn das Ergebnis von $G(t^*)$ echt kleiner (i.S.v. $<_{\#}$) ist als t^P. Mit $\Delta^P g(x^*) \equiv true$ besitzen wir dann ein p-Differenzliteral $D_{p,g}$ von g, vorausgesetzt die Synthese des gewünschten Algorithmus $\Delta^P G$ gelingt.

Wir konstruieren $\Delta^P G$, nachfolgend ein *p-Differenzalgorithmus* von G genannt, induktiv aus den Fällen von G. Da G p-beschränkt ist, wissen wir, daß das Ergebnis von $G(t^*)$ kleiner oder gleich groß t^P ist (i.S.v. $\leq_{\#}$). Wir definieren daher false als Ergebnis von $\Delta^P G(t^*)$ für die Fälle, für die wir $G(t^*) =_{\#} t^P$ beweisen können, und wir definieren $\Delta^P G(t^*) = true$, wenn uns der Nachweis von $G(t^*) <_{\#} t^P$ gelingt. Gelingt uns keines von beiden, so definieren wir $\Delta^P G(t^*)$ rekursiv, und zwar mit derselben Rekursion wie $G(t^*)$. Für den 1-beschränkten Algorithmus M für minus

```
function minus(n,m:number):number ⇐
  if m≡0 then n
  if m≡succ(pred(m)) then minus(pred(n) pred(m))
```

konstruieren wir beispielsweise einen Algorithmus $\Delta^1 M$ für $\Delta^1 minus$:

Da minus(n m) = n im ersten Fall von M gilt, erhalten wir

if m≡0 *then* false

als ersten Fall von Δ^1M. Für den zweiten Fall von M gilt minus(n m) = minus(pred(n) pred(m)), und da minus und pred 1-beschränkt sind, erhalten wir

(1) minus(pred(n) pred(m)) $\leq_\Gamma$ pred(n)   und   (2) pred(n) $\leq_\Gamma$ n.

Also ist minus(n m) echt kleiner als n gdw. mindestens eine dieser beiden Ungleichungen strikt ist. Für Ungleichung (2) können wir die Striktheit mit Hilfe des Γ-Differenzäquivalents Δ_Γ(pred(n), n) = {n≡succ(pred(n))} ausdrücken, und wir erhalten als zweiten Fall von Δ^1M

if m≡succ(pred(m)) $\wedge$ n≡succ(pred(n)) *then* true .

Aber welches Ergebnis sollen wir für " m≡succ(pred(m))$\wedge\neg$n≡succ(pred(n)) " vorsehen? In diesem Fall gilt minus(pred(n) pred(m)) $\leq_\Gamma$ pred(n) = n, und das Ergebnis von Δ^1M hängt allein von der Striktheit der verbleibenden Ungleichung (1) ab. Da wir aber Δ^1M *induktiv* konstruieren, läßt sich die Striktheit dieser Ungleichung mit Hilfe von Δ^1minus ausdrücken: Wir schreiben Δ^1minus(pred(n) pred(m)) = true als äquivalente Bedingung für die Striktheit von (1), denn Δ^1minus(pred(n) pred(m)) liefert true gdw. das Ergebnis von minus(pred(n) pred(m)) echt kleiner als pred(n) ist! Wir erhalten daher

if m≡succ(pred(m)) $\wedge$ $\neg$n≡succ(pred(n)) *then* Δ^1minus(pred(n) pred(m))

als dritten Fall von Δ^1M. Wir haben also aus M folgenden Algorithmus Δ^1M für Δ^1minus *function* Δ^1minus(n,m:number):bool $\Longleftarrow$

 if m$\equiv$0 *then* false

 if m$\equiv$succ(pred(m)) $\wedge$ n$\equiv$succ(pred(n)) *then* true

 if m$\equiv$succ(pred(m)) $\wedge$ $\neg$n$\equiv$succ(pred(n)) *then* Δ^1minus(pred(n) pred(m))

konstruiert, und offensichtlich ist Δ^1minus(n m)$\equiv$true ein 1-Differenzliteral für minus(n m).

Analysieren wir unsere Vorgehensweise bei Definition von Δ^1M, so stellen wir fest, daß wir zur Konstruktion eines p-Differenzalgorithmus Δ^PG aus einem p-beschränkten Algorithmus G lediglich unser Wissen über $\leq_\#$ und $<_\#$ verwendet haben. Mit der Γ-Schranke und dem Γ-Differenzäquivalent stehen uns jedoch syntaktische Hilfsmittel zur Verfügung, um diese Relationen ohne Rückgriff auf semantische Begriffe zu beschreiben. Wir sind daher in der Lage, *rein syntaktische* Kriterien für einen p-beschränkten Algorithmus anzugeben, mit denen die Fälle des zugehörigen p-Differenzalgorithmus definiert werden können, so wie wir dies in unserem Beispiel für minus taten: Wir verwenden die Fälle des gegebenen argumentbeschränkten Algorithmus und ergänzen deren Bedingungen durch *zusätzliche Literale*, die durch sogenannte *Differenzmengen* gegeben sind. Beispielsweise sind {n$\equiv$succ(pred(n))} und {$\neg$n$\equiv$succ(pred(n))} Differenzmengen für den rekursiven Fall unseres Beispielalgorithmus. Wir berechnen die Differenzmengen mit dem Γ-Differenzäquivalent und erhalten so stärkere Bedingungen für die Fälle des Algorithmus, durch die wir in der Lage sind, die Ergebnisse eines Differenzalgorithmus anzugeben.

Wir können also ein *uniformes Verfahren* angeben, das für jeden p-beschränkten Algorithmus G (für ein g) einen *p-Differenzalgorithmus* Δ^PG (für ein neues Funktionssymbol Δ^Pg) *synthetisiert*, so daß Δ^Pg(x*)$\equiv$true ein p-Differenzliteral $D_{p,g}$ von g ist:

Definition 6.2

Sei $S=(S,\Sigma,\Phi)$ eine zulässige Spezifikation, so daß S folgenden p-beschränkten Algorithmus G für ein $g\in\Sigma_{w,s}$ enthält:

> *function* $g(x^*{:}w){:}s \Leftarrow$
>
>   *if* ψ_1 *then* r_1
>
>   ...
>
>   *if* ψ_k *then* r_k.

Sei $\Sigma' = \Sigma\cup\{\Delta^p g\}$, wobei $\Delta^p g\in\Sigma'_{w,bool}$ ein neues Funktionssssymbol ist. Dann sind die *Differenzterme* $b_i\in T(\Sigma',\mathcal{V})_{bool}$ und die *Differenzmengen* $\Delta_i\in C(\Sigma,\mathcal{V})$ für die Fälle i von G definiert als:

(1) $b_i=$ false und $\Delta_i=\Delta_{\Gamma(M)}(\lceil r_i\rceil_i, \lceil x^p\rceil_i)$,

       wenn r_i Kriterium (1) von Definition 6.1 erfüllt,

(2) $b_i=\Delta^p g\delta_i(x^*)$ und $\Delta_i=\Delta_{\Gamma(M)}(r_i, g\delta_i(x^*)) \cup \Delta_{\Gamma(M)}(\lceil \delta_i(x^p)\rceil_i, \lceil x^p\rceil_i)$,

       wenn r_i Kriterium (2) von Definition 6.1 erfüllt, und

(3) $b_i=\Delta^p g\delta_i(x^*)$ und $\Delta_i=\Delta_{\Gamma(M)}(r_i, cb^1 x^p...b^{n-1}x^p\, g\delta_i(x^*)\, b^{n+1}x^p...b^m x^p)$

$$\cup \Delta_{\Gamma(M)}(\lceil \delta_i(x^p)\rceil_i, \lceil b^n x^p\rceil_i),$$

       wenn r_i Kriterium (3) von Definition 6.1 erfüllt.

Mit $\varphi_{i,1} = \psi_i\wedge\Delta_i$ und $\varphi_{i,2} = \psi_i\wedge\neg\Delta_i$ für alle i ist der *p-Differenzalgorithmus* $\Delta^p G$ von G als folgender Algorithmus für $\Delta^p g\in\Sigma'_{w,bool}$ definiert:

> *function* $\Delta^p g(x^*{:}w){:}bool \Leftarrow$
>
>   *if* $\varphi_{1,1}$ *then* true
>
>   *if* $\varphi_{1,2}$ *then* b_1
>
>   ...
>
>   *if* $\varphi_{k,1}$ *then* true
>
>   *if* $\varphi_{k,2}$ *then* b_k

                                                               ∎4

Die Kriterien (1) und (2) von Definition 6.2 sind unabhängig von der Definition der Datenstruktur für s. Kriterium (3) dagegen ist *abhängig* von der Definition der Datenstruktur für s. Für s=number, s=list oder s= sexpr, beispielsweise, erhalten wir für Kriterium (3) die folgenden Kriterien (3'), (3") beziehungsweise (3'''):

(3') $b_i = \Delta^P g \delta_i(x^*)$ und

$\Delta_i = \Delta_{\Gamma(M)}(r_i, \text{succ}(g\delta_i(x^*))) \cup \Delta_{\Gamma(M)}(\lceil \delta_i(x^P) \rceil_i, \lceil \text{pred}(x^P) \rceil_i)$,

wenn r_i das instantiierte Kriterium (3') von Definition 6.1 erfüllt,

(3") $b_i = \Delta^P g \delta_i(x^*)$ und

$\Delta_i = \Delta_{\Gamma(M)}(r_i, \text{add}(\text{head}(x^P)\, g\delta_i(x^*))) \cup \Delta_{\Gamma(M)}(\lceil \delta_i(x^P), \lceil \text{tail}(x^P) \rceil_i)$,

wenn r_i das instantiierte Kriterium (3") von Definition 6.1 erfüllt,

(3''') $b_i = \Delta^P g \delta_i(x^*)$ und entweder

$\Delta_i = \Delta_{\Gamma(M)}(r_i, \text{cons}(\text{car}(x^P)\, g\delta_i(x^*))) \cup \Delta_{\Gamma(M)}(\lceil \delta_i(x^P) \rceil_i, \lceil \text{cdr}(x^P) \rceil_i)$, oder

$\Delta_i = \Delta_{\Gamma(M)}(r_i, \text{cons}(g\delta_i(x^*)\, \text{cdr}(x^P))) \cup \Delta_{\Gamma(M)}(\lceil \delta_i(x^P) \rceil_i, \lceil \text{car}(x^P) \rceil_i)$,

wenn r_i das instantiierte Kriterium (3''') von Definition 6.1 erfüllt.

Für den oben angegebenen 1-beschränkten Algorithmus M für minus, beispielsweise, berechnen wir für Fall 1 von M b_1 = false und $\Delta_1 = \Delta_\Gamma(n, n) = \emptyset$. Damit erhalten wir die folgenden Fälle 1.1 und 1.2 von $\Delta^1 M$:

if $m \equiv 0 \wedge$ FALSE *then* true

if $m \equiv 0 \wedge \neg$FALSE *then* false.

Für Fall 2 von M berechnen wir $b_2 = \Delta^1 \text{minus}(\text{pred}(n)\, \text{pred}(m))$ und $\Delta_2 = \emptyset \cup \Delta_\Gamma(\text{pred}(n), n) = \{\, n \equiv \text{succ}(\text{pred}(n))\, \}$. Damit erhalten wir die folgenden Fälle 2.1 und 2.2 von $\Delta^1 M$:

---

4 Im allgemeinen sind p-Differenzalgorithmen nicht in SNF. Mit Satz 3.1 wissen wir jedoch, daß für jeden p-Differenzalgorithmus eine normalisierte Version existiert.

if m≡succ(pred(m)) ∧ n≡succ(pred(n)) *then* true

if m≡succ(pred(m)) ∧ ¬n≡succ(pred(n)) *then* Δ^1minus(pred(n) pred(m))

Offensichtlich dürfen wir die ersten beiden Fälle des synthetisierten Algorithmus durch den Fall " *if* m≡0 *then* false " ersetzen[5], und wir erhalten so den zuvor schon hergeleiteten 1-Differenzalgorithmus Δ^1M für Δ^1minus.

Für den 2-beschränkten Algorithmus N für nthcdr aus Abschnitt 6.2 berechnen wir für den nicht-rekursiven Fall b_1 = false und $\Delta_1 = \Delta_\Gamma(x, x) = \emptyset$. Damit erhalten wir die folgenden Fälle 1.1 und 1.2 von Δ^2N als:

if n≡0 ∧ FALSE *then* true

if n≡0 ∧ ¬FALSE *then* false.

Wir berechnen für den rekursiven Fall $b_2 = \Delta^2$nthcdr(pred(n) x) und $\Delta_2 = \Delta_\Gamma(x, x)$ ∪ Δ_Γ(cdr(nthcdr(pred(n) x)), nthcdr(pred(n) x)) = {N}, wobei N als Abkürzung für nthcdr(pred(n) x) ≡ cons(car(nthcdr(pred(n) x)) cdr(nthcdr(pred(n) x))) steht. Damit erhalten wir die folgenden Fälle 2.1 und 2.2 von Δ^2N als:

if n≡succ(pred(n)) ∧ N *then* true

if n≡succ(pred(n)) ∧ ¬ N *then* Δ^2nthcdr(pred(n) x) .

Auch hier können wir die ersten beiden Fälle des synthetisierten Algorithmus durch " *if* n≡0 *then* false " ersetzen, vgl. Abschnitt 7.1, und wir erhalten so den folgenden 2-Differenzalgorithmus:

function Δ^2nthcdr(n:number x:sexpr):bool ⇐

if n≡0 *then* false

if n≡succ(pred(n)) ∧ N *then* true

if n≡succ(pred(n)) ∧ ¬ N *then* Δ^2nthcdr(pred(n) x)

---

[5] Wir geben in Abschnitt 7.1 eine formale Begründung für diese Optimierung an.

Für den 2-beschränkten Algorithmus R für remove erhalten wir den zugehörigen 2-Differenzalgorithmus $\Delta^2 R$ als:

function Δ^2remove(n:number x:list):bool $\Leftarrow$

if x$\equiv$empty $\wedge$ FALSE *then* true

if x$\equiv$empty $\wedge$ $\neg$FALSE *then* false

if x$\equiv$add(head(x) tail(x)) $\wedge$ head(x)$\equiv$n $\wedge$ TRUE *then* true

if x$\equiv$add(head(x) tail(x)) $\wedge$ head(x)$\equiv$n $\wedge$ $\neg$TRUE *then* Δ^2remove(n tail(x))

if x$\equiv$add(head(x) tail(x)) $\wedge$ $\neg$head(x)$\equiv$n $\wedge$ FALSE *then* true

if x$\equiv$add(head(x) tail(x)) $\wedge$ $\neg$head(x)$\equiv$n $\wedge$ $\neg$FALSE *then* Δ^2remove(n tail(x))

Genaugenommen ist ein p-Differenzalgorithmus nicht immer eindeutig bestimmt, da die Kriterien (2) und (3) von Definition 6.1 zugleich auf einen Fall " *if* ψ_i *then* r_i " zutreffen können und somit die Differenzmenge Δ_i nicht eindeutig bestimmt ist. Dies gilt beispielsweise für Fall 2 des Algorithmus für remove. Bei näherer Betrachtung stellen wir jedoch fest, daß bei Zutreffen beider Kriterien TRUE $\in \Delta_i$ gelten muß: Wir erhalten mit den Kriterien von Definition 6.1

(2.i) $r_i \leq_{\Gamma(M)} g\delta_i(x^*)$,

(2.ii) $\lceil \delta_i(xP) \rceil_i \leq_{\Gamma(M)} \lceil xP \rceil_i$,

(3.i) $r_i \leq_{\Gamma(M)} cb^1xP...b^{n-1}xP \, g\delta_i(x^*) \, b^{n+1}xP...b^mxP$,

(3.ii) $\lceil \delta_i(xP) \rceil_i \leq_{\Gamma(M)} \lceil b^nxP \rceil_i$, und

(3.iii) $[xP\equiv cb^1xP ... b^mxP] \in \varphi_i$.

Wegen (3.ii) und (3.iii) gilt dann $\Delta_{\Gamma(M)}(\lceil \delta_i(xP) \rceil_i, \lceil xP \rceil_i) = \{TRUE\}$, also TRUE $\in \Delta_i$, wenn Δ_i nach Definition 6.2 (2) gebildet wird. Wird Δ_i nach Definition 6.2 (3) gebildet, so erhalten wir wegen (2.i) $\Delta_{\Gamma(M)}(r_i , cb^1xP...b^{n-1}xP \, g\delta_i(x^*) \, b^{n+1}xP...b^mxP) = \{TRUE\}$, also ebenfalls TRUE $\in \Delta_i$.

Offenbar verwenden wir nur *syntaktische Hilfsmittel* für die Konstruktion von p-Differenzalgorithmen. Wir müssen lediglich Termrepräsentanten und das Γ-Differenzäquivalent berechnen, um einen Differenzalgorithmus zu erzeugen. Folglich können p-Differenzalgorithmen uniform berechnet werden.

Wir müssen uns natürlich noch vergewissern, daß unser Vorgehen auch korrekt ist, und beweisen, daß jeder p-Differenzalgorithmus zulässig für eine Spezifikation ist und tatsächlich immer ein p-Differenzliteral liefert:

Satz 6.3

Sei S eine zulässige Spezifikation, so daß S einen p-beschränkten Algorithmus G enthält. Dann ist der p-Differenzalgorithmus $\Delta^P G$ von G für S zulässig.

Beweisskizze Determinismus und Totalität von $\Delta^P G$ ergeben sich unmittelbar aus dem Determinismus und der Totalität von G. Da $\Delta^P G$ die gleichen Rekursionen wie G verwendet, können wir die Terminierung von $\Delta^P G$ mit der gleichen Argumentation wie für G beweisen. Anhang B enthält den ausführlichen Beweis. ■

Satz 6.4

Sei $S=(S,\Sigma,\Phi)$ eine zulässige Spezifikation mit Standardmodell $M=(\mathcal{A},\alpha)$, so daß S einen p-beschränkten Algorithmus G (für ein $g \in \Sigma_{w,s}$) und den p-Differenzalgorithmus $\Delta^P G$ von G enthält. Dann ist $\Delta^P gx^* \equiv true$ ein p-Differenzliteral von gx^* in M (wobei $x^* \in \mathcal{V}_w$).

Beweis Wir müssen zeigen, daß $M[\![x^*/a^*]\!] (\Delta^P gx^*) = true$ gdw. $\alpha_g(a^*) <_\# a^P$ für alle $a^* \in \mathcal{A}_w$ gilt. Seien alle Begriffe wie in Definition 6.2 gegeben, und sei $a^* \in \mathcal{A}_w$. Dann gilt $M[\![x^*/a^*]\!] \models \psi_i$ und $M[\![x^*/a^*]\!] (r_i) = M[\![x^*/a^*]\!] (gx^*) = \alpha_g(a^*)$ für genau einen Fall i von G, denn G ist total und deterministisch. Mit Satz 6.2 haben wir die Behauptung bewiesen, wenn uns der Nachweis von

$$(+) \qquad M[\![x^*/a^*]\!] (\Delta^P gx^*) = false \quad \text{gdw.} \quad M[\![x^*/a^*]\!] (gx^*) =_\# M[\![x^*/a^*]\!] (x^P)$$

gelingt. Wir beweisen (+) durch Noethersche Induktion über die Berechnungs-ordnung $<_G$ von G:

Induktionsanfang a^* ist $<_G$-minimal in $\mathcal{A}_w$: Dann bezeichnet i einen nicht-rekursiven Fall, und folglich erfüllt r_i Kriterium (1) von Definition 6.1. Also gelten $\lceil r_i \rceil_i \leq_{\Gamma(M)} \lceil x^P \rceil_i$ und $\Delta_i = \Delta_{\Gamma(M)}(\lceil r_i \rceil_i, \lceil x^P \rceil_i)$. Mit Korollar 4.2 und Lemma 5.3 erhalten wir dann

$$(*) \qquad M[\![x^*/a^*]\!] \models \neg\Delta_i \quad \text{gdw.} \quad M[\![x^*/a^*]\!](gx^*) =_\# M[\![x^*/a^*]\!](x^P).$$

Fall (i) $M[\![x^*/a^*]\!] \models \Delta_i$: Mit (*) gilt $M[\![x^*/a^*]\!](gx^*) \neq_\# M[\![x^*/a^*]\!](x^P)$ und mit Definition 6.2 dann $M[\![x^*/a^*]\!] \models \varphi_{i,1}$, also $M[\![x^*/a^*]\!](\Delta^P gx^*) = true$. $\square$

Fall (ii) $M[\![x^*/a^*]\!] \models \neg\Delta_i$: Mit (*) gilt $M[\![x^*/a^*]\!](gx^*) =_\# M[\![x^*/a^*]\!](x^P)$ und mit Definition 6.2 dann $M[\![x^*/a^*]\!] \models \varphi_{i,2}$, also $M[\![x^*/a^*]\!](\Delta^P gx^*) = false$. $\square\square$

Induktionsschritt a^* ist nicht $<_G$-minimal in $\mathcal{A}_w$: Dann bezeichnet i einen rekursiven Fall, und wir verwenden als Induktionsvoraussetzung, daß $M[\![x^*/a^*]\!](\Delta^P g\delta_i(x^*)) = false$ gdw. $M[\![x^*/a^*]\!](g\delta_i(x^*)) =_\# M[\![x^*/a^*]\!](\delta_i(x^P))$ gilt. Wir zeigen zunächst

$$M[\![x^*/a^*]\!] \models \neg\Delta_i \text{ und } M[\![x^*/a^*]\!](g\delta_i(x^*)) =_\# M[\![x^*/a^*]\!](\delta_i(x^P))$$
$$(**) \quad \text{gdw.}$$
$$M[\![x^*/a^*]\!](gx^*) =_\# M[\![x^*/a^*]\!](x^P) ,$$

bevor wir den Induktionsschritt beweisen.

Fall (a) r_i erfüllt Kriterium (2) von Definition 6.1: Dann gilt $\Delta_i = \Delta_{\Gamma(M)}(r_i, g\delta_i(x^*)) \cup \Delta_{\Gamma(M)}(\lceil \delta_i(x^P) \rceil_i, \lceil x^P \rceil_i)$, und wir erhalten
$$M[\![x^*/a^*]\!] \models \neg\Delta_i \text{ und } M[\![x^*/a^*]\!](g\delta_i(x^*)) =_\# M[\![x^*/a^*]\!](\delta_i(x^P))$$

gdw. $M[\![x^*/a^*]\!](r_i) =_\# M[\![x^*/a^*]\!](g\delta_i(x^*))$, mit Korollar 4.2,

     $=_\# M[\![x^*/a^*]\!](\delta_i(x^p))$,

     $= M[\![x^*/a^*]\!](\lceil\delta_i(x^p)\rceil)$, mit Lemma 5.3,

     $=_\# M[\![x^*/a^*]\!](\lceil x^p\rceil)$, mit Korollar 4.2,

     $= M[\![x^*/a^*]\!](x^p)$, mit Lemma 5.3,

gdw. $M[\![x^*/a^*]\!](gx^*) =_\# M[\![x^*/a^*]\!](x^p)$. □

Fall (b) r_i erfüllt Kriterium (3) von Definition 6.1: Dann gilt $\Delta_i = \Delta_{\Gamma(M)}(r_i, cb^1x^p...b^{n-1}x^p\ g\delta_i(x^*)\ b^{n+1}x^p...b^mx^p) \cup \Delta_{\Gamma(M)}(\lceil\delta_i(x^p)\rceil_i, \lceil b^nx^p\rceil_i)$ und wir erhalten

$$M[\![x^*/a^*]\!] \models \neg\Delta_i \text{ und } M[\![x^*/a^*]\!](g\delta_i(x^*)) =_\# M[\![x^*/a^*]\!](\delta_i(x^p))$$

gdw. $M[\![x^*/a^*]\!](r_i)$

  $=_\# M[\![x^*/a^*]\!](cb^1x^p ... b^{n-1}x^p\ g\delta_i(x^*)\ b^{n+1}x^p ... b^mx^p)$, mit Korollar 4.2,

  $=_\# M[\![x^*/a^*]\!](cb^1x^p ... b^{n-1}x^p\ \delta_i(x^p)\ b^{n+1}x^p ... b^mx^p)$,

  $= M[\![x^*/a^*]\!](cb^1x^p ... b^{n-1}x^p\lceil\delta_i(x^p)\rceil b^{n+1}x^p ... b^mx^p)$, mit Lemma 5.3,

  $=_\# M[\![x^*/a^*]\!](cb^1x^p ... b^{n-1}x^p\lceil b^nx^p\rceil b^{n+1}x^p ... b^mx^p)$, mit Korollar 4.2,

  $= M[\![x^*/a^*]\!](cb^1x^p ... b^{n-1}x^p\ b^nx^p\ b^{n+1}x^p ... b^mx^p)$, mit Lemma 5.3,

  $= M[\![x^*/a^*]\!](x^p)$, mit Definition 6.1 (3,iii),

gdw. $M[\![x^*/a^*]\!](gx^*) =_\# M[\![x^*/a^*]\!](x^p)$. □

Also gilt (**) in beiden Fällen, und wir können jetzt den Induktionsschritt zeigen:

Fall (i) $M[\![x^*/a^*]\!] \models \Delta_i$: Mit (**) gilt $M[\![x^*/a^*]\!](gx^*) \neq_\# M[\![x^*/a^*]\!](x^p)$ und mit Definition 6.2 dann $M[\![x^*/a^*]\!] \models \varphi_{i,1}$, also $M[\![x^*/a^*]\!](\Delta^p gx^*) = true$. □

Fall (ii) $M[\![x^*/a^*]\!] \models \neg\Delta_i$: Mit (**) und der Induktionsvoraussetzung gilt

$$(***) \quad M[\![x^*/a^*]\!](\Delta^P g\delta_i(x^*)) = \textit{false} \quad \text{gdw.} \quad M[\![x^*/a^*]\!](gx^*) =_{\#} M[\![x^*/a^*]\!](x^P).$$

Wegen $M[\![x^*/a^*]\!] \models \neg\Delta_i$ schließen wir aus Definition 6.2, daß $M[\![x^*/a^*]\!] \models \varphi_{i,2}$ gilt. Wir erhalten $M[\![x^*/a^*]\!](\Delta^P gx^*) = M[\![x^*/a^*]\!](b_i) = M[\![x^*/a^*]\!](\Delta^P g\delta_i(x^*))$ und mit (***) dann $M[\![x^*/a^*]\!](\Delta^P gx^*)=\textit{false}$ gdw. $M[\![x^*/a^*]\!](gx^*) =_{\#} M[\![x^*/a^*]\!](x^P)$. □ □ ■

Definition 6.1 läßt sich so verallgemeinern, daß auch argumentbeschränkte Operationen erkannt werden können, die durch Algorithmen mit *mehreren* Rekursionen in einem Ergebnisterm berechnet werden. Folglich muß Definition 6.2 so verallgemeinert werden, daß auch die Differenzalgorithmen für diese argumentbeschränkten Algorithmen erzeugt werden können. Da die verallgemeinerten Definitionen jedoch wesentlich komplizierter sind und wir andererseits kaum sinnvolle Beispiele für diese Algorithmen kennen, präsentieren wir die verallgemeinerten Definitionen nur in Anhang A.

6.4　Zusammenfassung

▶ Jeder *reflexive Selektor* einer Datenstruktur bezeichnet eine 1-beschränkte Operation.

▶ Algorithmen, die argumentbeschränkte Operationen berechnen, besitzen oft ähnliche Gestalt und Struktur. Diese Ähnlichkeit läßt sich formal durch ein *Algorithmenschema* fassen. Die Instanzen dieses Schemas heißen *argumentbeschränkte Algorithmen*.

▶ Die *Kreativität*, die erforderlich ist, um zu erkennen, daß ein Algorithmus eine argumentbeschränkte Operation berechnet, wird durch den Test, ob der Algorithmus argumentbeschränkt ist, *operationalisiert*.

▶ Alle *Beweisprobleme*, die bei diesem *Instanztest* anfallen, können mit Hilfe des E-Kalküls gelöst werden. Damit ist die Klasse der argumentbeschränkten Algorithmen *entscheidbar*.

▶ Aus jedem argumentbeschränkten Algorithmus kann uniform ein *Differenz-algorithmus synthetisiert* werden. Mit diesem Differenzalgorithmus wird ein *Differenzliteral* für die argumentbeschränkte Operation definiert, die durch den gegebenen argumentbeschränkten Algorithmus berechnet wird.

7   *Optimierung von Differenzalgorithmen*

Da wir die Definitionsformeln der Differenzalgorithmen in Terminierungsbeweisen verwenden, sind wir daran interessiert, daß diese Algorithmen so einfach wie möglich sind. Dies hat beweistechnische Vorteile, denn je einfacher ein Differenzalgorithmus ist, desto einfacher ist auch der Terminierungsbeweis, der diesen Differenzalgorithmus verwendet. Wie wir jedoch anhand der Beispiele in Abschnitt 6.3 sahen, enthalten die synthetisierten Differenzalgorithmen oft redundante Bedingungen, überflüssige Fälle und unnötige Rekursionen.

Beispielsweise enthält der 2-Differenzalgorithmus für $\Delta^2 remove$ aus Abschnitt 6.3 im Fall "*if* x≡empty ∧ ¬FALSE *then* false" eine redundante Bedingung, deren Ersetzung den Fall "*if* x≡empty *then* false" liefert. Der Algorithmus enthält mit "*if* x≡empty ∧ FALSE *then* true" auch einen überflüssigen Fall, der aus dem Algorithmus entfernt werden sollte.

Der 1-Differenzalgorithmus für $\Delta^1 minus$ aus Abschnitt 6.3 enthält beispielsweise im Fall "*if* m≡succ(pred(m)) ∧¬n≡succ(pred(n)) *then* Δ^1minus(pred(n) pred(m))" eine unnötige Rekursion, deren Ersetzung den Fall "*if* m≡succ(pred(m)) ∧ ¬n≡succ(pred(n)) *then* false" liefert, wobei die berechnete Operation natürlich unverändert bleibt.

Wir versuchen also unsere Differenzalgorithmen zu *optimieren*, wobei wir uns von einem Induktionsbeweissystem unterstützen lassen. Wir stellen in diesem Kapitel vier Optimierungstechniken für Differenzalgorithmen vor: *Bedingungssubsumption*, *Termvereinfachung*, *Rekursionselimination* und *Fallverschmelzung*. Jede dieser Optimierungen wird auf einen synthetisierten Differenzalgorithmus angewendet, und zwar in der Reihenfolge, in der wir jetzt diese Optimierungen vorstellen.

7.1 *Bedingungssubsumption*

Diese Optimierung ersetzt einen Fall "*if* $\psi \wedge \varphi$ *then* b" in einem Algorithmus A (der in einer zulässigen Spezifikation S enthalten ist) durch "*if* ψ *then* b" und streicht einen Fall "*if* $\psi \wedge \neg\varphi$ *then* b" aus dem Algorithmus, vorausgesetzt, die sogenannte *Subsumptionsformel* kann bewiesen werden, d.h.

$$\vdash_S [\forall x^*{:}w \; \psi \rightarrow \varphi] .$$

In diesem Fall gilt $[\forall x^*{:}w \; \psi \wedge \varphi \leftrightarrow \psi] \in \mathrm{Th}(S)$ und der so optimierte Algorithmus A' ist deshalb deterministisch, total und terminiert in S. Außerdem berechnet A' die gleiche Operation wie A: Wenn A als Ergebnis *b* liefert, da die Bedingung $\psi \wedge \varphi$ für eine Eingabe erfüllt ist, so ist ψ trivialerweise auch für diese Eingabe erfüllt, und A' liefert ebenfalls *b*. Wenn andererseits ψ für eine Eingabe von A' erfüllt ist, so gilt mit der Subsumptionsformel auch $\psi \wedge \varphi$ für diese Eingabe, und wir erhalten *b* als Ergebnis beider Algorithmen. Da schließlich $\psi\wedge\varphi\wedge\neg\varphi$ unerfüllbar ist, dürfen wir den Fall "*if* $\psi \wedge \neg\varphi$ *then* b" aus A streichen, ohne daß sich die berechnete Operation ändert.

Da die Fälle unserer Differenzalgorithmen $\Delta^P G$ von der Form " *if* $\psi_i \wedge \Delta_i$ *then* true " und " *if* $\psi_i \wedge \neg\Delta_i$ *then* b_i " sind, versucht unser System zuerst

$$(*) \qquad \vdash_S [\forall x^*{:}w \; \psi_i \rightarrow \Delta_i]$$

nachzuweisen. Gelingt dies, so wird Δ_i aus der Bedingung des Falles " *if* $\psi_i \wedge \Delta_i$ *then* true " gestrichen und der Fall " *if* $\psi_i \wedge \neg\Delta_i$ *then* b_i " aus dem Differenzalgorithmus entfernt. Wenn das System jedoch (*) nicht zeigen kann, so versucht es

$$(**) \qquad \vdash_S [\forall x^*{:}w \; \psi_i \rightarrow \neg\Delta_i]$$

zu beweisen. Bei Erfolg wird $\neg\Delta_i$ aus der Bedingung von " *if* $\psi_i \wedge \neg\Delta_i$ *then* b_i " gestrichen und " *if* $\psi_i \wedge \Delta_i$ *then* true " aus dem Algorithmus entfernt. Natürlich erzeugt unser System gelegentlich auch Subsumptionsformeln η mit $\eta \notin \text{Th}(S)$, wie z.B. für den Algorithmus für Δ^1log vom Ende dieses Abschnitts. Wir müssen also auch deshalb unseren Induktionsbeweiser mit einem *Haltekriterium* versehen, vgl. Abschnitt 5.2.

Für den 2-Differenzalgorithmus Δ^2R, der aus remove in Kapitel 6 synthetisiert wurde, müssen beispielsweise die Subsumptionsformeln

$\vdash_S [\ \forall x{:}\text{list } x{\equiv}\text{empty} \rightarrow \neg\text{FALSE}\ ]$,

$\vdash_S [\ \forall n{:}\text{number } \forall x{:}\text{list } x{\equiv}\text{add(head(x) tail(x))} \land \text{head(x)}{\equiv}n \rightarrow \text{TRUE}\ ]$ und

$\vdash_S [\ \forall n{:}\text{number } \forall x{:}\text{list } x{\equiv}\text{add(head(x) tail(x))} \land \neg\text{head(x)}{\equiv}n \rightarrow \neg\text{FALSE}\ ]$

bewiesen werden. Dies ist offenbar trivial, und wir erhalten damit die optimierte Version von Δ^2R als :

function Δ^2remove(n:number x:list):bool $\Leftarrow$
  if x$\equiv$empty *then* false
  if x$\equiv$add(head(x) tail(x)) $\land$ head(x)$\equiv$n *then* true
  if x$\equiv$add(head(x) tail(x)) $\land$ $\neg$head(x)$\equiv$n *then* Δ^2remove(n tail(x))

Wie in der Einleitung versprochen haben wir so aus remove automatisch den Algorithmus für member synthetisiert (denn offenbar stimmen beide Algorithmen bis auf die Namen überein)! Nach dieser Optimierung enthält der Algorithmus für Δ^2remove nur einen rekursiven Fall und ist damit einfacher als der Algorithmus für remove, der zwei Rekursionen enthält. Terminierungsbeweise unter Verwendung von Differenzalgorithmen bedingen einfachere Induktionsschemata als Beweise unter Verwendung der argumentbeschränkten Algorithmen, da Differenzalgorithmen oft weniger rekursive Fälle enthalten.[1] Ein weiterer Vorteil dabei ist, daß die Ergebnisterme der Differenzalgorithmen gewöhnlich einfacher sind, als die Ergebnisterme der zugehörigen p-beschränkten Algorithmen. Beispielsweise liefert der 2-Differenzalgorithmus für Δ^2remove im dritten Fall

---

[1] Aus Definition 6.2 ergibt sich unmittelbar, daß kein Differenzalgorithmus mehr Rekursionen als der zugehörige p-beschränkte Algorithmus enthält.

Δ^2remove(n tail(x)) als Ergebnis, während der Algorithmus für remove als Ergebnis add(head(x) remove(n tail(x))) liefert.

Als zweites Beispiel für diese Optimierungstechnik betrachten wir den 1-beschränkten Algorithmus H aus Abschnitt 6.2, der den abgerundeten Quotienten durch 2 berechnet:

> *function* half(n:number):number $\Leftarrow$
>   *if* n$\equiv$0 *then* 0
>   *if* n$\equiv$succ(pred(n)) $\wedge$ pred(n)$\equiv$0 *then* 0
>   *if* n$\equiv$succ(pred(n)) $\wedge$ pred(n)$\equiv$succ(pred(pred(n)))
>   *then* succ(half(pred(pred(n))))

Wir erhalten mit Definition 6.2 den folgenden 1-Differenzalgorithmus Δ^1H für H:

> *function* Δ^1half(n:number):bool $\Leftarrow$
>   *if* n$\equiv$0 $\wedge$ FALSE *then* true
>   *if* n$\equiv$0 $\wedge$ $\neg$FALSE *then* false
>   *if* n$\equiv$succ(pred(n)) $\wedge$ pred(n)$\equiv$0 $\wedge$ TRUE *then* true
>   *if* n$\equiv$succ(pred(n)) $\wedge$ pred(n)$\equiv$0 $\wedge$ $\neg$TRUE *then* false
>   *if* n$\equiv$succ(pred(n)) $\wedge$ pred(n)$\equiv$succ(pred(pred(n))) $\wedge$ TRUE *then* true
>   *if* n$\equiv$succ(pred(n)) $\wedge$ pred(n)$\equiv$succ(pred(pred(n))) $\wedge$ $\neg$TRUE
>   *then* Δ^1half(pred(pred(n)))

Mit dem (trivialen) Nachweis der Subsumptionsformeln, d.h.

(1) $\vdash_S$ [$\forall$n:number n$\equiv$0 $\rightarrow$ $\neg$FALSE] ,

(2) $\vdash_S$ [$\forall$n:number n$\equiv$succ(pred(n)) $\wedge$ pred(n)$\equiv$0 $\rightarrow$ TRUE] und

(3) $\vdash_S$ [$\forall$n:number n$\equiv$succ(pred(n)) $\wedge$ pred(n)$\equiv$succ(pred(pred(n))) $\rightarrow$ TRUE]

berechnet unser System die optimierte Version des Algorithmus Δ^1H als:

function Δ^1half(n:number):bool $\Leftarrow$

  if n$\equiv$0 *then* false

  if n$\equiv$succ(pred(n)) $\wedge$ pred(n)$\equiv$0 *then* true

  if n$\equiv$succ(pred(n)) $\wedge$ pred(n)$\equiv$succ(pred(pred(n))) *then* true

Wir illustrieren unser Vorgehen noch mit einem weiteren Algorithmus und betrachten den 1-beschränkten Algorithmus L aus Abschnitt 6.2, der den abgerundeten dualen Logarithmus einer natürlichen Zahl berechnet:

function log(n:number):number $\Leftarrow$

  if n$\equiv$0 *then* 0

  if n$\equiv$succ(pred(n)) $\wedge$ pred(n)$\equiv$0 *then* 0

  if n$\equiv$succ(pred(n)) $\wedge$ pred(n)$\equiv$succ(pred(pred(n)))

    then succ(log(succ(half(pred(pred(n))))))

Als optimierte Version von Δ^1L erhalten wir

function Δ^1log(n:number):bool $\Leftarrow$

  if n$\equiv$0 *then* false

  if n$\equiv$succ(pred(n)) $\wedge$ pred(n)$\equiv$0 *then* true

  if n$\equiv$succ(pred(n)) $\wedge$ pred(n)$\equiv$succ(pred(pred(n)))

    $\wedge$ Δ^1half(pred(pred(n)))$\equiv$true *then* true

  if n$\equiv$succ(pred(n)) $\wedge$ pred(n)$\equiv$succ(pred(pred(n)))

    $\wedge$ $\neg\Delta^1$half(pred(pred(n)))$\equiv$true

    then Δ^1log(succ(half(pred(pred(n))))) ,

denn die Subsumptionsformeln

(1) [$\forall$n:number n$\equiv$0 $\rightarrow$ $\neg$FALSE] und

(2) [$\forall$n:number n$\equiv$succ(pred(n)) $\wedge$ pred(n)$\equiv$0 $\rightarrow$ TRUE]

können bewiesen werden und für die restlichen Subsumptionsformeln gilt

(3) $\nvdash_S$ [$\forall$n:number n$\equiv$succ(pred(n)) $\wedge$ pred(n)$\equiv$succ(pred(pred(n))) $\rightarrow$

$$\Delta^1 half(pred(pred(n)))\equiv true \ ]$$

und

(4) $\nvdash_S$ [$\forall$n:number n$\equiv$succ(pred(n)) $\wedge$ pred(n)$\equiv$succ(pred(pred(n))) $\rightarrow$

$$\neg\Delta^1 half(pred(pred(n)))\equiv true \ ] \ .$$

7.2 Termvereinfachung

Sei f ein p-beschränktes Funktionssymbol, $D_{p,f}(x^*)$ ein p-Differenzliteral für fx* und G ein Algorithmus in einer zulässige Spezifikation S, derart daß G einen Fall "*if* $\psi_i \wedge \neg D_{p,f}(t^*)$ *then* r_i" enthält. Weiter nehmen wir an, unser System hat die sogenannte *Simplifikationsformel*

(*)   [$\forall \ldots \neg D_{p,f}(t^*) \rightarrow ft^*\equiv t^P$]

bewiesen. Dann gilt [$\forall \ldots \neg D_{p,f}(t^*) \rightarrow ft^*\equiv t^P$] $\in$ Th(S) und wir dürfen somit ft* überall in "*if* $\psi_i \wedge \neg D_{p,f}(t^*)$ *then* r_i" durch t^P ersetzen, ohne daß sich die berechnete Operation dadurch ändert. Wir nennen eine solche Ersetzung eine *Termvereinfachung*, und wir wenden diese Optimierung auf jeden synthetisierten Differenzalgorithmus an, wann immer dies möglich ist.

Beispielweise dürfen wir half(pred(pred(x))) durch pred(pred(x)) ersetzen, denn unser System kann die Simplifikationsformel

[$\forall$ x:number $\neg\Delta^1 half(pred(pred(x)))\equiv true$

$$\rightarrow half(pred(pred(x)))\equiv pred(pred(x)) \ ]$$

beweisen. Wir erhalten daher durch Termvereinfachung im rekursiven Fall *if* x≡succ(pred(x)) ∧ pred(x)≡succ(pred(pred(x)))

∧ ¬Δ^1half(pred(pred(x)))≡true *then* Δ^1log(succ(half(pred(pred(x)))))

des Differenzalgorithmus für Δ^1log aus Abschnitt 7.1 den vereinfachten Fall

if x≡succ(pred(x)) ∧ pred(x)≡succ(pred(pred(x)))

∧ ¬Δ^1half(pred(pred(x)))≡true *then* Δ^1log(succ(pred(pred(x))))   .

Für den 1-Differenzalgorithmus für Δ^1minus aus Abschnitt 6.2 wird durch Termvereinfachung pred(n) im rekursiven Aufruf Δ^1minus(pred(n) pred(m)) durch n ersetzt, und wir erhalten den optimierten 1-Differenzalgorithmus

function Δ^1minus(n,m:number):bool ⇐
if m≡0 *then* false
if m≡succ(pred(m)) ∧ n≡succ(pred(n)) *then* true
if m≡succ(pred(m)) ∧ ¬n≡succ(pred(n)) *then* Δ^1minus(n pred(m)) ,

denn unser System kann folgende Simplifikationsformel beweisen:

[∀ n:number ¬n≡succ(pred(n)) → pred(n)≡n] .

Termvereinfachungen sind insbesondere deshalb wichtig, da durch diese Optimierungstechnik die nachfolgende Optimierung durch Rekursionselimination vereinfacht oder sogar erst ermöglicht wird.

Natürlich erzeugt unser System auch Simplifikationsformeln ψ mit ψ∉Th(S). Wir müssen also auch deshalb unseren Induktionsbeweiser mit einem *Haltekriterium* versehen, vgl. Abschnitte 5.2 und 7.1.

7.3 *Rekursionselimination*

Da wir die Definitionsformeln der Differenzalgorithmen beim Beweis von Terminierungshypothesen verwenden, hängt der Aufwand von Terminierungsbeweisen, gemessen mit der Anzahl der notwendigen Induktionen, direkt von der Anzahl der rekursiven Fälle des Differenzalgorithmus ab. Folglich können wir eine Terminierungshypothese ohne Induktion beweisen, wenn der verwendete Differenzalgorithmus nicht rekursiv ist. Beispielsweise kann die für log erzeugte Terminierungshypothese ohne Induktion bewiesen werden, da der dabei verwendete Differenzalgorithmus für Δ^1half nicht rekursiv ist. Zum Beweis der Terminierung von gcd (vgl. Abschnitt 5.1) dagegen ist Induktion erforderlich, denn der Differenzalgorithmus für Δ^1minus ist rekursiv. Damit treiben wir bei diesem Terminierungsbeweis unnötigen Aufwand, denn Δ^1minus(n m) definiert rekursiv eine Eigenschaft der Parameter n und m, die auch nicht-rekursiv formuliert werden kann. Wir versuchen daher die Rekursionen in einem Differenzalgorithmus zu eliminieren, um bei Terminierungsbeweisen mit so wenig Induktionen wie nötig auszukommen.

Unser System eliminiert die Rekursionen in einem Differenzalgorithmus Δ^PG, indem eine Menge von rekursiven Fällen "*if* ψ_1 *then* Δ^Pgδ_1(x*)", ... , "*if* ψ_m *then* Δ^Pgδ_m(x*)" durch eine Menge nicht-rekursiver Fälle "*if* ψ_1 *then* b", ... , "*if* ψ_m *then* b" ersetzt wird. Diese Ersetzung wird jedoch nur dann durchgeführt, wenn der Induktionsbeweiser zuvor die sogenannten *Rekursionsformeln*

$$\vdash_S \quad [\forall x^*{:}w \ \psi_1 \to \delta_1(\psi_1 \vee ... \vee \psi_m) \vee \delta_1(\varphi_1 \vee ... \vee \varphi_n)] \, ,$$

$$\vdash_S \quad [\forall x^*{:}w \ \psi_2 \to \delta_2(\psi_1 \vee ... \vee \psi_m) \vee \delta_2(\varphi_1 \vee ... \vee \varphi_n)] \, ,$$

$$. \quad . \quad .$$

$$\vdash_S \quad [\forall x^*{:}w \ \psi_m \to \delta_m(\psi_1 \vee ... \vee \psi_m) \vee \delta_m(\varphi_1 \vee ... \vee \varphi_n)]$$

beweisen konnte, wobei "*if* φ_1 *then* b", ... , "*if* φ_n *then* b" alle Fälle in Δ^PG mit b = true oder alle Fälle in Δ^PG mit b = false sind. Wir nennen diese Optimierung *Rekursionselimination*, und offensichtlich erhält diese Modifikation des Algorithmus Determinismus, Totalität und Terminierung.[2]

Der modifizierte Algorithmus berechnet auch die gleiche Operation, wie der ursprünglich gegebene: Angenommen, eine Bedingung ψ_i ist für eine Eingabe a* von $\Delta^P G$ erfüllt. Da $\Delta^P G$ terminiert, werden Fälle aus "*if* ψ_1 *then* $\Delta^P g\delta_1(x*)$", ... , "*if* ψ_m *then* $\Delta^P g\delta_m(x*)$" bei Eingabe von a* endlich oft, etwa *k* mal, direkt hintereinander aufgerufen. Also gilt ein ψ_j nach *k* Aufrufen, aber $\delta_j(\psi_1 \vee ... \vee \psi_m)$ ist nicht erfüllt, denn andernfalls gäbe es ja *k*+1 direkt aufeinander folgende Aufrufe mit den Fällen "*if* ψ_1 *then* $\Delta^P g\delta_1(x*)$", ... , "*if* ψ_m *then* $\Delta^P g\delta_m(x*)$". Mit der Rekursionsformel $[\forall x*:w\ \psi_j \rightarrow \delta_j(\psi_1 \vee ... \vee \psi_m) \vee \delta_j(\varphi_1 \vee ... \vee \varphi_n)]$ muß dann eine der nicht-rekursiven Bedingungen $\delta_j(\varphi_h)$ erfüllt sein. Dann liefert $\Delta^P G$ aber als Ergebnis $\delta_j(b)=b$, d.h. das gleiche Ergebnis wie der modifizierte Algorithmus bei Eingabe von a*.

Wenn jedoch kein ψ_i für die Eingabe a* erfüllt ist, so muß irgendeine andere Bedingung ϕ eines Falls "*if* ϕ *then* r" für diese Eingabe erfüllt sein. Wegen $\psi_i \neq \phi$ ist dieser Fall auch im modifizierten Algorithmus enthalten und beide Algorithmen liefern somit trivialerweise das gleiche Ergebnis. Also berechnen beide Algorithmen die gleiche Operation. Wir beweisen formal die Äquivalenz beider Algorithmen mit folgendem Satz:

Satz 7.1

Sei S eine zulässige Spezifikation mit Standardmodell $M=(\mathcal{A},\alpha)$, so daß S die Algorithmen $\Delta^P G$ und $\Delta^P G'$ enthält. Sei $\Delta^P G'$ der Algorithmus für $\Delta^P g'$, der aus $\Delta^P G$ durch Rekursionselimination entsteht, und sei $x* \in \mathcal{V}_w$ die Liste der formalen Parameter von $\Delta^P G$ (und $\Delta^P G'$). Dann gilt

$$M[\![x*/a*]\!](\Delta^P g'x*) = M[\![x*/a*]\!](\Delta^P gx*) \text{ für alle } a* \in \mathcal{A}_w \ .$$

---

[2] Wenn "*if* ψ_1 *then* $\Delta^P g\delta_1(x*)$", ... , "*if* ψ_m *then* $\Delta^P g\delta_m(x*)$", "*if* φ_1 *then* b", ... ,"*if* φ_n *then* b" sogar *alle* Fälle in $\Delta^P G$ sind, so kann jede Rekursion $\Delta^P g\delta_j(x*)$ trivialerweise durch *b* ersetzt werden. In diesem Fall definieren wir TRUE als Rekursionsformel, vgl. die Rekursionselimination für $\Delta^3 exchange$ in Anhang C.

Beweis Wir beweisen den Satz durch Noethersche Induktion über die Berechnungsordnung $<_{\Delta^P G}$ von $\Delta^P G$. Da $\Delta^P G$ total und deterministisch ist, existiert für jedes $a^* \in \mathcal{A}_w$ genau ein Fall i in $\Delta^P G$ mit $M[\![x^*/a^*]\!] \models \varphi_i$:

Induktionsanfang a^* ist $<_{\Delta^P G}$-minimal in $\mathcal{A}_w$: Dann bezeichnet i einen nichtrekursiven Fall. Also stimmen $\Delta^P g$ und $\Delta^P g'$ hier überein, und der Satz ist trivialerweise wahr. $\square$

Induktionsschritt a^* ist nicht $<_{\Delta^P G}$-minimal in $\mathcal{A}_w$: Dann bezeichnet i einen rekursiven Fall. Wir nehmen als Induktionshypothese an, daß

$$M[\![x^*/a^*]\!]\,(\Delta^P g' \delta_i(x^*)) = M[\![x^*/a^*]\!]\,(\Delta^P g \delta_i(x^*))$$

gilt. Wenn $\varphi_i \notin \{ \psi_1, \ldots, \psi_m \}$, so stimmen $\Delta^P g'$ und $\Delta^P g$ überein, und damit ist der Satz trivialerweise wahr. Für $\varphi_i = \psi_j$ erhalten wir

$$(*) \qquad M[\![x^*/a^*]\!]\,(\Delta^P g' x^*) = M[\![x^*/a^*]\!]\,(b),$$

denn $\Delta^P G'$ enthält den Fal "*if* ψ_j *then* b".

Weiter gilt $M[\![x^*/a^*]\!]\,(\Delta^P g x^*) = M[\![x^*/a^*]\!]\,(\Delta^P g \delta_j(x^*))$, denn $\Delta^P G$ enthält "*if* ψ_j *then* $\Delta^P g \delta_j(x^*)$". Mit der Induktionshypothese erhalten wir dann

$$(**) \qquad M[\![x^*/a^*]\!]\,(\Delta^P g x^*) = M[\![x^*/a^*]\!]\,(\Delta^P g' \delta_j(x^*)).$$

Mit $M[\![x^*/a^*]\!] \models \psi_j$ gilt auch $M[\![x^*/a^*]\!] \models \delta_j(\psi_1 \vee \ldots \vee \psi_m) \vee \delta_j(\varphi_1 \vee \ldots \vee \varphi_n)$, denn nach Voraussetzung sind die Rekursionsformeln erfüllt. Da $\Delta^P G'$ die Fälle "*if* ψ_1 *then* b", $\ldots$, "*if* ψ_m *then* b" sowie "*if* φ_1 *then* b", $\ldots$, "*if* φ_n *then* b" enthält, gilt $M[\![x^*/a^*]\!]\,(\Delta^P g' \delta_j(x^*)) = M[\![x^*/a^*]\!]\,(\delta_j(b)) = M[\![x^*/a^*]\!]\,(b)$. Mit $(**)$ gilt dann $M[\![x^*/a^*]\!]\,(\Delta^P g x^*) = b$, und mit $(*)$ schließlich $M[\![x^*/a^*]\!]\,(\Delta^P g x^*) = M[\![x^*/a^*]\!]\,(\Delta^P g' x^*)$ und der Satz ist bewiesen. $\square$ ∎

Für den optimierten 1-Differenzalgorithmus für Δ^1minus aus Abschnitt 7.2, beispielweise, ersetzt unser System die Rekursion Δ^1minus(n pred(m)) durch false und berechnet

> *function* Δ^1minus(n,m:number):bool $\Leftarrow$
>   *if* m$\equiv$0 *then* false
>   *if* m$\equiv$succ(pred(m)) $\wedge$ n$\equiv$succ(pred(n)) *then* true
>   *if* m$\equiv$succ(pred(m)) $\wedge$ $\neg$n$\equiv$succ(pred(n)) *then* false

als optimierten Algorithmus, denn die Rekursionsformel

$$[\ \forall m,n:\text{number } m\equiv\text{succ(pred(m))} \wedge \neg n\equiv\text{succ(pred(n))} \rightarrow$$
$$(\ \text{pred(m)}\equiv\text{succ(pred(pred(m)))} \wedge \neg n\equiv\text{succ(pred(n))}\ ) \vee \text{pred(m)}\equiv 0\ ]$$

kann (ohne Induktion) bewiesen werden.

Für den Algorithmus für Δ^1log aus Abschnitt 7.2, beispielsweise, ersetzt unser System die Rekursion Δ^1log(succ(pred(pred(n)))) durch true und berechnet so

> *function* Δ^1log(n:number):bool $\Leftarrow$
>   *if* n$\equiv$0 *then* false
>   *if* n$\equiv$succ(pred(n)) $\wedge$ pred(n)$\equiv$0 *then* true
>   *if* n$\equiv$succ(pred(n)) $\wedge$ pred(n)$\equiv$succ(pred(pred(n)))
> $\wedge$ Δ^1half(pred(pred(n)))$\equiv$true *then* true
>   *if* n$\equiv$succ(pred(n)) $\wedge$ pred(n)$\equiv$succ(pred(pred(n)))
> $\wedge$ $\neg\Delta^1$half(pred(pred(n)))$\equiv$true *then* true ,

als den optimierten Differenzalgorithmus, denn die Rekursionsformel

$$[\ \forall n:\text{number } n\equiv\text{succ(pred(n))} \wedge \text{pred(n)}\equiv\text{succ(pred(pred(n))} \wedge \neg H(\text{pred(pred(n))}) \rightarrow$$
$$\text{pred(pred(n)))}\equiv\text{succ(pred(pred(pred(n)))} \wedge \neg H(\text{pred(pred(pred(n))))} \vee$$
$$\text{pred(pred(n)))}\equiv\text{succ(pred(pred(pred(n)))} \wedge H(\text{pred(pred(pred(n))))} \vee$$
$$\text{pred(pred(n))}\equiv 0\ ]$$

kann (ohne Induktion) vom System bewiesen werden. Dabei haben wir "Δ^1half(t)$\equiv$true" durch "H(t)" und "pred(succ(t))" durch "t" abgekürzt und alle Literale der Form succ(pred(pred(n)))$\equiv$succ(pred(pred(n))) aus Gründen der besseren Lesbarkeit aus der Rekusionsformel entfernt. Natürlich erzeugt unser System auch Rekursionsformeln ψ mit $\psi \notin$ Th(S), wie z.B. für den Algorithmus für Δ^2remove in Abschnitt 7.1. Wir müssen also auch deshalb unseren Induktionsbeweiser mit einem *Haltekriterium* versehen, vgl. Abschnitte 5.2, 7.1 und 7.2.

7.4   Fallverschmelzung

Diese Optimierungstechnik ersetzt eine Menge von Fällen "*if* $\varphi \wedge \psi_1$ *then* b" , ... , "*if* $\varphi \wedge \psi_k$ *then* b" in einem Algorithmus A (der in einer zulässigen Spezifikation S enthalten ist) durch den Fall "*if* φ *then* b", vorausgesetzt die Theorie der Spezifikation enthält die sogenannte *Verschmelzungsformel*, d.h.

(*) $[\forall x^*{:}w\ \varphi \rightarrow \psi_1 \vee ... \vee \psi_k\ ] \in$ Th(S).

In diesem Fall gilt $[\forall x^*{:}w\ (\varphi \wedge \psi_1 \vee ... \vee \varphi \wedge \psi_k) \leftrightarrow \varphi\ ] \in$ Th(S) und der so modifizierte Algorithmus A' ist deterministisch, total und terminiert in S. Außerdem berechnet A' die gleiche Operation wie A: Wenn A als Ergebnis *b* liefert, da die Bedingung $\varphi \wedge \psi_i$ für eine Eingabe erfüllt ist, so ist natürlich auch φ für die Eingabe erfüllt, und A' liefert ebenfalls *b*. Wenn andererseits φ für eine Eingabe von A' gilt, so muß wegen (*) auch für ein *i* die Bedingung $\varphi \wedge \psi_i$ gelten, und beide Algorithmen liefern *b* als Ergebnis.

Um diese Optimierungstechnik anzuwenden, müssen wir jedoch erst eine Menge von Fällen finden, für die die Verschmelzungsformel auch gilt. Wenn wir dabei alle möglichen Kombinationen von φ's und ψ_i's ausprobieren, die wir aus den Fällen unseres Differenzalgorithmus bilden können, erzeugen wir offensichtlich eine große Anzahl falscher Formeln. Wir wenden daher diese Optimierungstechnik nicht in ihrer vollen Allgemeinheit an, sondern beschränken uns auf zwei Spezialfälle, nämlich die sogenannte *aussagenlogische Verschmelzung* und die sogenannte *strukturelle Verschmelzung*. Beide Spezialfälle erlauben uns eine Optimierung vorzunehmen, ohne daß Beweise geführt werden müssen:

Aussagenlogische Verschmelzung ersetzt ein Paar von Fällen "*if* $\varphi \wedge L$ *then* b" und "*if* $\varphi \wedge \neg L$ *then* b" in einem Differenzalgorithmus durch den Fall "*if* φ *then* b". Mit $\models [\forall \dots L \vee \neg L]$ gilt auch $[\forall x^*{:}w \ \varphi \to L \vee \neg L] \in \mathrm{Th}(S)$, also berechnet der durch aussagenlogische Verschmelzung entstandene Differenzalgorithmus die gleiche Operation wie der gegebene Differenzalgorithmus. Für den Differenzalgorithmus für $\Delta^1 \mathrm{log}$ aus Abschnitt 7.3, beispielsweise, ist aussagenlogische Verschmelzung auf die letzten beiden Fälle anwendbar und ergibt (mit $L = \Delta^1 \mathrm{half}(\mathrm{pred}(\mathrm{pred}(n)))\equiv\mathrm{true}$)

```
function Δ¹log(n:number):bool ⇐
   if n≡0 then false
   if n≡succ(pred(n)) ∧ pred(n)≡0 then true
   if n≡succ(pred(n)) ∧ pred(n)≡succ(pred(pred(n))) then true .
```

Strukturelle Verschmelzung ersetzt eine Menge von Fällen "*if* $\varphi \wedge t\equiv c^1 b^{1,1}t \dots b^{1,n_1}t$ *then* b", ... , "*if* $\varphi \wedge t\equiv c^k b^{k,1}t \dots b^{k,n_k}t$ *then* b" in einem Differenzalgorithmus durch den Fall "*if* φ *then* b", vorausgesetzt $\{c^1,\dots,c^k\}$ ist die Menge aller Konstruktoren der Datenstruktur für ein s, und die Symbole b^{i,n_i} bezeichnen die Selektoren, die zu den jeweiligen Konstruktoren c^i gehören. Da $[\forall \ x{:}s \ x\equiv c^1 b^{1,1}x \dots b^{1,n_1}x \vee \dots \vee x\equiv c^k b^{k,1}x \dots b^{k,n_k}x]$ eine Repräsentationsformel der Datenstruktur für s ist (vgl. Kapitel 3 und Anhang A), ist diese Formel in $\mathrm{Th}(S)$ enthalten. Folglich gilt $[\forall \ \dots \varphi \to t\equiv c^1 b^{1,1}t \dots b^{1,n_1}t \vee \dots \vee t\equiv c^k b^{k,1}t \dots b^{k,n_k}t] \in \mathrm{Th}(S)$, und der durch strukturelle Verschmelzung entstandene Differenzalgorithmus berechnet deshalb die gleiche Operation wie der gegebene Differenzalgorithmus. Für den oben angegebenen Differenzalgorithmus für $\Delta^1 \mathrm{log}$ ist strukturelle Verschmelzung auf die letzten beiden Fälle anwendbar und ergibt

function $\Delta^1 \log(\text{n:number}):\text{bool} \Leftarrow$
   if n≡0 *then* false
   if n≡succ(pred(n)) *then* true   .

Für den Differenzalgorithmus für Δ^1half aus Abschnitt 7.1, ist strukturelle Verschmelzung auf die letzten beiden Fälle anwendbar, und wir erhalten

function Δ^1half(n:number):bool $\Leftarrow$
   if n≡0 *then* false
   if n≡succ(pred(n)) *then* true   .

7.5 Zusammenfassung

▸ Durch Optimierung von Differenzalgorithmen wird der *Aufwand* beim
  Führen von Terminierungsbeweisen *verringert*.

▸ *Bedingungssubsumption* vereinfacht Bedingungen in den Fällen eines Differenzalgorithmus und entfernt andere Fälle aus dem Differenzalgorithmus.

▸ *Termvereinfachungen* eliminieren Funktionsaufrufe in einem Differenzalgorithmus.

▸ *Rekursionseliminationen* ersetzen rekursive Fälle in einem Differenzalgorithmus durch nicht-rekursive Fälle.

▸ *Fallverschmelzung* ersetzt mehrere Fälle eines Differenzalgorithmus durch
  einen Fall mit einfacherer Bedingung.

8 *Algorithmenmodifikation*

Erfahrungsgemäß ist immer ein gewisses Maß an Kooperation notwendig, wenn Systeme zusammenwirken, um ein Problem erfolgreich zu lösen. Deshalb kann auch unser Verfahren für Terminierungsbeweise versagen, sobald der Benutzer unseres Systems sich nicht kooperativ verhält. Gelegentlich läßt sich so ein Mißerfolg vermeiden, indem Algorithmen automatisch so *transformiert* werden, daß das Verfahren doch noch erfolgreich ist. Aber es gibt auch Situationen, in denen die Mithilfe des Systembenutzers notwendig ist, um das Verfahren anwenden zu können.

Unser Ansatz, argumentbeschränkte Operationen zu erkennen, versagt, wenn ein Benutzer unseres Systems einen Algorithmus definiert, der eine argumentbeschränkte Operation berechnet, aber der Algorithmus selbst nicht argumentbeschränkt ist. Um diesem Mangel abzuhelfen, versucht das System, den gegebenen Algorithmus durch Transformation von *Ergebnistermen* oder durch Transformation von *Bedingungen* in einen argumentbeschränkten Algorithmus umzuformen. Dabei werden natürlich nur solche Transformationen vorgenommen, durch die die berechnete Operation nicht geändert wird.

8.1 *Transformation von Ergebnistermen*

Gelegentlich ist ein Algorithmus nicht argumentbeschränkt, weil das Ergebnis eines Falles nicht den Kriterien des Schemas für argumentbeschränkte Algorithmen genügt, vgl. Definition 6.1. Als Beispiel betrachten wir den folgenden Algorithmus L', d.h. eine alternative Version des Algorithmus für log aus Abschnitt 6.2:

function log(n:number):number $\Leftarrow$

  if n$\equiv$0 *then* 0

  if n$\equiv$succ(pred(n)) $\wedge$ pred(n)$\equiv$0 *then* 0

  if n$\equiv$succ(pred(n)) $\wedge$ pred(n)$\equiv$succ(pred(pred(n))) *then* succ(log(half(n)))

Mit Satz 5.4 können wir zeigen, daß dieser Algorithmus terminiert. Aber L' ist kein 1-beschränkter Algorithmus, denn es gilt

$\lceil$half(n)$\rceil$ = half(succ(succ(pred(pred(n))))) $\$_\Gamma$ succ(pred(pred(n))) = $\lceil$pred(n)$\rceil$.

Wir dürfen jedoch half(n) in L' durch succ(half(pred(pred(n)))) ersetzen. Diese Ersetzung ändert nicht die berechnete Operation, denn die Bedingung des rekursiven Falles von L' impliziert die Bedingung des rekursiven Falles des Algorithmus für half (vgl. Abschnitt 6.2), d.h. es gilt

$\vdash_S$ [$\forall$n:number n$\equiv$succ(pred(n)) $\wedge$ pred(n)$\equiv$succ(pred(pred(n))) $\rightarrow$

$$n\equiv succ(pred(n)) \wedge pred(n)\equiv succ(pred(pred(n))) \ ] \ .$$

Damit darf half(n) in L' zu succ(half(pred(pred(n)))) *ausgewertet* werden, und der so modifizierte Algorithmus ist jetzt argumentbeschränkt, denn es gilt

$$\lceil succ(half(pred(pred(n))))\rceil = \ succ(half(pred(pred(n))))$$
$$\leq_\Gamma succc(pred(pred(n)))$$
$$= \ \lceil pred(n)\rceil \ .$$

Wir nennen diese Modifikation eines Algorithmus eine *Ergebnistransformation*. In unserem Beispiel haben wir L' in den Algorithmus L aus Abschnitt 6.2 umgeformt, der argumentbeschränkt ist und deshalb (wie wir gesehen haben) für unser Terminierungsverfahren geeignet ist.

Allgemein wird bei einer Ergebnistransformation ein Fall "*if* φ *then* ...gσ(x*)..." eines Algorithmus F für ein *f* (der in einer zulässigen Spezifikation

S enthalten ist) durch den Fall "*if* φ *then* ...σ(r_i)..." ersetzt, vorausgesetzt *g* ist ein argumentbeschränktes Funktionssymbol, "*if* ψ_i *then* r_i" ist ein Fall des Algorithmus für *g*, und die *Ergebnistransformationsformel*

$$(*) \qquad [\forall\, x^*{:}w\ \varphi \rightarrow \sigma(\psi_i)\,]$$

ist durch ein Induktionsbeweissystem nachweisbar. Unter diesen Voraussetzungen gilt dann [$\forall\, x^*{:}w\ \varphi \rightarrow g\sigma(x^*){\equiv}\sigma(r_i)$]$\in$ Th(S), und der modifizierte Algorithmus F' berechnet somit die gleiche Operation wie F.

Wir testen unser Vorgehen mit einem anderen Beispiel und betrachten folgenden Algorithmus P, der Mehrfachvorkommen von natürlichen Zahlen in einer Liste natürlicher Zahlen eliminiert:

function purge(y:list):list $\Leftarrow$
  if y≡empty *then* empty
  if y≡add(head(y) tail(y)) *then* add(head(y) purge(remove(head(y) y)))

Mit Satz 5.4 können wir zeigen, daß dieser Algorithmus terminiert. P ist jedoch kein 1-beschränkter Algorithmus, denn es gilt

⌈remove(head(y) y)⌉=remove(head(y) add(head(y) tail(y))) $\$_\Gamma$ tail(y)=⌈tail(y)⌉.

Mit "*if* x≡add(head(x) tail(x)) ∧ head(x)≡n *then* remove(n tail(x))" als ein Fall des Algorithmus für remove(n x), vgl. Abschnitt 6.2, und mit σ={n/head(y), x/y} erhalten wir die Ergebnistransformationsformel

[∀y:list y≡add(head(y) tail(y)) → y≡add(head(y) tail(y)) ∧ head(y)≡head(y)].

Ein Beweis dieser Formel ist natürlich trivial. Also dürfen wir remove(head(y) y) in P zu remove(head(y) tail(y)) auswerten, und wir erhalten P' als

function purge(y:list):list ⇐
  if y≡empty *then* empty
  if y≡add(head(y) tail(y)) *then* add(head(y) purge(remove(head(y) tail(y))))).

Der Algorithmus P' ist aber im Unterschied zu P 1-beschränkt, denn es gilt

$$\lceil remove(head(y)\ tail(y))\rceil = remove(head(y)\ tail(y)) \leq_\Gamma tail(y) = \lceil tail(y)\rceil.$$

Als weiteres Beispiel betrachten wir den Algorithmus Q für quotient aus [Boyer und Moore, 1979]:

function quotient(i,j:number):number ⇐
  if j≡0 *then* 0
  if lt(i j)≡true *then* 0
  if ¬lt(i j)≡true ∧ j≡succ(pred(j)) *then* succ(quotient(minus(i j) j)) .

Hier bezeichnet lt einen Algorithmus zur Berechnung der "echt kleiner"-Relation auf den natürlichen Zahlen. Mit Satz 5.4 können wir zeigen, daß dieser Algorithmus terminiert. Q ist jedoch kein 1-beschränkter Algorithmus, denn es gilt

$$\lceil minus(i\ j)\rceil = minus(i\ succ(pred(j))) \notleq_\Gamma pred(i) = \lceil pred(i)\rceil.$$

Mit "*if* m≡succ(pred(m)) *then* minus(pred(n) pred(m))" als Fall des Algorithmus für minus(n m), vgl. Abschnitt 6.2, und mit σ={n/i, m/j} erhalten wir die Ergebnistransformationsformel

$$[\ \forall i,j:number\ \neg lt(i\ j)\equiv true \wedge j\equiv succ(pred(j)) \rightarrow j\equiv succ(pred(j))\ ].$$

Wieder ist der Beweis der Formel trivial, also dürfen wir minus(i j) in Q durch minus(pred(i) pred(j)) ersetzen, und wir erhalten Q' als *function* quotient(i,j:number):number $\Leftarrow$

  if j$\equiv$0 *then* 0

  if lt(i j)$\equiv$true *then* 0

  if $\neg$lt(i j)$\equiv$true$\wedge$ j$\equiv$succ(pred(j)) *then* succ(quotient(minus(pred(i) pred(j)) j)).

Nun müssen wir für die Argumentbeschränktheit die Γ-Schranke

$$\lceil minus(pred(i)\ pred(j))\rceil = minus(pred(i)\ pred(j)) \leq_\Gamma pred(i) = \lceil pred(i)\rceil$$

nachweisen, und dies gelingt mit der 1-Beschränktheit von minus. Auf diese Art und Weise versucht unser System die benutzerdefinierten Algorithmen für seine Zwecke zu modifizieren.

Natürlich erzeugt unser System dabei auch Ergebnistransformationsformeln ψ mit $\psi \notin Th(S)$. Wir müssen also auch deshalb unseren Induktionsbeweiser mit einem *Haltekriterium* versehen, vgl. Abschnitte 5.2, 7.1, 7.2 und 7.3.

8.2 Transformation von Bedingungen

Gelegentlich ist ein Algorithmus aber auch deshalb nicht argumentbeschränkt, weil die *Bedingung* eines Falles nicht den Kriterien des Schemas für argument-beschränkte Algorithmen genügt, vgl. Definition 6.1 (3, iii). Der Algorithmus für quotient, den wir durch Ergebnistransformation in Abschnitt 8.1 erhalten haben, ist z.B. nicht 1-beschränkt, da i$\equiv$succ(pred(i)) keine Teilformel der Bedingung $\neg$lt(i j)$\equiv$true $\wedge$ j$\equiv$succ(pred(j)) im rekursiven Fall des Algorithmus ist. Offensichtlich gilt diese Strukturgleichung aber immer im rekursiven Fall des Algorithmus, d.h. wir können die Formel

$$[\ \forall i,j:number\ \neg lt(i\ j)\equiv true \wedge j\equiv succ(pred(j)) \rightarrow i\equiv succ(pred(i))\ ]$$

beweisen. Also dürfen wir die Bedingung des rekursiven Falles durch $\neg$lt(i j)$\equiv$true

$\wedge$ j$\equiv$succ(pred(j)) $\wedge$ i$\equiv$succ(pred(i)) ersetzen, ohne die berechnete Operation zu ändern. Jetzt bezeichnet quotient einen 1-beschränkten Algorithmus. Eine Algorithmenmodifikation dieser Art nennen wir eine *Bedingungstransformation*.

Allgemein wird bei einer Bedingungstransformation ein Fall "*if* φ *then* r" eines Algorithmus F für ein f (der in einer zulässigen Spezifikation S enthalten ist) durch den Fall "*if* $\varphi \wedge$ x^P$\equiv$cb^{1}x^P ... b^{m}x^P *then* r" ersetzt, vorausgesetzt der gegebene Fall genügt nicht den Kriterien (2) und (3, iii) aus Definition 6.1, genügt aber den Kriterien (3, i) und (3, ii), und die *Bedingungstransformationsformel*

$$(*) \qquad [\forall\, x^*{:}w\; \varphi \to x^P\equiv cb^1x^P \dots b^mx^P\,]$$

kann durch ein Induktionsbeweissystem bewiesen werden. In diesem Fall gilt $[\forall x^*{:}w\; \varphi \leftrightarrow \varphi \wedge x^P\equiv cb^1x^P \dots b^mx^P]\in \mathrm{Th}(S)$, und der resultierende Algorithmus F' berechnet daher die gleiche Operation wie F.

Wir testen dieses Vorgehen mit einem anderen Beispiel und betrachten den folgenden Algorithmus zur Berechnung der Subtraktion:

function minus(i,j:number):number $\Leftarrow$
  if $\neg$ gt(i j)$\equiv$true *then* 0
  if gt(i j)$\equiv$true *then* succ(minus(pred(i) j)) .

Hier bezeichnet gt einen Algorithmus zur Berechnung der "echt größer"-Relation auf den natürlichen Zahlen. Offensichtlich erfüllt der rekursive Fall des Algorithmus alle Kriterien der Definition 6.1 (3), außer (3, iii). Nach Beweis der Bedingungstransformationsformel, d.h.

$$\vdash_S [\; \forall i,j{:}number\; gt(i\, j)\equiv true \to i\equiv succ(pred(i))\;]\;,$$

wird der gegebene Algorithmus modifiziert, und wir erhalten folgenden 1-beschränkten Algorithmus:

function minus(i,j:number):number ⇐

   if ¬ gt(i j)≡true *then* 0

   if gt(i j)≡true ∧ i≡succ(pred(i)) *then* succ(minus(pred(i) j)) .

Auf diese Art und Weise versucht unser System die benutzerdefinierten Algorithmen für seine Zwecke zu modifizieren. Dabei werden gelegentlich auch Bedingungstransformationsformeln ψ mit $\psi \notin$ Th(S) erzeugt. Wir müssen also auch deshalb unseren Induktionsbeweiser mit einem *Haltekriterium* versehen, vgl. Abschnitte 5.2, 7.1, 7.2, 7.3. und 8.1.

Anzumerken ist, daß Bedingungstransformationen selten durchgeführt werden, da fast alle Algorithmen mit Fällen, die den Kriterien (3, i) und (3, ii) genügen, auch Kriterium (3, iii) aus Definition 6.1 erfüllen. Tatsächlich sind die obigen Algorithmen für quotient und für minus die einzigen unter den von uns untersuchten Algorithmen, für die eine Bedingungstransformation notwendig ist.

8.3   Die Aufgabe des Benutzers

Unser Verfahren muß jedoch endgültig versagen, wenn ein Benutzer des Systems einen Algorithmus verwendet, der keine argumentbeschränkte Operation berechnet. Dies geschieht zuweilen, wenn die Ergebnisse eines Algorithmus für bestimmte "Ausnahmewerte" (wie z.B. bei Division durch *Null*) unpassend definiert sind.[1] Als Beispiel betrachten wir den Algorithmus G für greatest.factor aus [Boyer und Moore, 1979]:

---

[1] Vgl. Fußnote 4 in Abschnitt 4.2.

function greatest.factor(n,m:number):number $\Leftarrow$

  if m$\equiv$0 *then* n

  if m$\equiv$succ(pred(m)) $\wedge$ pred(m)$\equiv$0 *then* n

  if m$\equiv$succ(pred(m)) $\wedge$ pred(m)$\equiv$succ(pred(pred(m)) $\wedge$ remainder(n m)$\equiv$0 *then*m

  if m$\equiv$succ(pred(m)) $\wedge$ pred(m)$\equiv$succ(pred(pred(m)) $\wedge$ $\neg$remainder(n m)$\equiv$0

    then greatest.factor(n pred(m))

Der Algorithmus G berechnet keine 1-beschränkte Operation, da G, angewendet auf die Argumente (0, m+2), mit dem dritten Fall m+2 als Ergebnis liefert, und offensichtlich m+2$\not\equiv$0 gilt. Mit Satz 6.2 kann daher G kein 1-beschränkter Algorithmus sein. Dies ist auch tatsächlich nicht der Fall, denn es gilt succ(succ(pred(pred(m)))) $\not\equiv_\Gamma$ n im dritten Fall des Algorithmus.

Wir, als Benutzer unseres Systems, modifizieren den Algorithmus G zu einem Algorithmus G', indem wir das Ergebnis m im dritten Fall des Algorithmus durch min(n m) ersetzen (wobei min(n m) das Minimum zweier natürlicher Zahlen n und m berechnet). Da min 1-beschränkt ist, vgl. Anhang C, gilt min(n m) $\leq_\Gamma$ n, und damit ist G' ein 1-beschränkter Algorithmus. Offensichtlich unterscheiden sich die Ergebnisse von G und G' nur für Eingaben der Form (0, m+2). Der Leser mag sich davon überzeugen, daß die Verwendung von G' an Stelle von G keine Auswirkungen auf die Sätze und Algorithmen in der Datenbasis hat, die sich auf greatest.factor beziehen, einschließlich des Algorithmus für prime.factors, vgl. [Boyer und Moore, 1979].

Mit Verwendung von G' kann jetzt die Terminierung des Algorithmus für prime.factors durch unser Verfahren vollautomatisch nachgewiesen werden, da G' argumentbeschränkt ist. Interessanterweise müssen unser System und das von *Boyer* und *Moore* bei diesem Beispiel die gleichen (schwierigen) Sätze beweisen - unser System beim Beweis der Terminierungshypothesen, die für prime.factors synthetisiert werden, vgl. Anhang C, und das System von *Boyer* und *Moore* beim Beweis der vom Benutzer eingegebenen Induktionslemmata, vgl. [Boyer und Moore, 1979]. Ursache dafür ist, daß die Prämissen der von *Boyer* und *Moore* angegebenen Induktionslemmata stärker sind, als zum Beweis der Terminierung von prime.factors notwendig ist.

Eine ähnliche Algorithmenmodifikation ist auch bei dem Algorithmus R für remainder erfolgreich:

function remainder(n,m:number):number $\Longleftarrow$
  if m$\equiv$0 *then* 0
  if lt(n m)$\equiv$true *then* n
  if m$\equiv$succ(pred(m)) $\wedge$ $\neg$lt(n m)$\equiv$true *then* remainder(minus(n m) m) .

Dieser Algorithmus berechnet eine 1-beschränkte und auch eine 2-beschränkte Operation. Tatsächlich ist R ein 1-beschränkter Algorithmus, aber nicht 2-beschränkt, da n $\leq_\Gamma$ m im zweiten Fall nicht gilt. Hier versagt unser Verfahren also wegen der Unvollständigkeit des E-Kalküls. Wir ersetzen daher das Ergebnis n im zweiten Fall des Algorithmus durch min(n m), womit wir offensichtlich die berechnete Operation nicht ändern. Jetzt ist der Algorithmus 1- und auch 2-beschränkt, da min sowohl 1- als auch 2-beschränkt ist, vgl. Anhang C.

8.4 Zusammenfassung

▸ Durch *Algorithmentransformation* wird ein nicht-argumentbeschränkter
Algorithmus, der eine argumentbeschränkte Operation berechnet, in einen
argumentbeschränkten Algorithmus umgeformt. Dabei wird ein *Ergebnisterm* oder die *Bedingung* eines Falles modifiziert.

▸ Benutzer des Systems unterstützen das Terminierungsverfahren, indem sie für
irrelevante Eingabewerte eines Algorithmus geeignete Ergebnisse festlegen.

9 Implementierung

Mit den Ergebnissen der vorangehenden Kapitel können wir jetzt ein System entwerfen, das die Terminierung von S-Algorithmen *ohne jegliche Benutzerunterstützung* verifiziert. Wir greifen unsere Implementierung vom Ende des 3. Kapitels auf und statten jetzt unser System mit einer Komponente aus, die automatisch *Terminierungshypothesen* für rekursiv definierte Algorithmen *erzeugt*, *argumentbeschränkte Operationen erkennt* und die zugehörigen *Differenzliterale synthetisiert*:

Jeder zulässigen Spezifikation $S_n=(S,\Sigma,\Phi)$ mit Standardmodell M_n ordnen wir eine Familie $\Gamma(S_n)\subseteq\Sigma^d$ argumentbeschränkter Funktionssymbole in M_n zu. Weiterhin definieren wir für jedes $f\in\Gamma_p(S_n)$ ein Literal $D_{p,f}$, so daß $D_{p,f}$ ein p-Differenzliteral von f in M_n ist:

Für die *initiale Spezifikation* S_0 definieren wir $\Gamma_p(S_0):=\emptyset$ für jedes $p\in\mathbb{N}$, und $\Gamma(S_0)$ ist trivialerweise eine Familie argumentbeschränkter Funktionssymbole in M_0. Sei nun S_n mit $n>0$ eine zulässige Erweiterung einer zulässigen Spezifikation S_{n-1} mit Standardmodell M_{n-1}, und sei $\Gamma(S_{n-1})$ eine Familie argumentbeschränkter Funktionssymbole in M_{n-1}.

Angenommen, S_n ist eine zulässige Erweiterung von S_{n-1} durch eine S_n-*Struktur* für ein $s\in S$. Dann definieren wir $\Gamma_1(S_n):=\Gamma_1(S_{n-1})\cup\{b\in\Sigma^d_{s,s}|b$ ist ein reflexiver Selektor eines Konstruktors $c\in\Sigma^c_{w,s}$ $\}$, $D_{1,b}(x) := x\equiv cb^1x \ldots b^{|w|}x$ (mit $x\in\mathcal{V}_s$) und $\Gamma_p(S_n):=\Gamma_p(S_{n-1})$ für alle $p\in\mathbb{N}\setminus\{1\}$, wobei $b^1,...,b^{|w|}$ die zu c gehörenden Selektoren sind. Mit Satz 6.1 ist $\Gamma(S_n)$ eine Familie argumentbeschränkter Funktionsymbole in M_n, und $D_{1,b}$ ist ein 1-Differenzliteral von b in M_n.

Jetzt nehmen wir an, daß S_{n-1} durch einen totalen und deterministischen S_n-*Algorithmus* F für ein $f\in\Sigma^d_{w,s}$ erweitert werden soll. In diesem Fall erzeugt das System unter Verwendung von $\Gamma(S_{n-1})$, als Familie argumentbeschränkter Funktionsymbole in M_{n-1}, die Terminierungshypothesen für F, so wie in Satz 5.4 angegeben. Anschließend wird ein Induktionsbeweissystem mit jeder der erzeugten Terminierungshypothesen aufgerufen. Können alle Hypothesen bewiesen werden, so ist die Terminierung von F verifiziert, vgl. Satz 5.4. In diesem Fall wird S_{n-1} durch F zu der zulässigen Spezifikation S_n erweitert.

Unter Verwendung von Definition 6.1 überprüft das System danach für alle $p \in rPos(f)$, ob F ein p-beschränkter Algorithmus ist (nachdem F möglicherweise vorher modifiziert wurde, vgl. Kapitel 8), und wir definieren P als die Menge aller Indizes p, für die diese Überprüfung erfolgreich ist. Dann definieren wir $\Gamma_p(S_n):=\Gamma_p(S_{n-1})\cup\{f\}$, $D_{p,f}(x^*):= \Delta^p fx^* \equiv true$ (mit $x^* \in \mathcal{V}_w$) für alle $p \in P$ und $\Gamma_{p'}(S_n):=\Gamma_{p'}(S_{n-1})$ für alle $p' \in \mathbb{N} \backslash P$.

Unter Verwendung von Definition 6.2 synthetisiert das System jetzt die p-Differenzalgorithmen $\Delta^p F$ für alle $p \in P$. Danach wird jedes $\Delta^p F$ durch Bedingungssubsumption, Termvereinfachung, Rekursionselimination und Fallverschmelzung optimiert, so wie in Kapitel 7 angegeben. Schließlich erweitert das System die vorliegende Spezifikation S_n sukzessiv durch die gerade berechneten p-Differenzalgorithmen, und man erhält so die Spezifikation $S_{n+|P|}$.

Mit den Sätzen 6.3 und 3.2 ist $S_{n+|P|}$ eine zulässige Spezifikation, aus Satz 6.2 folgt, daß $\Gamma(S_{n+|P|}):=\Gamma(S_n)$ eine Familie argumentbeschränkter Funktionssymbole in jedem Standardmodell $M_{n+|P|}$ von $S_{n+|P|}$ ist, und mit Satz 6.4 ist jedes der Literale $D_{p,f}$ ein p-Differenzliteral von f in $M_{n+|P|}$.

Betrachten wir abschließend noch einmal unser Beispiel aus Kapitel 1: In Abschnitt 5.5 haben wir gezeigt, wie die Terminierung von member, remove und sort automatisch erkannt wird, vorausgesetzt es ist bekannt, daß remove 2-beschränkt und member(n x)≡true ein 2-Differenzliteral für remove ist. In Abschnitt 6.2 sahen wir, wie remove automatisch als 2-beschränkt erkannt wird. In Abschnitt 6.3 haben wir die automatische Synthese des 2-Differenzalgorithmus Δ^2remove gezeigt, und wir erhielten Δ^2remove(n x)≡true als 2-Differenzliteral für remove. Schließlich haben wir in Abschnitt 7.1 gezeigt wie dieser Differenzalgorithmus automatisch optimiert wird, und wir erhielten als Ergebnis den gleichen Algorithmus, wie wir ihn für member in der Einleitung angaben. Damit haben wir - wie in der

Einleitung versprochen - ohne jegliche Benutzerhilfe einen Terminierungsbeweis
für den Algorithmus für sort erhalten.

Das in dieser Arbeit vorgestellte Terminierungsverfahren wurde im INKA-
System [Biundo et al., 1986; SFB, 1987; SFB, 1990], einem an der Universität
Karlsruhe entwickelten Induktionsbeweissystem implementiert [Mill, 1987]. Die
in Anhang C vorgestellten Ergebnisse stammen aus Beispielläufen dieses Systems.
Als Test für unser Verfahren wurde auch die Beispieldatenbasis aus [Boyer und
Moore, 1979] verwendet: Dort terminieren 73 Algorithmen mit Selektorfunktio-
nen und 6 Algorithmen mit argumentbeschränkten Funktionen. Unser System
kann die Terminierung aller dieser Algorithmen automatisch beweisen (vorausgesetzt der Algorithmus für greatest.factor ist wie in Abschnitt 8.3 definiert).
Damit ist unser System in der Lage, alle *Induktionslemmata* [Boyer und Moore,
1979], die der menschliche Benutzer des Boyer-Moore-Systems für Terminierungsbeweise erfinden muß, vollautomatisch zu synthetisieren.

Weitere drei Algorithmen dieser Datenbasis terminieren mit fundierten Ord-
nungsrelationen verschieden von der Anzahlordnung, nämlich die Algorithmen
für normalize, gopher und samefringe. Terminierungsbeweise für Algorithmen,
die nicht mit der Anzahlordnung terminieren, können jedoch mit dem hier vorgestellten Verfahren prinzipiell nicht geführt werden.

Anhang A - Definitionen

A.0 Syntaktische und semantische Begriffe

A.0.1 Syntaktische Definitionen

Sei S eine nicht-leere Menge von *Sortensymbolen*, d.h. eine Menge von *Namen* für Mengen, die für uns von Interesse sind. Weiter sei M irgendeine nicht-leere Menge. Dann bezeichnet M* die Menge aller endlichen Folgen (oder Zeichenreihen) von Elementen aus M, einschließlich der leeren Folge λ. Wir verwenden M^+ als Abkürzung für $M^*\backslash\{\lambda\}$. Für eine S-indizierte Familie von Mengen $M=(M_s)_{s\in S}$ und irgendein $w=s_1 \ldots s_k \in S^*$ bezeichnet M_w die Menge aller endlichen Folgen $m_1\ldots m_k \in M^*$ mit $m_i \in M_{s_i}$ für $1 \le i \le k$, und wir definieren $M_\lambda=\{\lambda\}$.

Wir nennen eine Abbildung $\mu:M\to N$ mit $M=(M_s)_{s\in S}$ und $N=(N_s)_{s\in S}$ *sortenerhaltend* (engl. *sort preserving*), kurz: $\mu:M\to_S N$, gdw. $\mu(M_s)\subset N_s$ für jedes $s\in S$. Jede Abbildung $\mu:M\to_S N$ kann als *Homomorphismus* zu einer Abbildung $\mu:M_w\to N_w$ erweitert werden, d.h. $\mu(\lambda)=\lambda$ und $\mu(m_1\ldots m_{|w|})=\mu(m_1)\ldots\mu(m_{|w|})$ für alle $w\in S^+$ und alle $m_1\ldots m_{|w|}\in M_w$. Dabei bezeichnet $|w|$ die *Länge* der Folge w. Nachfolgend machen wir von den homomorphen Erweiterungen sortenerhaltender Abbildungen häufig Gebrauch.

Eine S-*sortierte Signatur* $\Sigma=(\Sigma_{w,s})_{w\in S^*,s\in S}$ ist eine S^+-indizierte Familie von paarweise disjunkten Mengen. Jedes $f\in\Sigma_{w,s}$ ist ein *Funktionssymbol* mit *Rang* ws, *Stelligkeit* w und *Sorte* s. *Pos(f)* ist die Menge aller *Argumentpositionen* von f, definiert als $\{1,\ldots,|w|\}$. Ein Funktionssymbol $f\in\Sigma_{w,s}$ heißt *reflexiv*, gdw. s in w vorkommt, andernfalls ist f *irreflexiv*. Folglich ist f reflexiv, gdw. $w=s_1 \ldots s_k$ und $s_p=s$ für ein $p\in Pos(f)$, und wir definieren *rPos(f)* $= \{p\in Pos(f) \mid s_p=s\}$ als die Menge aller *reflexiven* Argumentpositionen von f. *irPos(f)* $=Pos(f)\setminus rPos(f)$ bezeichnet die Menge aller *irreflexiven* Argumentpositionen von f.

Ein Sortensymbol $s \in S$ ist *strikt* in einer S-sortierten Signatur Σ, gdw. $\Sigma_{w,s} \neq \emptyset$ für ein $w \in S^*$, so daß $w = \lambda$ oder alle Sortensymbole in w strikt in Σ sind. Σ ist *sensibel*, gdw. für jedes $f \in \Sigma_{w,s}$ alle Sortensymbole in w strikt in Σ sind, vorausgesetzt s ist strikt in Σ. Ab jetzt setzen wir voraus, daß alle verwendeten Sorten strikt und alle verwendeten Signaturen sensibel sind. Σ ist eine *Teilsignatur* von Σ', kurz: $\Sigma \subset \Sigma'$, gdw. $\Sigma_{w,s} \subset \Sigma'_{w,s}$ für alle $w \in S^*$ und alle $s \in S$.

Wir unterteilen jede S-sortierte Signatur in einen *Konstruktorteil* und einen *Definitionsteil*. Der Konstruktorteil Σ^c von Σ ist eine Teilsignatur von Σ mit $\Sigma_{\lambda,s} \subset \Sigma^c_{\lambda,s}$ für alle $s \in S$. Die Elemente von Σ^c werden *Konstruktorfunktionssymbole* oder auch *Konstruktoren* genannt. Der *Definitionsteil* Σ^d von Σ ist eine Teilsignatur von Σ, mit $\Sigma^d_{w,s} = \Sigma_{w,s} \setminus \Sigma^c_{w,s}$ für alle $w \in S^*$ und alle $s \in S$. Die Elemente von Σ^d heißen *definierte Funktionssymbole* oder kurz *definierte Symbole*.

$\mathcal{V} = (\mathcal{V}_s)_{s \in S}$ ist eine S-indizierte Familie nicht-leerer, paarweise disjunkter und unendlicher Mengen, wobei immer $\mathcal{V} \cap \Sigma = \emptyset$ angenommen wird. Die Elemente von $\mathcal{V}_s$ heißen *Variable der Sorte s*. Für $s \in S$ bezeichnet $\mathcal{T}(\Sigma, \mathcal{V})_s$ die Menge aller Σ-*Terme der Sorte s* (über $\mathcal{V}$). $\mathcal{T}(\Sigma, \mathcal{V})_s$ ist induktiv definiert als die kleinste Untermenge von $(\Sigma \cup \mathcal{V})^*$ mit (1) $\mathcal{V}_s \subset \mathcal{T}(\Sigma, \mathcal{V})_s$ und (2) $ft^* \in \mathcal{T}(\Sigma, \mathcal{V})_s$, wenn $f \in \Sigma_{w,s}$ und $t^* \in \mathcal{T}(\Sigma, \mathcal{V})_w$ für ein $w \in S^*$.

Um Beispiele lesbarer zu gestalten, verwenden wir gelegentlich Klammern, z.B. $f(t^*)$ anstatt ft^*. $\mathcal{T}(\Sigma, \mathcal{V}) = (\mathcal{T}(\Sigma, \mathcal{V})_s)_{s \in S}$ bezeichnet die Menge aller Σ-Terme (über $\mathcal{V}$). Für einen Σ-Term t bezeichnet $\mathcal{V}(t)$ die Menge aller Variablensymbole in t, und wir definieren $\mathcal{V}(T) = \cup_{t \in T} \mathcal{V}(t)$ für eine Menge von Σ-Termen T. $\mathcal{T}(\Sigma) = (\mathcal{T}(\Sigma)_s)_{s \in S}$ bezeichnet die Menge aller Σ-Terme t mit $\mathcal{V}(t) = \emptyset$. Es gilt $\mathcal{T}(\Sigma) \neq \emptyset$, da wir die Striktheit von Sortensymbolen voraussetzen. Ein Σ-Term t heißt *f-Term*, gdw. $t = ft^*$ für ein $f \in \Sigma_{w,s}$ und ein $t^* \in \mathcal{T}(\Sigma, \mathcal{V})_w$. Wir verzichten gelegentlich auf das Präfix " Σ- ", wenn Σ durch den Kontext eindeutig bestimmt ist.

Wir verwenden $\equiv$ als *syntaktisches Gleichheitszeichen*. Für $t_1, t_2 \in \mathcal{T}(\Sigma, \mathcal{V})_s$ wird ein Ausdruck der Form $t_1 \equiv t_2$ eine Σ-*Gleichung* genannt. Unter einer *atomaren* Σ-*Formel* verstehen wir eine Σ-Gleichung oder das Zeichen TRUE (als syntaktische Benennung der Wahrheit). $\mathcal{F}(\Sigma, \mathcal{V})$ ist die Menge aller Σ-*Formeln* über $\mathcal{V}$ (auch *Sprache erster Stufe* genannt), induktiv definiert mit den Junktoren $\wedge$, $\neg$, dem Quantorzeichen $\forall$ und den atomaren Σ-Formeln. Eine Formel der Form $\forall x{:}s\ \varphi$ mit $s \in S$ und $x \in \mathcal{V}_s$ heißt *Allquantifizierung*. Wir verwenden $\forall x^*{:}w\ \varphi$ als Abkürzung für $\forall x_1{:}s_1 ... \forall x_n{:}s_n\ \varphi$, wobei $w = s_1 ... s_n$, $x^* = x_1 ... x_n$ und alle x_i voneinander verschieden sind. Wir verwenden weiterhin das Zeichen FALSE als Abkürzung für $\neg$TRUE, den *Existenzquantor* $\exists$ und die Junktoren $\vee$, $\rightarrow$ und $\leftrightarrow$ und behandeln Formeln mit diesen Zeichen formal als abkürzende Schreibweisen, wie in der formalen Logik üblich.

Ein Σ-*Literal* ist eine atomare Σ-Formel oder eine Σ-Formel der Form $\neg\varphi$, wobei φ eine atomare Σ-Formel ist. $Lit(\Sigma, \mathcal{V})$ bezeichnet die Menge aller Σ-Literale. Eine Σ-*Klausel* ist eine endliche Menge von Σ-Literalen, und $C(\Sigma, \mathcal{V})$ ist die Menge aller Σ-Klauseln über $\mathcal{V}$. Für eine Σ-Klausel $C = \{L_1, ... , L_n\}$ steht $\vee C$ als Abkürzung für die Σ-Formel $L_1 \vee ... \vee L_n$, und $\vee \emptyset$ ist definiert als die Σ-Formel FALSE. Gelegentlich verwenden wir nachfolgend Klauseln an Stelle von Formeln und denken uns dabei jede Klausel C durch $\vee C$ ersetzt. Auch bei diesen Begriffsbildungen verzichten wir gelegentlich auf das Präfix " Σ- ", wenn Σ durch den Kontext eindeutig bestimmt ist.

Für eine Formel φ bezeichnet $\mathcal{V}(\varphi)$ die Menge aller Variablensymbole in den Termen von φ, und wir definieren $\mathcal{V}(\Phi) = \cup_{\varphi \in \Phi} \mathcal{V}(\varphi)$ für eine Menge von Formeln Φ. Eine Variable x ist *frei* in einer atomaren Formel φ, gdw. $x \in \mathcal{V}(\varphi)$. Eine Variable x ist *frei* in einer Formel $\varphi = \neg\varphi_1$ oder $\varphi = \varphi_1 \wedge \varphi_2$, gdw. x in φ_1 oder in φ_2 frei ist. Eine Variable x ist *frei* in einer Allquantifizierung $\varphi = \forall y{:}s\ \varphi'$, gdw. x frei in φ' ist und $x \neq y$ gilt. Eine Formel φ ist *geschlossen*, gdw. keine Variable $x \in \mathcal{V}(\varphi)$ frei in φ ist.

Eine Abbildung $\delta : \mathcal{V} \rightarrow_S T(\Sigma, \mathcal{V})$ heißt *Substitution*, gdw. $\delta(x) = x$ für fast alle x. Jede Substitution δ wird durch eine endliche Teilmenge von $\mathcal{V} \times T(\Sigma, \mathcal{V})$ *repräsentiert*: Die Menge $\{x_1/t_1, ... , x_n/t_n\}$ repräsentiert die Substitution δ mit $\delta(x_i) = t_i$ und $x_i \neq t_i$ für alle Paare x_i/t_i in der Repräsentationsmenge. SUB$(\Sigma, \mathcal{V})$ bezeichnet die Menge aller Substitutionen. Substitutionen werden als *Endomorphismen* zu Abbildungen $T(\Sigma, \mathcal{V}) \rightarrow_S T(\Sigma, \mathcal{V})$ und erweitert. Wir wenden Substitutionen in üblicher Weise auch auf quantorfreie Formeln an.

A.0.2   Semantik der Sprache erster Stufe

Sei Σ eine S-sortierte Signatur, $\mathcal{A}=(\mathcal{A}_s)_{s\in S}$ eine S-indizierte Familie nicht-leerer Mengen und $\alpha=(\alpha_f)_{f\in\Sigma}$ eine Σ-indizierte Familie von Abbildungen mit $\alpha_f:\mathcal{A}_w\to\mathcal{A}_s$ für jedes $f\in\Sigma_{w,s}$. Dann ist eine Σ-Algebra A das Paar $(\mathcal{A},\alpha)$ mit den *Trägern* $\mathcal{A}_s$ für jede Sorte s und den durch f benannten *Operationen* α_f in A. Ist A aus dem Kontext bekannt, so schreiben wir in Beispielen gelegentlich *foo* anstelle von α_{foo}. Eine Σ-Algebra $A=(\mathcal{A},\alpha)$ heißt Σ-*Redukt* einer Σ'-Algebra $B=(\mathcal{B},\beta)$, und B heißt Σ'-*Expansion* von A, gdw. $\Sigma\subset\Sigma'$, $\mathcal{A}_s=\mathcal{B}_s$ für alle $s\in S$ und $\alpha_f=\beta_f$ für alle $f\in\Sigma_{w,s}$.

Eine Abbildung $a:\mathcal{V}\to_S\mathcal{A}$ heißt A-*Belegung* für die Σ-Algebra A. Sei a eine A-Belegung, $x^*\in\mathcal{V}_w$ und $a^*\in\mathcal{A}_w$. Dann ist $a[x^*/a^*]$ die A-Belegung, die den Variablen in x^* die korrespondierenden Elemente aus a^* zuweist und ansonsten mit a übereinstimmt (wobei hier und nachfolgend alle Variablen in x^* als verschieden vorausgesetzt werden).

Eine Σ-*Interpretation* I ist ein Paar (A,a_I), wobei A eine Σ-Algebra und a_I eine A-Belegung ist. Abweichend von unserer Notation verwenden wir I auch als eine sortenerhaltende Abbildung $I:\mathcal{T}(\Sigma,\mathcal{V})\to_S\mathcal{A}$: Für jedes $t\in\mathcal{T}(\Sigma,\mathcal{V})_s$ bezeichnet $I(t)\in\mathcal{A}_s$ die *Deutung* oder *Auswertung* von t unter I, definiert als $I(x)=a_I(x)$ für $x\in\mathcal{V}$ und $I(ft^*)=\alpha_f(I(t^*))$ für $f\in\Sigma_{w,s}$ und $t^*\in\mathcal{T}(\Sigma,\mathcal{V})_w$.

Wir schreiben $I\vDash\varphi$, um auszudrücken, daß I die Formel φ *erfüllt*: Wir definieren $I\vDash\text{TRUE}$, $I\vDash\neg\varphi$ gdw. $I\nvDash\varphi$, $I\vDash\varphi_1\wedge\varphi_2$ gdw. $I\vDash\varphi_1$ und $I\vDash\varphi_2$, und definieren $I\vDash t_1\equiv t_2$ gdw. $I(t_1)=I(t_2)$ für $t_1,t_2\in\mathcal{T}(\Sigma,\mathcal{V})_s$. I erfüllt eine Allquantifizierung, d.h. $I\vDash\forall x^*{:}w\ \varphi$, gdw. $I[x^*/a^*]\vDash\varphi$ für alle $a^*\in\mathcal{A}_w$, wobei $I[x^*/a^*]$ für die Σ-Interpretation $(A,a_I[x^*/a^*])$ steht. I erfüllt eine Menge von Formeln Φ, kurz: $I\vDash\Phi$, gdw. $I\vDash\varphi$ für alle $\varphi\in\Phi$. I ist ein *Modell* einer Formel φ oder einer Menge von Formeln Φ, gdw. $I\vDash\varphi$ bzw. $I\vDash\Phi$. φ wird durch Φ *semantisch impliziert*, kurz: $\Phi\vDash\varphi$, gdw. $I\vDash\varphi$ für jede Σ-Interpretation I mit $I\vDash\Phi$. Wie üblich schreiben wir $\vDash\varphi$ anstatt $\varnothing\vDash\varphi$ und bezeichnen dann φ als *allgemeingültig*.

Da wir für die Deutung *geschlossener* Formeln keine Belegungen benötigen, verwenden wir Σ-Algebren auch als Σ-Interpretationen und Modelle für geschlossene Formeln. Die *Theorie* Th(A) einer Σ-Algebra A ist gegeben durch Th(A)=$\{\varphi\in \mathcal{F}(\Sigma,\mathcal{V}) \mid \varphi$ ist geschlossen und A $\vDash \varphi\}$. Für eine Signatur Σ' mit $\Sigma \subset \Sigma'$ definieren wir die Σ'-*Expansion* von Th(A) als Th(A,Σ') = $\{\psi\in \mathcal{F}(\Sigma',\mathcal{V}) \mid \psi\in$ Th(B) für *alle* Σ'-Expansionen B von A$\}$, und es gilt (1) Th(A) $\subset$ Th(A,Σ') und (2) Th(A) $\neq$ Th(A,Σ') gdw. $\Sigma \neq \Sigma'$.

A.0.3 *Standardalgebren und Standardmodelle*

Für ein Paar von Σ-Algebren A=$(\mathcal{A},\alpha)$ und B=$(\mathcal{B},\beta)$ ist eine Abbildung $\sigma{:}\mathcal{A}\rightarrow_S \mathcal{B}$ ein Σ-*Homomorphismus*, kurz: $\sigma{:}A\Rightarrow_\Sigma B$, gdw. $\sigma(\alpha_f(a^*))=\beta_f(\sigma(a^*))$ für alle $f\in \Sigma_{w,s}$ und alle $a^*\in \mathcal{A}_w$. Ein Σ-Homomorphismus erhält Sorten *und* Operationen. Ein Σ-Homomorphismus $\sigma{:}A\Rightarrow_\Sigma B$ ist ein Σ-*Isomorphismus*, kurz: $\sigma{:}A\approx_\Sigma B$, gdw. σ bijektiv ist. Mit σ^{-1} bezeichnen wir die *Umkehrung* von σ, vorausgesetzt σ ist bijektiv. A und B sind *isomorph*, abgekürzt A$\approx_\Sigma$B, gdw. $\sigma{:}A\approx_\Sigma B$ für ein σ. Dann gilt Th(A)=Th(B) und Th(A,Σ')= Th(B,Σ') für alle Σ' mit $\Sigma\subset\Sigma'$.

Eine Σ-Algebra A ist *initial,* gdw. für jede Σ-Algebra B genau ein $\sigma{:}A\Rightarrow_\Sigma B$ existiert. Die Beziehung zwischen Initialität und Isomorphismus von Σ-Algebren wird durch folgenden Satz illustriert, vgl. [Goguen et al., 1978]:

Theorem A.0.1
Seien A und B Σ-Algebren mit A initial. Dann ist B initial, gdw. A$\approx_\Sigma$B. ∎

T(Σ)=$(\mathcal{T}(\Sigma),\tau)$ bezeichnet die *Wortalgebra* von Σ mit $\tau_f(t^*)=ft^*$ für alle

$f\in \Sigma_{w,s}$ und alle $t^*\in \mathcal{T}(\Sigma)_w$. T($\Sigma$) ist eine initiale Σ-Algebra, vgl. [Goguen et al. 1978].

Eine Σ-Algebra A ist eine Σ-*Standardalgebra,* gdw. das Σ^c-Redukt von A eine *initiale* Σ^c-Algebra ist. Eine Σ-Interpretation I=(A,a_I) ist eine Σ-*Standardinterpretation,* gdw. A eine Σ-Standardalgebra ist. I ist ein *Standardmodell* einer Formel φ (oder einer Menge von Formeln Φ) gdw. I eine Σ-Standardinterpretation mit I $\models$ φ ist (bzw. I $\models$ Φ).

Der Begriff der Standardalgebra ist das wichtigste semantische Konzept in dieser Arbeit und soll hier kurz erläutert werden: Sei B=$(T(\Sigma^c),\beta)$ eine Standardalgebra. Dann läßt sich B als eine abstrakte "Beschreibung" einer Maschine M, etwa eines LISP-Interpretierers, auffassen. Dabei bezeichnen die Konstruktorsymbole in Σ^c die Grundoperationen von M, wie z.B. 0, nil und cons, deren Deutung feststeht (etwa implementiert in Hard- oder Firmware). Folglich repräsentiert der Träger $T(\Sigma^c)$ von B den Datenbereich von M, d.h. die Menge aller Daten, die durch M bearbeitet werden können. Die definierten Symbole in Σ^d, wie z.B. append oder plus, bezeichnen Operationssymbole, die durch die Software von M implementiert sind. Wenn wir einen Term t$\in T(\Sigma)$ als Eingabe für M verwenden, z.B. append(cons(nil nil) nil), so wird t durch M *ausgewertet,* indem die Operationen der Algebra B, also etwa β_{append}, auf die Auswertung der Argumentterme, wie z.B. cons(nil nil) und nil, angewendet werden. Wir erhalten B(t)$\in T(\Sigma^c)$ als Ausgabe, so wie wir z.B. cons(nil nil) als Ergebnis bei Eingabe von append(cons(nil nil) nil) erhalten.[1]

Zwei Tatsachen sind dabei wesentlich: (1) Es gibt keine "versteckten" Grundoperationen. Alle Grundoperationen von M sind uns bekannt, d.h. für jede dieser Operationen gibt es genau einen *Namen* in Σ^c. (2) Die Konstruktoren bezeichnen tatsächlich *Grund*operationen, d.h. B(q)$\in T(\Sigma^c)$ für alle q$\in T(\Sigma^c)$, so wie beispielsweise nil immer zu nil und cons(nil nil) immer zu cons(nil nil) ausgewertet wird. Beide Eigenschaften gelten, da B eine *Standard*algebra ist.

Wollen wir einen Term t$\in T(\Sigma,V)$ *mit Variablen* durch M auswerten lassen, so müssen wir Vorkehrungen treffen, um "unbound atom"-Fehler zu vermeiden. Wir erreichen dies durch Angabe von *Variablenbindungen,* formal gegeben

---

[1] Hier wird vorausgesetzt, daß jede Operation total ist und damit unsere Maschine M für jede Eingabe anhält.

durch *B-Belegungen*. Beispielsweise wird unter der Variablenbindung x/nil y/0 der Term cons(x y) durch M zu cons(nil 0) ausgewertet. Wir schreiben dafür in unserer Notation: B⟦ x/nil y/0⟧ (cons(x y))=cons(nil 0).

Sei A=$(\mathcal{A},\alpha)$ eine Standardalgebra. Dann ist das Σ^c-Redukt A^c von A eine initiale Σ^c-Algebra, und mit Satz A.0.1 gilt σ:$A^c \simeq_{\Sigma^c} T(\Sigma^c)$ für ein σ. Also existiert eine Standardalgebra B=$(T(\Sigma^c),\beta)$ mit B(t)=σ(A(t)) und A(t)=σ^{-1}(B(t)) für alle t$\in T(\Sigma)$. Wir können auch die Standardalgebra A als abstrakte Beschreibung einer Maschine auffassen, die sich von der durch B beschriebenen Maschine nur im Datenbereich unterscheidet (vorausgesetzt, die Träger beider Algebren sind verschieden). Beide Maschinen verhalten sich bei "vergleichbaren" Eingaben identisch, da wir mit σ und σ^{-1} die Auswertung der einen Maschine durch die jeweils andere simulieren können, wobei wir immer "vergleichbare" Ergebnisse erhalten. Wir müssen uns also nicht auf $T(\Sigma^c)$ als den Träger einer Standardalgebra beschränken, wenn wir eine Maschine abstrakt beschreiben wollen.

In diesem Sinne verwenden wir nachfolgend Standardalgebren, um die *Operationen* zu beschreiben, die bei Ausführung von *Algorithmen* durch eine abstrakte Maschine berechnet werden.

A.1   *Die Repräsentationsformeln*

Sei $S'=(\mathcal{S},\Sigma',\Phi')$ eine Spezifikation und sei

$$\textit{structure } c^1(b^{1,1}{:}s^{1,1} \ldots b^{1,n_1}{:}s^{1,n_1}) \ldots c^k(b^{k,1}{:}s^{k,1} \ldots b^{k,n_k}{:}s^{k,n_k}) :s$$

eine S'-Struktur. Dann ist der *Defaultterm* ∇s von s, definiert als

$$\nabla s = c^i(\nabla s^{i,1} \ldots \nabla s^{1,n_i})$$

wobei i der kleinste Index aus $\{1,\ldots,k\}$ ist, so daß c^i irreflexiv ist. Wir erhalten beispielsweise $\nabla\text{number} = 0$ und $\nabla\text{list} = \text{empty}$ für die Datenstrukturen number und list aus Abschnitt 3.1. Für die Datenstruktur

$$\textit{structure } \text{atom(index:number) nil cons(car:sexpr cdr:sexpr):sexpr}$$

aus Abschnitt 4.1 erhalten wir $\nabla\text{sexpr} = \text{atom}(\nabla\text{number}) = \text{atom}(0)$.

Die Menge der *Repräsentationsformeln* REP_s für s ist eine minimale Teilmenge von $\mathcal{F}(\Sigma',\mathcal{V})$, die die folgenden Formeln enthält:

(1) "Konstruktoren bezeichnen verschiedene Objekte" : für alle $i,j \in \{1,\ldots,k\}$ mit $i \neq j$

$$\forall\ x^{i,1}{:}s^{i,1}\ldots x^{i,n_i}{:}s^{i,n_i}, y^{j,1}{:}s^{j,1}\ldots y^{j,n_j}{:}s^{j,n_j}\ \ \neg\, c^i\,(x^{i,1}\ldots x^{i,n_i}) \equiv c^j\,(y^{j,1}\ldots y^{j,n_j})$$

(2) "Konstruktoren sind injektiv" : für alle $i \in \{1,\ldots,k\}$

$$\forall\ x^{i,1}{:}s^{i,1}\ldots x^{i,n_i}{:}s^{i,n_i}, y^{i,1}{:}s^{i,1}\ldots y^{i,n_i}{:}s^{i,n_i}$$
$$c^i(x^{i,1}\ldots x^{i,n_i}) \equiv c^i(y^{i,1}\ldots y^{i,n_i}) \to x^{i,1} \equiv y^{i,1} \wedge \ldots \wedge x^{i,n_i} \equiv y^{i,n_i}$$

(3) "jedes Objekt kann als Anwendung eines Konstruktors auf seine Selektoren dargestellt werden":

$$\forall x{:}s \quad x \equiv c^1(b^{1,1}(x)...b^{1,n}{}_1(x)) \vee ... \vee x \equiv c^k(b^{k,1}(x)...b^{k,n}{}_k(x))$$

(4) "jeder Selektor ist 'invers' zu dem Konstruktor, zu dem er gehört" : für alle $i \in \{1,...,k\}$ und für alle $n \in \{1,...,n_i\}$

$$\forall\, x^{i,1}{:}s^{i,1}...x^{i,n_i}{:}s^{i,n_i} \quad b^{i,n}(c^i(x^{i,1}...x^{i,n_i})) \equiv x^{i,n}$$

(5) "jeder *reflexive* Selektor liefert sein Argument, wenn er auf einen Konstruktor angewendet wird, zu dem er nicht gehört" : für alle $i,h \in \{1,...,k\}$ mit $i \neq h$ und für alle $n \in rPos(c^h)$

$$\forall\, x^{i,1}{:}s^{i,1}...x^{i,n_i}{:}s^{i,n_i} \quad b^{h,n}(c^i(x^{i,1}...x^{i,n_i})) \equiv c^i(x^{i,1}...x^{i,n_i})$$

(6) "jeder *irreflexive* Selektor liefert den Defaultterm, wenn er auf einen Konstruktor angewendet wird, zu dem er nicht gehört" : für alle $i,h \in \{1,...,k\}$ mit $i \neq h$ und für alle $n \in irPos(c^h)$

$$\forall\, x^{i,1}{:}s^{i,1}...x^{i,n_i}{:}s^{i,n_i} \quad b^{h,n}(c^i(x^{i,1}...x^{i,n_i})) \equiv \nabla s^{h,n} \quad .$$

Für die Datenstruktur für number erhält man REP_{number} beispielsweise als:

   (1) $\forall n{:}number \quad \neg 0 \equiv succ(n)$,

   (2) $\forall n_1,n_2{:}number \quad succ(n_1) \equiv succ(n_2) \rightarrow n_1 \equiv n_2$,

   (3) $\forall n{:}number \quad n \equiv 0 \vee n \equiv succ(pred(n))$,

   (4) $\forall n{:}number \quad pred(succ(n)) \equiv n$,

   (5) $pred(0) \equiv 0$,

   (6) — .

Für die Datenstruktur für list erhält man REP_{list} beispielsweise als:

(1) $\forall$ k:list $\forall$ n:number $\quad \neg$empty$\equiv$add(n k) ,

(2) $\forall k_1,k_2$:list $\forall n_1,n_2$:number $\quad$ add(n_1 k_1)$\equiv$add(n_2 k_2) $\rightarrow n_1 \equiv n_2 \wedge k_1 \equiv k_2$,

(3) $\forall$ k:list $\quad$ k$\equiv$empty $\vee$ k$\equiv$add(head(k) tail(k)) ,

(4) $\forall$ k:list $\forall$ n:number $\quad$ head(add(n k))$\equiv$n ,

$\forall$ k:list $\forall$ n:number $\quad$ tail(add(n k))$\equiv$k ,

(5) tail(empty)$\equiv$empty ,

(6) head(empty)$\equiv$0 .

Für die Datenstruktur für sexpr erhält man REP_{sexpr} beispielsweise als:

(1) $\forall$ n:number $\quad \neg$atom(n)$\equiv$nil,

$\forall$ n:number $\forall$ x,y:sexpr $\quad \neg$atom(n)$\equiv$cons(x y),

$\forall$ x,y:sexpr $\quad \neg$nil$\equiv$cons(x y),

(2) $\forall$ n,m:number $\quad$ atom(n)$\equiv$atom(m) $\rightarrow$n$\equiv$m ,

$\forall x_1,x_2,y_1,y_2$:sexpr $\quad$ cons(x_1 y_1)$\equiv$cons(x_2 y_2) $\rightarrow x_1 \equiv x_2 \wedge y_1 \equiv y_2$,

(3) $\forall$ x:sexpr $\quad$ x$\equiv$atom(index(x)) $\vee$ x$\equiv$nil $\vee$ x$\equiv$cons(car(x) cdr(x)),

(4) $\forall$ n:number index(atom(n))$\equiv$n ,

$\forall$ x,y:sexpr car(cons(x y))$\equiv$x ,

$\forall$ x,y:sexpr cdr(cons(x y))$\equiv$y ,

(5) $\forall$ n:number $\quad$ car(atom(n))$\equiv$atom(n) ,

car(nil)$\equiv$nil ,

$\forall$ n:number $\quad$ cdr(atom(n))$\equiv$atom(n) ,

cdr(nil)$\equiv$nil ,

(6) index(nil)$\equiv$0,

$\forall$ x,y:sexpr $\quad$ index(cons(x y))$\equiv$0 .

A.2 Ein Beweisalgorithmus für den E-Kalkül

procedure estimate(q,r:$\mathcal{T}(\Sigma,\mathcal{V})$) **returns** $C\,(\Sigma,\mathcal{V})\cup\{\text{fail}\}$

begin
% Identität %
  if q=r **then** return($\varnothing$) **fi**

% Äquivalenzregel %
  if q=c_1q*, r=c_2r* , $c_1\in\Sigma^c_{v,s}$ ist irreflexiv und $c_2\in\Sigma^c_{w,s}$ ist irreflexiv
    then return($\varnothing$)
  fi

% Konstruktorregel %
  if q=c_1q*, r=c_2r* , $c_1\in\Sigma^c_{v,s}$ ist irreflexiv und $c_2\in\Sigma^c_{w,s}$ ist reflexiv
    then return(\{TRUE\})
  fi

% starke Einbettung %
  if r=cr* und c$\in\Sigma^c_{w,s}$ ist reflexiv
    then success := false;
        forall p$\in$ rPos(c) **until** success **do**
          if estimate(q,r^p) $\neq$ fail **then** success := true **fi**
        done
    if success **then** return(\{TRUE\}) **fi**
  fi

```
% Argumentregel %
   if q=fq* und f∈ Γp für ein p∈ rPos(f)
     then R := ∅; success := false
           forall p∈ rPos(f) do
             if f∈ Γp
               then R':= estimate(qᴾ,r);
                      if R' ≠ fail
                        then success := true
                              if TRUE∈ R'
                                then return({TRUE})
                                else R := R ∪ R' ∪ {Dp,f(q*)}
                              fi
                      fi
             fi
           done
           if success then return(R) fi
   fi


% schwache Einbettung %
   if q=cq*, r=cr* und c∈ Σᶜw,s ist reflexiv
     then R := ∅; success := true
           forall p∈ rPos(c) while success do
             R' := estimate(qᴾ,rᴾ);
             if R' = fail
               then success := false
               else R := R ∪ R'
             fi
           done
           if success
             then if TRUE∈ R then return({TRUE}) else return(R) fi
           fi
   fi
```

% Minimumregel %

   if $q=cq^*$, $c \in \Sigma^c_{v,s}$ ist irreflexiv, $c_1, \ldots c_k \in \Sigma^c$ sind alle *reflexiven* Konstruktoren der Sorte s und $b_{i,1}, \ldots, b_{i,h_i}$ sind alle zum reflexiven Konstruktor c_i gehörenden Selektoren

   then return({ $r \equiv c_1 b_{1,1} r \ldots b_{1,h_1} r$, $\ldots$, $r \equiv c_k b_{k,1} r \ldots b_{k,h_k} r$ })

   fi

% keine Schlußregel anwendbar %

   return(fail)

end estimate ;

A.3 *P - beschränkte Algorithmen mit Mehrfachrekursionen*

Wir verallgemeinern Definition 6.1, um auch argumentbeschränkte Operationen zu erkennen, die durch Algorithmen mit mehr als einer Rekursion in einem Ergebnisterm berechnet werden. Wir verallgemeinern danach Definition 6.2, um die Differenzalgorithmen für die erweiterte Klasse argumentbeschränkter Algorithmen zu berechnen:

Definition 6.1'

Sei $S=(S,\Sigma,\Phi)$ eine zulässige Spezifikation mit Standardmodell M, so daß S folgenden Algorithmus G für ein $g\in\Sigma_{w,s}$ enthält:

$$
\begin{aligned}
&\textit{function } g(x^*{:}w){:}s \Leftarrow \\
&\quad \textit{if } \varphi_1 \textit{ then } r_1 \\
&\quad\quad \dots \\
&\quad \textit{if } \varphi_k \textit{ then } r_k.
\end{aligned}
$$

Dann ist G ein *p-beschränkter Algorithmus* für ein $p\in rPos(g)$ gdw. für alle Fälle i von G gilt

(1) r_i enthält keinen g-Term und $\lceil r_i \rceil_i \leq_{\Gamma(M)} \lceil x^p \rceil_i$, oder

(2) es gibt eine nicht-leere Teilmenge G_i von g-Termen in r_i ,

     so daß für jeden Term $g\delta(x^*)\in G_i$ gilt:

     (i) $r_i \leq_{\Gamma(M)} g\delta(x^*)$ und

     (ii) $\lceil \delta(x^p) \rceil_i \leq_{\Gamma(M)} \lceil x^p \rceil_i$, oder

(3) r_i enthält mindestens einen g-Term, so daß für ein $c \in \Sigma^c_{s_1 \ldots s_m, s}$, Terme $r_{i,1} \in \mathcal{T}(\Sigma, \mathcal{V})_{s_1}, \ldots, r_{i,m} \in \mathcal{T}(\Sigma, \mathcal{V})_{s_m}$, eine nicht-leere Menge $I \subset rPos(c)$ und die Selektoren $b^j \in \Sigma^d_{s,s_j}$ von c gilt:

(i) $r_i \leq_{\Gamma(M)} c r_{i,1} \ldots r_{i,m}$,

(ii) $\lceil r_{i,n} \rceil_i \leq_{\Gamma(M)} \lceil b^n x^P \rceil_i$ für alle $n \in rPos(c) \backslash I$, und für alle $n \in I$ existiert ein Unterterm $g \delta_{i,n}(x^*)$ von $r_{i,n}$ mit $r_{i,n} \leq_{\Gamma(M)} g \delta_{i,n}(x^*)$, und $\lceil \delta_{i,n}(x^P) \rceil_i \leq_{\Gamma(M)} \lceil b^n x^P \rceil_i$, und

(iii) $[x^P \equiv c b^1 x^P \ldots b^m x^P] \in \varphi_i$.

G ist ein *argumentbeschränkter Algorithmus* gdw. G ein p-beschränkter Algorithmus für ein $p \in rPos(g)$ ist. ∎

Bedingung (3) hängt sowohl von der Definition der Datenstruktur für *s* als auch von der gewählten Indexmenge I ab. Für *s=sexpr* wird Bedingung (3) beispielsweise zu einer der folgenden Bedingungen (3.1) falls I={1}, (3.2) falls I={2} , und (3.3) falls I={1,2} instantiiert:

(3.1) Es gibt $r_{i,1}, r_{i,2} \in \mathcal{T}(\Sigma, \mathcal{V})_{sexpr}$ mit

(i) $r_i \leq_{\Gamma(M)} cons(r_{i,1} \; r_{i,2})$,

(ii) $\lceil r_{i,1} \rceil_i \leq_{\Gamma(M)} \lceil car(x^P) \rceil_i$ und es existiert ein Unterterm $g \delta_{i,2}(x^*)$ von $r_{i,2}$ mit $r_{i,2} \leq_{\Gamma(M)} g \delta_{i,2}(x^*)$ und $\lceil \delta_{i,2}(x^P) \rceil_i \leq_{\Gamma(M)} \lceil cdr(x^P) \rceil_i$, und

(iii) $[x^P \equiv cons(car(x^P) \; cdr(x^P))] \in \varphi_i$.

(3.2) Es gibt $r_{i,1}, r_{i,2} \in \mathcal{T}(\Sigma, \mathcal{V})_{sexpr}$ mit

(i) $r_i \leq_{\Gamma(M)} cons(r_{i,1} \; r_{i,2})$,

(ii) $\lceil r_{i,1} \rceil_i \leq_{\Gamma(M)} \lceil cdr(x^P) \rceil_i$ und es existiert ein Unterterm $g \delta_{i,1}(x^*)$ von $r_{i,1}$ mit $r_{i,1} \leq_{\Gamma(M)} g \delta_{i,1}(x^*)$ und $\lceil \delta_{i,1}(x^P) \rceil_i \leq_{\Gamma(M)} \lceil car(x^P) \rceil_i$, und

(iii) $[x^P \equiv cons(car(x^P) \; cdr(x^P))] \in \varphi_i$.

(3.3)   Es gibt $r_{i,1}, r_{i,2} \in \mathcal{T}(\Sigma, \mathcal{V})_{\text{sexpr}}$ mit

    (i) $r_i \leq_{\Gamma(M)} \text{cons}(r_{i,1}\ r_{i,2})$,

    (ii)   Es existieren Unterterme $g\delta_{i,1}(x^*)$ von $r_{i,1}$ und $g\delta_{i,2}(x^*)$ von $r_{i,2}$ mit

$$r_{i,1} \leq_{\Gamma(M)} g\delta_{i,1}(x^*) \text{ und } \ulcorner \delta_{i,1}(x^P) \urcorner_i \leq_{\Gamma(M)} \ulcorner \text{car}(x^P) \urcorner_i \text{ , und}$$

$$r_{i,2} \leq_{\Gamma(M)} g\delta_{i,2}(x^*) \text{ und } \ulcorner \delta_{i,2}(x^P) \urcorner_i \leq_{\Gamma(M)} \ulcorner \text{cdr}(x^P) \urcorner_i \text{ .}$$

    (iii) $[x^P \equiv \text{cons}(\text{car}(x^P)\ \text{cdr}(x^P))] \in \varphi_i$.

Offensichtlich ist Definition 6.1' eine Verallgemeinerung von Definition 6.1: Wenn G_i und I in Definition 6.1' genau ein Element enthalten, so erhält man Definition 6.1.

Definition 6.2'

Sei $S = (\mathcal{S}, \Sigma, \Phi)$ eine zulässige Spezifikation, so daß S folgenden p-beschränkten Algorithmus G für ein $g \in \Sigma_{w,s}$ enthält:

$$\textit{function } g(x^*{:}w){:}s \ \Leftarrow$$
$$\textit{if } \psi_1 \textit{ then } r_1$$
$$\ldots$$
$$\textit{if } \psi_k \textit{ then } r_k.$$

Sei Σ' die Erweiterung von Σ durch ein neues Funktionssymbol $\Delta^P g \in \Sigma'_{w,\text{bool}}$. Wir definieren die *Rekursionsmengen* $B_i \subset C(\Sigma', \mathcal{V})$ und die *Differenzmengen* $\Delta_i \subset C(\Sigma, \mathcal{V})$ für die Fälle i von G durch

(1)   falls r_i Kriterium (1) von Definition 6.1' erfüllt, dann

$$B_i = \varnothing \quad \text{und} \quad \Delta_i = \Delta_{\Gamma(M)}(\ulcorner r_i \urcorner_i, \ulcorner x^P \urcorner_i),$$

(2)   falls r_i Kriterium (2) von Definition 6.1' erfüllt, dann

$$B_i = \{\Delta^P g\delta(x^*) \equiv \text{true} \mid g\delta(x^*) \in G_i\} \text{ , und}$$

$$\Delta_i = \bigcup\nolimits_{g\delta(x^*) \in G_i} (\Delta_{\Gamma(M)}(r_i,\ g\delta(x^*)) \cup \Delta_{\Gamma(M)}(\ulcorner \delta(x^P) \urcorner_i, \ulcorner x^P \urcorner_i)),$$

(3)   falls r_i Kriterium (3) von Definition 6.1' erfüllt, dann

$B_i = \{\Delta^p g \delta_{i,n}(x^*) \equiv \text{true} \mid n \in I\}$, und

$\Delta_i = \Delta_{\Gamma(M)}(r_i, cr_{i,1} \ldots r_{i,m})$

$\qquad \cup \bigcup_{n \in rPos(c)\backslash I} (\Delta_{\Gamma(M)}(\lceil r_{i,n}\rceil_i, \lceil b^n x^p \rceil_i)$

$\qquad \cup \bigcup_{n \in I} (\Delta_{\Gamma(M)}(r_{i,n}, g\delta_{i,n}(x^*))$

$\qquad \cup \bigcup_{n \in I} (\Delta_{\Gamma(M)}(\lceil \delta_{i,n}(x^p)\rceil_i, \lceil b^n x^p \rceil_i))$.

Der *p-Differenzalgorithmus* $\Delta^p G$ von G ist ein Algorithmus für $\Delta^p g \in \Sigma'_{w,bool}$ und wird definiert durch:

$$
\begin{aligned}
&\textit{function}\ \Delta^p g(x^*{:}w){:}\text{bool} \Leftarrow \\
&\quad \textit{if}\ \ \varphi_{1,1}\ \ \textit{then}\ \text{true} \\
&\quad \textit{if}\ \ \varphi_{1,2}\ \ \textit{then}\ \text{false} \\
&\qquad\qquad \ldots \\
&\quad \textit{if}\ \ \varphi_{k,1}\ \ \textit{then}\ \text{true} \\
&\quad \textit{if}\ \ \varphi_{k,2}\ \ \textit{then}\ \text{false}\ ,
\end{aligned}
$$

wobei $\varphi_{i,1} = \psi_i \wedge (\Delta_i \cup B_i)$ und $\varphi_{i,2} = \psi_i \wedge \neg(\Delta_i \cup B_i)$ für jedes $i \in \{1,\ldots,k\}$. ∎

Offensichtlich ist Definition 6.2' eine Verallgemeinerung von Definition 6.2: Wenn G_i und I in Definition 6.1' genau ein Element enthalten, erhält man wieder Definition 6.2. Die äußeren Formen der Differenzalgorithmen sind jedoch unterschiedlich, da es im allgemeinen Fall mehr als einen rekursiven Aufruf geben kann. Beispielsweise erhalten wir jetzt als 2-Differenzalgorithmus für remove:

$\textit{function}\ \Delta^2 \text{remove}(n{:}\text{number}\ x{:}\text{list}){:}\text{bool} \Leftarrow$

$\quad \textit{if}\ x \equiv \text{empty}\ \textit{then}\ \text{false}$

$\quad \textit{if}\ x \equiv \text{add}(\text{head}(x)\ \text{tail}(x)) \wedge \text{head}(x) \equiv n\ \textit{then}\ \text{true}$

$\quad \textit{if}\ x \equiv \text{add}(\text{head}(x)\ \text{tail}(x)) \wedge \neg\text{head}(x) \equiv n \wedge \Delta^2\text{remove}(n\ \text{tail}(x)) \equiv \text{true}\ \textit{then}\ \text{true}$

$\quad \textit{if}\ x \equiv \text{add}(\text{head}(x)\ \text{tail}(x)) \wedge \neg\text{head}(x) \equiv n \wedge \neg\Delta^2\text{remove}(n\ \text{tail}(x)) \equiv \text{true}\ \textit{then}\ \text{false}.$

Für eine Implementierung definieren wir G_i als die Menge *aller* g-Terme in r_i, die die Kriterien (2, i) und (2, ii) aus Definition 6.1' erfüllen. Wir definieren I als die größte Teilmenge von rPos(c), die Kriterium (3, ii) aus Definition 6.1' erfüllt.

Offensichtlich sind die verallgemeinerten Definitionen komplizierter als die zuvor gegebenen. Andererseits kennen wir nur wenige Beispiele, für die die verallgemeinerten Definitionen benötigt werden. Aus diesem Grund haben wir im Hauptteil nur den Fall einer Rekursion behandelt und die Definition mit mehreren Rekursionen in den Anhang verlagert.

Die einzige sinnvolle Anwendung, die uns bekannt ist, stammt aus einem Vollständigkeitsbeweis eines aussagenlogischen Hilberttyp-Kalküls. Da dieses Beispiel zu viel Kontextinformation benötigt, verzichten wir hier darauf und geben stattdessen ein künstliches an. Der folgende Algorithmus berechnet die Identität auf der Datenstruktur sexpr:

function copy(x:sexpr):sexpr $\Leftarrow$

   if x$\equiv$nil *then* nil

   if x$\equiv$atom(index(x)) *then* x

   if x$\equiv$cons(car(x) cdr(x)) *then* cons(copy(car(x)) copy(cdr(x))).

Der Algorithmus ist 1-beschränkt, denn er genügt den Bedingungen von Definition 6.1'. Also wird gemäß Definition 6.2' der folgende Differenzalgorithmus synthetisiert:

function Δ^1copy(x:sexpr):bool $\Leftarrow$

   if x$\equiv$nil *then* false

   if x$\equiv$atom(index(x)) *then* false

   if x$\equiv$cons(car(x) cdr(x)) $\wedge$ (Δ^1copy(car(x))$\equiv$true $\vee$ Δ^1copy(cdr(x))$\equiv$true)

     then true

   if x$\equiv$cons(car(x) cdr(x)) $\wedge$ $\neg\Delta^1$copy(car(x))$\equiv$true $\wedge$ $\neg\Delta^1$copy(cdr(x))$\equiv$true

     then false.

Anhang B - Beweise

Satz 3.1

Für jede zulässige Erweiterung $S'=(S,\Sigma',\Phi')$ einer zulässigen Spezifikation $S=(S,\Sigma,\Phi)$ durch einen S'-Algorithmus F' für ein $f \in \Sigma'$ existiert eine zulässige Erweiterung $S''=(S,\Sigma',\Phi'')$ von S durch einen S''-Algorithmus F'' für $f \in \Sigma'$, so daß F'' in SNF ist und Th(S')=Th(S'') gilt.

Beweis Für einen S'-Algorithmus F' erhalten wir einen S''-Algorithmus in konjunktiver Normalform durch Ersetzen jedes Falles i

$$\textit{if } \varphi_i \textit{ then } r_i$$

in F' durch die Folge von Fällen

$$\textit{if } \varphi_{i,1} \textit{ then } r_i \, , \ldots , \textit{if } \varphi_{i,n_i} \textit{ then } r_i \, ,$$

wobei $\varphi_{i,1} \vee \ldots \vee \varphi_{i,n_i}$ eine *ausgezeichnete* disjunktive Normalform, vgl. [Hilbert und Ackermann, 1967], von φ_i ist. Anschließend eliminieren wir alle inkonsistenten Fälle des modifizierten Algorithmus. Der resultierende S''-Algorithmus F'' ist offensichtlich in SNF. F'' ist deterministisch, total und terminiert in S, da F diese Eigenschaften besitzt und $\varphi_{i,1} \vee \ldots \vee \varphi_{i,n_i}$ eine ausgezeichnete Disjunktion und äquivalent zu φ_i ist. Folglich ist $S''=(S,\Sigma', \Phi \cup \text{DEF}_{F''})$ eine zulässige Erweiterung von S durch F''.

Angenommen M' und M'' seien Standardmodelle von S' bzw. von S''. Dann gilt $M' \models \Phi \cup \text{DEF}_{F'}$. Da wir jedoch nur äquivalenzerhaltenden Umformungen vorgenommen und nur Fälle mit unerfüllbaren Bedingungen eliminiert haben, muß $M' \models \Phi \cup \text{DEF}_{F''}$ gelten. Also ist M' auch Standardmodell von S''. Da M' und M'' beide Standardmodelle von S'' sind, gilt $M' \simeq_{\Sigma'} M''$, also Th(M')=Th(M'') und damit Th(S')=Th(S''). ∎

Lemma B.3.1

Ist S die initiale Spezifikation, so ist S zulässig.

Beweis Wenn $S=(\mathcal{S},\Sigma,\Phi)$, so gilt $\mathcal{S}=\{bool\}$, $\Sigma_{w,s}=\varnothing$, bis auf $\Sigma^c{}_{\lambda,bool}=\{true,\ false\}$, und $\Phi=\{\neg true\equiv false,\ \forall b{:}bool\ b\equiv true \lor b\equiv false\}$. Wir definieren die Σ-Algebra $M=(\{true,\ false\},\alpha)$ durch $\alpha_{true}=true$ und $\alpha_{false}=false$. Wie man leicht zeigt, ist M eine bis auf Σ-Isomorphie eindeutig bestimmte Σ-Standardalgebra mit $M\models\Phi$. Also ist S zulässig. ∎

Lemma B.3.2

Wenn S' eine zulässige Erweiterung einer zulässigen Spezifikation S durch eine S'-Struktur ist, dann ist S' zulässig.

Beweis Sei $S=(\mathcal{S},\Sigma,\Phi)$ eine Spezifikation mit Standardmodell M und sei $S'=(\mathcal{S}\cup\{s'\},\Sigma',\ \Phi\cup REP_{s'})$ eine zulässige Erweiterung von S durch eine S'-Struktur D für s', wie in Abschnitt 3.1 gegeben. Da M Standardmodell von S ist gibt es ein Standardmodell $N=(\mathcal{T}(\Sigma^c),\alpha)$ von S mit $M\approx_\Sigma N$, und wir definieren die Σ'-Algebra $N'=(\mathcal{T}(\Sigma'^c),\beta)$ durch

(1) $\beta_f=\alpha_f$ für alle $f\in\Sigma$,

(2) $\beta_c(q*)=cq*$ für jeden Konstruktor $c\in\Sigma'^c{}_{w,s'}$ in D und alle $q*\in\mathcal{T}(\Sigma'^c)_w$,

(3) $\beta_{b^i}(cq^1...q^n)=q^i$ für alle $cq^1...q^n\in\mathcal{T}(\Sigma^c)_{s'}$, wenn $b^i\in\Sigma'^d{}_{s',s^i}$ der i.te Selektor
                                   ist, der zum Konstruktor $c\in\Sigma'^c{}_{w,s'}$ aus D gehört,

(4) $\beta_b(cq*)=cq*$ für alle $cq*\in\mathcal{T}(\Sigma^c)_{s'}$, wenn $b\in\Sigma'^d{}_{s',s^i}$ mit $s'=s^i$ ein Selektor ist,
                                   der nicht zum Konstruktor $c\in\Sigma'^c{}_{w,s'}$ aus D gehört,

(5) $\beta_b(cq*)=\nabla s^i$ für alle $cq*\in\mathcal{T}(\Sigma^c)_{s'}$, wenn $b\in\Sigma'^d{}_{s',s^i}$ mit $s'\neq s^i$ ein Selektor ist,
                                   der nicht zum Konstruktor $c\in\Sigma'^c{}_{w,s'}$ aus D gehört.

Da N eine Standardalgebra ist, muß auch N' nach Definition eine Σ'-Standardalgebra sein. Es gilt $N'\models\Phi$, da $\beta_f=\alpha_f$ für alle $f\in\Sigma$, und $N'\models REP_{s'}$

wegen der Definition von β. Also ist N' ein Standardmodell von S'. N' ist eindeutig bis auf Σ'-Isomorphie, da N eindeutig bis auf Σ-Isomorphie ist und N' $\models$ REP$_{S'}$ gilt. Also ist S' zulässig. ∎

Lemma B.3.3

Wenn S' eine zulässige Erweiterung einer zulässigen Spezifikation S durch einen S'-Algorithmus ist, dann ist S' zulässig.

Beweis Wir folgen der Beweisidee aus [Boyer und Moore, 1979]: Sei S=$(\mathcal{S},\Sigma,\Phi)$ und sei S'=$(\mathcal{S},\Sigma',\Phi\cup DEF_F)$ eine zulässige Erweiterung von S durch einen S'-Algorithmus F für f wie in Abschnitt 3.2 gegeben. Sei M=$(\mathcal{A},\alpha)$ ein Standardmodell von S und sei P$\subset\mathcal{A}_w\times\mathcal{A}_s$. Dann wird die Σ'-Algebra M(P)=$(\mathcal{A},\alpha(P))$ definiert durch $\alpha(P)_g=\alpha_g$ für alle $g\in\Sigma$ und

$$\alpha(P)_f(a^*) = \begin{cases} a & \text{, wenn es genau ein } a\in\mathcal{A}_s \text{ gibt mit } (a^*,a)\in P \\ M(\nabla s) & \text{, sonst .}^1 \end{cases}$$

Offensichtlich ist M(P) eine Σ'-Expansion von M ist. Wir nennen die Menge P $<_{\mathcal{R}}$-*geschlossen* gdw. für alle a*, b*$\in\mathcal{A}_w$ mit b*$<_{\mathcal{R}}$a* gilt: (a*,a)$\in$P für ein a$\in\mathcal{A}_s$ impliziert (b*,b)$\in$P für ein b$\in\mathcal{A}_s$.^{2} P heißt *partiell korrekt* gdw. für alle a*$\in\mathcal{A}_w$ und alle a$\in\mathcal{A}_s$ mit (a*,a)$\in$P ein Fall "*if* φ_i *then* r$_i$" von F existiert, so daß M(P)$[\![x^*/a^*]\!] \models \varphi_i$ und a=M(P)$[\![x^*/a^*]\!](r_i)$. Sei jetzt T die Vereinigung aller $<_{\mathcal{R}}$-geschlossenen und partiell korrekten Mengen P$\subset\mathcal{A}_w\times\mathcal{A}_s$. Dann ist T offensichtlich $<_{\mathcal{R}}$-geschlossen, und M(T) ist eine Σ'-Expansion von M. Wir zeigen, daß M(T) ein Standardmodell von S' ist, das bis auf Σ-Isomorphie eindeutig bestimmt ist. Dazu beweisen wir die folgenden Fakten:

---

^{1} Der Defaultterm ∇s ist in Abschnitt A.1 definiert worden.

^{2} $<_{\mathcal{R}}$ bezeichnet die Terminierungsordnung von F, vgl. Abschnitt 3.2.

Faktum 1 Seien $Q,R \subset \mathcal{A}_w \times \mathcal{A}_s$ $<_{\mathcal{R}}$-geschlossene Mengen und sei Q partiell korrekt. Seien $(a^*,a_1) \in Q$, $(a^*,a_2) \in R$ und sei "*if* φ_i *then* r_i" ein Fall von F mit $M(Q)\llbracket x^*/a^* \rrbracket \vDash \varphi_i$, derart daß für alle $b^* <_{\mathcal{R}} a^*$ und alle $b_1,b_2 \in \mathcal{A}_s$ aus $(b^*,b_1) \in Q$ und $(b^*,b_2) \in R$ folgt, daß $b_1 = b_2$ gilt. Dann gilt $M(Q)\llbracket x^*/a^* \rrbracket (f\delta(x^*)) = M(R)\llbracket x^*/a^* \rrbracket (f\delta(x^*))$ für alle f-Terme $f\delta(x^*)$ in φ_i und r_i.

Faktum 2 Für alle $a^* \in \mathcal{A}_w$ und alle $a,b \in \mathcal{A}_s$ gilt: Wenn $(a^*,a) \in T$ und $(a^*,b) \in T$, dann $a = b$.

Faktum 3 T ist partiell korrekt.

Faktum 4 Für alle $a^* \in \mathcal{A}_w$ existiert ein $a \in \mathcal{A}_s$ mit $(a^*,a) \in T$.

Faktum 5 $M(T)$ ist eine Σ'-Standardalgebra.

Faktum 6 $M(T) \vDash \Phi \cup DEF_F$.

Faktum 7 Wenn N' ein Standardmodell von S ist, so gilt $N' \simeq_{\Sigma'} M(T)$.

Beweis Faktum 1 Angenommen φ_i oder r_i enthalten einen f-Term $f\delta(x^*)$ mit (*) $M(Q)\llbracket x^*/a^* \rrbracket (f\delta(x^*)) \neq M(R)\llbracket x^*/a^* \rrbracket (f\delta(x^*))$. Wir können o.B.d.A. annehmen, daß $f\delta(x^*)$ ein minimaler dieser f-Terme (bzgl. der Untertermordnung) in φ_i und r_i ist. Dann gilt $M(Q)\llbracket x^*/a^* \rrbracket (\delta(x^*)) <_{\mathcal{R}} a^*$ und $M(R)\llbracket x^*/a^* \rrbracket (\delta(x^*)) <_{\mathcal{R}} a^*$, da F in S terminiert. Da Q und R $<_{\mathcal{R}}$-geschlossen sind, existieren $b_1,b_2 \in \mathcal{A}_s$ mit $(M(Q)\llbracket x^*/a^* \rrbracket (\delta(x^*)),b_1) \in Q$ und $(M(R)\llbracket x^*/a^* \rrbracket (\delta(x^*)),b_2) \in R$. Da $f\delta(x^*)$ minimal gewählt war, ergibt sich $M(Q)\llbracket x^*/a^* \rrbracket (\delta(x^*)) = M(R)\llbracket x^*/a^* \rrbracket (\delta(x^*))$, d.h. $(M(Q)\llbracket x^*/a^* \rrbracket (\delta(x^*)),b_2) \in R$. Also gilt nach Annahme $b_1 = b_2$ und damit folgt $M(Q)\llbracket x^*/a^* \rrbracket (f\delta(x^*)) = b_1 = b_2 = M(R)\llbracket x^*/a^* \rrbracket (f\delta(x^*))$ im Widerspruch zu (*). $\square$

Faktum 2 Für alle $a^* \in \mathcal{A}_w$ und alle $a,b \in \mathcal{A}_s$ gilt: Wenn $(a^*,a) \in T$ und $(a^*,b) \in T$, dann $a = b$.

Beweis Angenommen, es existieren $a^* \in \mathcal{A}_w$ und $a_1,a_2 \in \mathcal{A}_s$ mit (*) $(a^*,a_1) \in T$, $(a^*,a_2) \in T$ und $a_1 \neq a_2$. Sei o.B.d.A a^* ein $<_{\mathcal{R}}$-minimales Element von $\mathcal{A}_w$, das (*) genügt. Dann existieren $<_{\mathcal{R}}$-geschlossene und partiell korrekte Teilmengen P_1 und

P_2 von T mit $(a^*,a_1) \in P_1$ und $(a^*,a_2) \in P_2$. Da P_1 und P_2 partiell korrekt sind, existieren Fälle "*if* φ_i *then* r_i" und "*if* φ_j *then* r_j" von F mit $M(P_1)[\![x^*/a^*]\!] \vDash \varphi_i$, $a_1 = M(P_1)[\![x^*/a^*]\!](r_i)$, $M(P_2)[\![x^*/a^*]\!] \vDash \varphi_j$ und $a_2 = M(P_2)[\![x^*/a^*]\!](r_j)$.

Seien $(b^*,b_1) \in P_1 \subset T$ und $(b^*,b_2) \in T$ mit $b^* <_{\mathcal{R}} a^*$. Dann gilt $b_1 = b_2$, da a^* ein $<_{\mathcal{R}}$-minimales Element in $\mathcal{A}_w$ ist, für das (*) gilt. Also folgt mit Faktum 1 $M(P_1)[\![x^*/a^*]\!](f\delta(x^*)) = M(T)[\![x^*/a^*]\!](f\delta(x^*))$ für alle f-Terme $f\delta(x^*)$ in φ_i und r_i. Mit der gleichen Schlußweise erhält man $M(P_2)[\![x^*/a^*]\!](f\delta(x^*)) = M(T)[\![x^*/a^*]\!](f\delta(x^*))$, also $M(P_1)[\![x^*/a^*]\!](f\delta(x^*)) = M(P_2)[\![x^*/a^*]\!](f\delta(x^*))$ und daher $M(P_1)[\![x^*/a^*]\!] \vDash \varphi_j$ und $a_2 = M(P_1)[\![x^*/a^*]\!](r_j)$. Da F deterministisch ist, gilt $i = j$ und damit $a_1 = a_2$ im Widerspruch zu $a_1 \neq a_2$. $\square$

Faktum 3 T ist partiell korrekt.

Beweis Seien $a^* \in \mathcal{A}_w$ und $a \in \mathcal{A}_s$ mit $(a^*,a) \in T$. Dann gibt es eine $<_{\mathcal{R}}$-geschlossene und partiell korrekte Menge $P \subset T$ mit $(a^*,a) \in P$. Also gilt $M(P)[\![x^*/a^*]\!] \vDash \varphi_i$ und $a = M(P)[\![x^*/a^*]\!](r_i)$ für einen Fall "*if* φ_i *then* r_i" von F. Seien $(b^*,b_1) \in P \subset T$ und $(b^*,b_2) \in T$ mit $b^* <_{\mathcal{R}} a^*$. Dann folgt mit Faktum 2 $b_1 = b_2$ und wir erhalten mit Faktum 1 $M(P)[\![x^*/a^*]\!](f\delta(x^*)) = M(T)[\![x^*/a^*]\!](f\delta(x^*))$ für alle f-Terme $f\delta(x^*)$ in φ_i und r_i. Also gilt $M(T)[\![x^*/a^*]\!] \vDash \varphi_i$ und $a = M(T)[\![x^*/a^*]\!](r_i)$. $\square$

Faktum 4 Für alle $a^* \in \mathcal{A}_w$ gibt es ein $a \in \mathcal{A}_s$ mit $(a^*,a) \in T$.

Beweis Angenommen, es existiert ein $c^* \in \mathcal{A}_w$ mit (*) $(c^*,c) \notin T$ für alle $c \in \mathcal{A}_s$. Wir können o.B.d.A. annehmen, daß $c^* <_{\mathcal{R}}$-minimal in $\mathcal{A}_w$ ist, so daß (*) gilt. Da F total ist, gilt $M(T)[\![x^*/c^*]\!] \vDash \varphi_j$ für einen Fall "*if* φ_j *then* r_j" von F und wir definieren $P = T \cup \{(c^*, M(T)[\![x^*/c^*]\!](r_j))\}$. Da T $<_{\mathcal{R}}$-geschlossen und $c^* <_{\mathcal{R}}$-minimal in $\mathcal{A}_w$ mit (*) ist, muß P $<_{\mathcal{R}}$-geschlossen sein. Um zu zeigen, daß P partiell korrekt ist, wählen wir $a^* \in \mathcal{A}_w$ und $a \in \mathcal{A}_s$ so, daß $(a^*,a) \in P$.

Fall i $(a^*,a) \in T$: Dann gilt $M(T)[\![\,x^*/a^*\,]\!] \vDash \varphi_i$ und $a=M(T)[\![\,x^*/a^*\,]\!]\,(r_i)$ für einen Fall "*if* φ_i *then* r_i" von F, denn T ist partiell korrekt. Seien $(b^*,b_1) \in T$ und $(b^*,b_2) \in P$ mit $b^* <_{\mathcal{R}} a^*$. Dann ist $b^* \neq c^*$, da sonst $(c^*,b_1) \in T$. Also ist $(b^*,b_2) \in T$ und wir erhalten mit Faktum 2 $b_1=b_2$. Mit Faktum 1 folgt $M(T)[\![\,x^*/a^*\,]\!]\,(f\delta(x^*))= M(P)[\![\,x^*/a^*\,]\!]\,(f\delta(x^*))$ für alle f-Terme $f\delta(x^*)$ in φ_i und r_i und daher $M(P)[\![\,x^*/a^*\,]\!] \vDash \varphi_i$ und $a=M(P)[\![\,x^*/a^*\,]\!]\,(r_i)$. □

Fall ii $(a^*,a) \notin T$: Dann gilt $(a^*,a)=(c^*,M(T)[\![\,x^*/c^*\,]\!]\,(r_j))$. Seien $(b^*,b_1) \in T$ und $(b^*,b_2) \in P$ mit $b^* <_{\mathcal{R}} c^*$. Dann gilt $b^* \neq c^*$, da andernfalls $c^* <_{\mathcal{R}} c^*$. Also gilt $(b^*,b_2) \in T$ und mit Faktum 2 erhalten wir $b_1=b_2$. Mit Faktum 1 folgt $M(T)[\![\,x^*/c^*\,]\!]\,(f\delta(x^*))= M(P)[\![\,x^*/c^*\,]\!]\,(f\delta(x^*))$ für alle f-Terme $f\delta(x^*)$ in φ_j und r_j und damit $M(P)[\![\,x^*/c^*\,]\!] \vDash \varphi_j$ und $M(T)[\![\,x^*/c^*\,]\!]\,(r_j) =M(P)[\![\,x^*/c^*\,]\!]\,(r_j)$. □

Da P partiell korrekt ist, folgt $P \subset T$, also $(c^*,M(T)[\![\,x^*/c^*\,]\!]\,(r_j)) \in T$ im Widerspruch zu (*). □

Faktum 5 $M(T)$ ist eine Σ'-Standardalgebra.

Beweis Sei M^c das Σ^c-Redukt von M und $M(T)^c$ das Σ'^c-Redukt von $M(T)$. Dann ist $M^c = M(T)^c$, da M ein Σ-Redukt von $M(T)$ ist und $\Sigma'^c = \Sigma^c$ gilt. Da M Standardalgebra ist, ist M^c eine initiale Σ^c-Algebra, also ist auch $M(T)^c$ eine initiale Σ'^c-Algebra und daher ist eine $M(T)$ Σ'-Standardalgebra. □

Faktum 6 $M(T) \vDash \Phi \cup DEF_F$.

Beweis Wir zeigen $M(T) \vDash \varphi$ für alle $\varphi \in \Phi \cup DEF_F$: Wenn $\varphi \in \Phi$, dann $\varphi \in \mathcal{F}(\Sigma,\mathcal{V})$ und $M \vDash \varphi$. Also $M(T) \vDash \varphi$, denn $M(T)$ ist eine Σ'-Expansion von M. Sei nun $\varphi= [\forall\, x^*{:}w\ \varphi_j \rightarrow fx^* \equiv r_j] \in DEF_F$. Dann müssen wir

$$(*) \qquad M(T)[\![\,x^*/a^*\,]\!] \vDash [\ \varphi_j \rightarrow fx^* \equiv r_j\ ]$$

für alle $a^* \in \mathcal{A}_w$ zeigen. Wenn $M(T)\llbracket x^*/a^* \rrbracket \not\models \varphi_j$, dann gilt (*) offensichtlich, also nehmen $M(T)\llbracket x^*/a^* \rrbracket \models \varphi_j$ an. Mit den Fakten 2, 3 und 4 wissen wir, daß es *genau ein* $a \in \mathcal{A}_s$ gibt mit $(a^*,a) \in T$, $M(T)\llbracket x^*/a^* \rrbracket \models \varphi_i$ und $a = M(T)\llbracket x^*/a^* \rrbracket (r_i)$ für einen Fall "*if* φ_i *then* r_i" von F. Da F deterministisch ist gilt $i=j$, und damit $M(T)\llbracket x^*/a^* \rrbracket (fx^*) = a = M(T)\llbracket x^*/a^* \rrbracket (r_j)$. □

Faktum 7 Wenn $N'=(\mathcal{B},\beta')$ ein Standardmodell von S' ist, so gilt $N' \approx_{\Sigma'} M(T)$.

Beweis Sei $N=(\mathcal{B},\beta)$ das Σ-Redukt von N'. Da N' eine Σ'-*Standard*algebra ist, ist $N=(\mathcal{B},\beta)$ ein Standardmodell von S und daher gilt $\sigma : N \approx_\Sigma M$ für einen Σ-Homomorphismus $\sigma : \mathcal{A} \to_S \mathcal{B}$. Angenommen, es gibt ein $a^* \in \mathcal{A}_w$ mit (*) $\sigma(\alpha_f(T)(a^*)) \neq \beta'_f(\sigma(a^*))$. Wir nehmen o.B.d.A. an, daß a^* ein $<_\mathcal{R}$-minimales Element von $\mathcal{A}_w$ mit (*) ist.

Da F total und deterministisch ist, gibt es genau einen Fall "*if* φ_i *then* r_i" von F mit $M(T)\llbracket x^*/a^* \rrbracket \models \varphi_i$, und damit folgt mit Faktum 6 $\alpha_f(T)(a^*) = M(T)\llbracket x^*/a^* \rrbracket (r_i)$.

Wenn für alle f-Terme $f\delta(x^*)$ in φ_i und r_i $\sigma(M(T)\llbracket x^*/a^* \rrbracket (f\delta(x^*))) = N'\llbracket x^*/\sigma(a^*) \rrbracket (f\delta(x^*))$ gilt, dann folgt $N'\llbracket x^*/\sigma(a^*) \rrbracket \models \varphi_i$ und $\beta'_f(\sigma(a^*)) = N'\llbracket x^*/\sigma(a^*) \rrbracket (r_i) = \sigma(M(T)\llbracket x^*/a^* \rrbracket (r_i)) = \alpha_f(T)(a^*)$ im Widerspruch zu (*).

Also nehmen wir an, daß φ_i oder r_i einen f-Term enthalten mit (**) $\sigma(M(T)\llbracket x^*/a^* \rrbracket (f\delta(x^*))) \neq N'\llbracket x^*/\sigma(a^*) \rrbracket (f\delta(x^*))$. Wir dürfen o.B.d.A. annehmen, daß $f\delta(x^*)$ minimal (bzgl. der Untertermordnung) unter diesen f-Termen ist. Also gilt $\sigma(M(T)\llbracket x^*/a^* \rrbracket (\delta(x^*))) = N'\llbracket x^*/\sigma(a^*) \rrbracket (\delta(x^*))$. Sei jetzt $b^* = M(T)\llbracket x^*/a^* \rrbracket (\delta(x^*))$. Da F in S terminiert, gilt $b^* <_\mathcal{R} a^*$, also $\sigma(\alpha_f(T)(b^*)) = \beta'_f(\sigma(b^*))$, da $a^* <_\mathcal{R}$-minimal in $\mathcal{A}_w$ mit (*) ist. Damit folgt dann

$$\sigma(M(T)\llbracket x^*/a^*\rrbracket (f\delta(x^*))) = \sigma(\alpha_f(T)(M(T)\llbracket x^*/a^*\rrbracket (\delta(x^*))))$$
$$= \sigma(\alpha_f(T)(b^*))$$
$$= \beta'_f(\sigma(b^*))$$
$$= \beta'_f(\sigma(M(T)\llbracket x^*/a^*\rrbracket (\delta(x^*))))$$
$$= \beta'_f(N'\llbracket x^*/\sigma(a^*)\rrbracket (\delta(x^*)))$$
$$= N'\llbracket x^*/\sigma(a^*)\rrbracket (f\delta(x^*)))$$

im Widerspruch zu (**). □■

Satz 3.2

Ist S die initiale Spezifikation oder eine zulässige Erweiterung einer zulässigen Spezifikation durch eine S-Struktur oder einen S-Algorithmus, so ist S eine zulässige Spezifikation.

Beweis Der Satz folgt unmittelbar aus den Lemmata B.3.1, B.3.2 und B.3.3.   ■

Satz 4.1

Seien q, $r \in \mathcal{T}(\Sigma, \mathcal{V})$, $\Delta \in \mathcal{C}(\Sigma, \mathcal{V})$ und $x^* \in \mathcal{V}_w$ mit $\mathcal{V}(\{q,r\}) \subset \mathcal{V}(x^*)$ und $\vdash_\Gamma \langle(q,r),\Delta\rangle$. Dann gilt für alle $a^* \in \mathcal{A}_w$

(1) $A\llbracket x^*/a^* \rrbracket(q) \leq_\# A\llbracket x^*/a^* \rrbracket(r)$ und

(2) $A\llbracket x^*/a^* \rrbracket \models \Delta$ gdw. $A\llbracket x^*/a^* \rrbracket(q) <_\# A\llbracket x^*/a^* \rrbracket(r)$.

Beweis Wir zeigen zuerst Aussage (1) und aus beweistechnischen Gründen dann Aussage

(2') $A\llbracket x^*/a^* \rrbracket \not\models \Delta$ gdw. $A\llbracket x^*/a^* \rrbracket(q) =_\# A\llbracket x^*/a^* \rrbracket(r)$.

Mit (1) und (2') gilt offensichtlich auch Aussage (2).

Sei $\langle(q_1, r_1), \Delta_1\rangle, \dots , \langle(q_n, r_n), \Delta_n\rangle$ eine Herleitung im E-Kalkül mit $\langle(q_n, r_n), \Delta_n\rangle = \langle(q,r),\Delta\rangle$. Wir zeigen Aussagen (1) und (2') durch Induktion über *n*:

Induktionsanfang n=1: Dann ist $\langle(q,r),\Delta\rangle$ eine Konsequenz der Axiome (1) Identität, (2) Äquivalenzregel, (3) Konstruktorregel oder (7) Minimumregel:

Fall Identität: Dann gelten q=r und $\Delta=\emptyset$ und damit offensichtlich auch die Aussagen (1) und (2'). $\square$

Fall Äquivalenzregel: Dann gilt $\Delta=\emptyset$, $q=c_1 q^*$ und $r=c_2 r^*$ für ein $c_1 \in \Sigma^c_{v,s}$ und ein $c_2 \in \Sigma^c_{w,s}$, wobei c_1 und c_2 irreflexiv sind: Damit erhalten wir

$$
\begin{aligned}
\#_s(A\llbracket x^*/a^* \rrbracket(q)) &= \#_s(\alpha_{c_1}(A\llbracket x^*/a^* \rrbracket(q^*))) & , \\
&= 0 & , \text{da } c_1 \text{ irreflexiv ist,} \\
&= \#_s(\alpha_{c_2}(A\llbracket x^*/a^* \rrbracket(r^*))) & , \text{da } c_2 \text{ irrreflexiv ist,} \\
&= \#_s(A\llbracket x^*/a^* \rrbracket(r)) & .
\end{aligned}
$$

Also gilt $A[\![x^*/a^*]\!](q) =_\# A[\![x^*/a^*]\!](r)$ und mit $A[\![x^*/a^*]\!] \not\models$ FALSE sind die Aussagen (1) und (2') nachgewiesen. □

Fall <u>Konstruktorregel</u>: Dann gilt $\Delta=\{\text{TRUE}\}$, $q=c_1q^*$ und $r=c_2r^*$ für ein $c_1 \in \Sigma^c_{v,s}$ und ein $c_2 \in \Sigma^c_{w,s}$, wobei c_1 irreflexiv und c_2 reflexiv ist: Damit erhalten wir

$$
\begin{aligned}
\#_s(A[\![x^*/a^*]\!](q)) &= \#_s(\alpha_{c_1}(A[\![x^*/a^*]\!](q^*))) &, \\
&= 0 &, \text{ da } c_1 \text{ irreflexiv ist,} \\
&<_{\mathbb{N}} 1 + \Sigma_{p \in rPos(c_2)} \#_s(A[\![x^*/a^*]\!](r^p)), \\
&= \#_s(\alpha_{c_2}(A[\![x^*/a^*]\!](r^*))) &, \text{ da } c_2 \text{ reflexiv ist,} \\
&= \#_s(A[\![x^*/a^*]\!](r)) &.
\end{aligned}
$$

Also gilt $A[\![x^*/a^*]\!](q) <_\# A[\![x^*/a^*]\!](r)$ und mit $A[\![x^*/a^*]\!] \models$ TRUE sind die Aussagen (1) und (2') nachgewiesen. □

Fall <u>Minimumregel</u>: Es gilt $\Delta=\{r \equiv c_1 b_{1,1}r \ldots b_{1,h_1}r, \ldots, r \equiv c_k b_{k,1}r \ldots b_{k,h_k}r\}$, $q=cq^*$ mit $c \in \Sigma^c_{v,s}$ ist irreflexiv, $c_1, \ldots c_k \in \Sigma^c$ sind alle reflexiven Konstruktoren der Sorte s und $b_{i,1}, \ldots, b_{i,h_i}$ sind alle zum reflexiven Konstruktor c_i gehörenden Selektoren. Damit gilt

$$
\begin{aligned}
\#_s(A[\![x^*/a^*]\!](q)) &= \#_s(\alpha_c(A[\![x^*/a^*]\!](q^*))), \\
&= 0 &, \text{ da } c \text{ irreflexiv ist,} \\
&\leq_{\mathbb{N}} \#_s(A[\![x^*/a^*]\!](r)) &, \\
&= \#_s(\alpha_{c_i}(d^*)) &, \text{ für ein } c_i \in \Sigma^c_{v,s} \text{ und ein } d^* \in \mathcal{A}_v.
\end{aligned}
$$

Also gilt $A[\![x^*/a^*]\!](q) \leq_\# A[\![x^*/a^*]\!](r)$ und Aussage (1) ist bewiesen. Falls $0 <_{\mathbb{N}} \#_s(\alpha_{c_i}(d^*))$, so ist c_i ein reflexiver Konstruktor und somit gilt $A[\![x^*/a^*]\!](q) \neq_\# A[\![x^*/a^*]\!](r)$ sowie $A[\![x^*/a^*]\!] \models r \equiv c_i b_{i,1}r \ldots b_{i,h_i}r$, d.h. $A[\![x^*/a^*]\!] \models \Delta$. Falls $0 = \#_s(\alpha_{c_i}(d^*))$ gilt, so ist c_i irreflexiv, und somit gilt $A[\![x^*/a^*]\!](q) =_\# A[\![x^*/a^*]\!](r)$

sowie $A[\![x^*/a^*]\!] \not\models \Delta$. Damit ist Aussage (2') auch nachgewiesen. □

Induktionsschritt $n > 1$: Als Induktionshypothese nehmen wir an, daß der Satz für alle Elemente $<(q_m, r_m), \Delta_m>$ der Herleitung mit $m < n$ gilt. Wenn $<(q,r),\Delta>$ Konsequenz einer der Axiome des E-Kalküls ist, so zeigen wir den Satz wie im Induktionsanfang. Also nehmen wir jetzt an, daß $<(q,r),\Delta>$ Konsequenz einer der Schlußregeln (4) starke Einbettung, (5) Argumentregel oder (6) schwache Einbettung ist:

Fall <u>starke Einbettung</u>: Dann gilt $r=cr^*$, wobei $c \in \Sigma^c{}_{w,s}$ reflexiv ist, sowie $\Delta=\{\text{TRUE}\}$, und für ein $p \in \text{rPos}(c)$ und ein $\Delta' \in C(\Sigma, V)$ ist $<(q, r^p), \Delta'>$ in der Herleitung von $<(q,r),\Delta>$ enthalten. Damit erhält man

$$\#_s(A[\![x^*/a^*]\!](q)) \leq_N \#_s(A[\![x^*/a^*]\!](r^p)) \qquad \text{, mit Induktionshyp. (1),}$$
$$<_N 1 + \Sigma_{p \in \text{rPos}(c)} \#_s(A[\![x^*/a^*]\!](r^p)) \quad ,$$
$$= \#_s(\alpha_c(A[\![x^*/a^*]\!](r^*))) \qquad \text{, da c reflexiv ist,}$$
$$= \#_s(A[\![x^*/a^*]\!](r)) \qquad ,$$

und damit dann $A[\![x^*/a^*]\!](q) <_\# A[\![x^*/a^*]\!](r)$. Mit $A[\![x^*/a^*]\!] \models \text{TRUE}$ sind die Aussagen (1) und (2') für diesen Fall bewiesen. □

Fall <u>Argumentregel</u>: Dann gilt $q=fq^*$ mit $f \in \Sigma^d \cap \Gamma_p(A)$ und $\Delta = \{D_{p,f}(q^*)\} \cup \Delta'$ für ein $\Delta' \in C(\Sigma, V)$, so daß $<(q^p, r), \Delta'>$ in der Herleitung von $<(q,r),\Delta>$ enthalten ist. Damit erhalten wir

$$A[\![x^*/a^*]\!](q) = \alpha_f(A[\![x^*/a^*]\!](q^*)) \qquad ,$$
$$\leq_\# A[\![x^*/a^*]\!](q^p) \qquad \text{, wegen } f \in \Gamma_p(A),$$
$$\leq_\# A[\![x^*/a^*]\!](r) \qquad \text{, mit Induktionshypothese (1),}$$

und Aussage (1) ist bewiesen. Induktionshypothese (2') lautet $A[\![x^*/a^*]\!] \not\models \Delta'$ gdw. $A[\![x^*/a^*]\!](q^p) =_\# A[\![x^*/a^*]\!](r)$. Damit gilt dann

$$A[\![x*/a*]\!](q) = \alpha_f(A[\![x*/a*]\!](q*))$$
$$=_\# A[\![x*/a*]\!](q^p) \quad , \text{gdw. } A[\![x*/a*]\!] \not\models D_{p,f}(q*),$$
$$=_\# A[\![x*/a*]\!](r) \quad , \text{gdw. } A[\![x*/a*]\!] \not\models \Delta' \text{ mit Induktionshyp. (2').}$$

Also gilt $A[\![x*/a*]\!](q) =_\# A[\![x*/a*]\!](r)$ gdw. $A[\![x*/a*]\!] \not\models \Delta$ und Aussage (2') ist auch bewiesen. $\square$

Fall <u>schwache Einbettung</u>: Dann gilt $q=cq*$ und $r=cr*$ für ein reflexives $c \in \Sigma^c_{w,s}$ und für alle $p \in rPos(c)$ existiert ein Δ^p, so daß $\langle(q^p,r^p), \Delta^p\rangle$ in der Herleitung von $\langle(q,r),\Delta\rangle$ enthalten und $\Delta = \bigcup_{p \in rPos(c)}\Delta^p$ ist. Mit Induktionshypothese (1) gilt $A[\![x*/a*]\!](q^p) \leq_\# A[\![x*/a*]\!](r^p)$ für alle $p \in rPos(c)$ und wir erhalten:

$$\#_s(A[\![x*/a*]\!](q)) = \#_s(\alpha_c(A[\![x*/a*]\!](q*)))$$
$$= 1 + \Sigma_{p \in rPos(c)} \#_s(A[\![x*/a*]\!](q^p)) \quad , \text{da } c \text{ reflexiv ist,}$$
$$\leq 1 + \Sigma_{p \in rPos(c)} \#_s(A[\![x*/a*]\!](r^p)) \quad , \text{mit Induktionshyp. (1),}$$
$$= \#_s(\alpha_c(A[\![x*/a*]\!](r*))) \quad , \text{da } c \text{ reflexiv ist,}$$
$$= \#_s(A[\![x*/a*]\!](r)) \quad ,$$

also $A[\![x*/a*]\!](q) \leq_\# A[\![x*/a*]\!](r)$, und damit ist Aussage (1) bewiesen.

Induktionshypothese (2') lautet $A[\![x*/a*]\!] \not\models \Delta^p$ gdw. $A[\![x*/a*]\!](q^p) =_\# A[\![x*/a*]\!](r^p)$ für alle $p \in rPos(c)$. Mit $\Delta = \bigcup_{p \in rPos(c)}\Delta^p$ erhält man dann

$$\#_s(A[\![x*/a*]\!](q)) = \#_s(\alpha_c(A[\![x*/a*]\!](q*)))$$
$$= 1 + \Sigma_{p \in rPos(c)} \#_s(A[\![x*/a*]\!](q^p)) \quad , \text{da } c \text{ reflexiv ist,}$$
$$= 1 + \Sigma_{p \in rPos(c)} \#_s(A[\![x*/a*]\!](r^p)) \quad , \text{gdw. } A[\![x*/a*]\!] \not\models \Delta,$$
$$= \#_s(\alpha_c(A[\![x*/a*]\!](r*))) \quad , \text{da } c \text{ reflexiv ist,}$$
$$= \#_s(A[\![x*/a*]\!](r)) \quad ,$$

also $A[\![x*/a*]\!](q) =_\# A[\![x*/a*]\!](r)$ gdw. $A[\![x*/a*]\!] \not\models \Delta$, und damit ist Aussage (2') auch bewiesen. $\square\square\blacksquare$

Lemma 5.3

Sei $S=(S,\Sigma,\Phi)$ eine zulässige Spezifikation mit Standardmodell $M=(\mathcal{A}, \alpha)$, so daß S einen Algorithmus F in SNF enthält. Dann existiert für jeden Fall i von F mit Bedingung φ_i und für alle $t \in \mathcal{T}(\Sigma, \mathcal{V})$ genau ein $\lceil t \rceil_{F,i}$, und für alle $x^* \in \mathcal{V}_w$ mit $\mathcal{V}(\varphi_i) \cup \mathcal{V}(t) \subset \mathcal{V}(x^*)$ und für alle $a^* \in \mathcal{A}_w$ gilt

$$M[\![x^*/a^*]\!] \models \varphi_i \quad \text{impliziert} \quad M[\![x^*/a^*]\!] (\lceil t \rceil_{F,i}) = M[\![x^*/a^*]\!] (t) \,.$$

Beweis Wir zeigen die Aussage zuerst für alle Parameterkomponenten t in einem Fall *i*, und dann für alle Terme t, die nicht Parameterkomponenten im Fall *i* sind.

Sei C_i die Menge aller Parameterkomponenten im Fall *i*. Für jede Strukturgleichung $q \equiv cb^1q...b^nq$, die in der Bedingung φ_i des Falles *i* enthalten ist, definieren wir $b^hq \ll_i q$ für alle $h \in \{1,...,n\}$, und wir definieren $<_i$ als die transitive Hülle von $\ll_i$. Da wir bei dieser Definition nur Strukturgleichungen verwenden, ist $<_i$ irreflexiv und daher eine Ordnungsrelation auf C_i. Da es in jedem Fall *i* nur endlich viele Strukturgleichungen gibt, ist $<_i$ auch eine *fundierte* Ordnung auf C_i. Wir können daher die Aussage des Lemmas für alle Elemente t von C_i durch noethersche Induktion über $<_i$ zeigen:

Induktionsanfang t ist $<_i$ -minimal in C_i: Dann gibt es keine Strukturgleichung $t \equiv cb^1t...b^nt$ in φ_i und die erste Bedingung von Definition 5.1 kann nicht angewendet werden. Da t eine Parameterkomponente ist, kann auch die zweite Bedingung von Definition 5.1 nicht angewendet werden. Also gilt $\lceil t \rceil_i = t$ mit Definition 5.1.

□

Induktionsschritt t ist nicht $<_i$ -minimal in C_i: Dann gibt es eine Strukturgleichung $t \equiv cb^1t...b^nt$ in φ_i und somit gilt $b^ht <_i t$ für alle $h \in \{1,...,n\}$. Als Induktionshypothese nehmen wir $M[\![x^*/a^*]\!] (\lceil b^ht \rceil_i) = M[\![x^*/a^*]\!] (b^ht)$ für alle $h \in \{1,...,n\}$ an. Mit Definition 5.1 erhalten wir $\lceil t \rceil_i = c \lceil b^1t \rceil_i ... \lceil b^nt \rceil_i$, also

$$M[\![x^*/a^*]\!]\,(\lceil t\rceil_i)$$
$$= M[\![x^*/a^*]\!]\,(c\lceil b^1t\rceil_i...\lceil b^nt\rceil_i) \qquad\qquad \text{, wegen Definition 5.1}$$
$$= \alpha_c(M[\![x^*/a^*]\!]\,(\lceil b^1t\rceil_i)\,...\,M[\![x^*/a^*]\!]\,(\lceil b^nt\rceil_i))\ ,$$
$$= \alpha_c(M[\![x^*/a^*]\!]\,(b^1t)\,...\,M[\![x^*/a^*]\!]\,(b^nt)) \qquad \text{, mit Induktionshypothese,}$$
$$= M[\![x^*/a^*]\!]\,(cb^1t...b^nt) \qquad\qquad ,$$
$$= M[\![x^*/a^*]\!]\,(t) \qquad\qquad \text{, da } M[\![x^*/a^*]\!]\ \vDash\ t\equiv cb^1t...b^nt.$$

Da F nicht inkonsistent ist, ist $\lceil t\rceil_i$ ist auch eindeutig bestimmt. ▫▫

Da wir den Satz für alle Parameterkomponenten von F gezeigt haben, muß die Aussage nun noch für alle Terme t, die keine Parameterkomponenten von F sind, gezeigt werden. Der Beweis wird durch Induktion über die Untertermordnung geführt:

Induktionsanfang $t\in \mathcal{V}_s\cup\Sigma_{\lambda,s}$ für ein $s\in S$: Dann gilt mit Definition 5.1 $\lceil t\rceil_i = t$, und die Aussage des Lemmas ist bewiesen. ▫

Induktionsschritt $t=ft_1...t_{n+1}$: Dann gilt $\lceil t\rceil_i = f\lceil t_1\rceil_i...\lceil t_{n+1}\rceil_i$ mit der zweiten Bedingung von Definition 5.1. Als Induktionshypothese nehmen wir an, daß (*) $M[\![x^*/a^*]\!]\,(\lceil t_h\rceil_i) = M[\![x^*/a^*]\!]\,(t_h)$ für alle $h\in\{1,...,n+1\}$ gilt, für die t_h *keine* Parameterkomponente ist. Da wir die Aussage aber schon für alle Parameterkomponenten gezeigt haben, dürfen wir sogar annehmen, daß (*) auch gilt, wenn t_h eine Parameterkomponente ist. Also gilt (*) für alle t_h und damit folgt

$$M[\![x^*/a^*]\!]\,(\lceil t\rceil_i)$$
$$= M[\![x^*/a^*]\!]\,(f\lceil t_1\rceil_i...\lceil t_{n+1}\rceil_i) \qquad\qquad \text{, wegen Definition 5.1}$$
$$= \alpha_f(M[\![x^*/a^*]\!]\,(\lceil t_1\rceil_i)\,...\,M[\![x^*/a^*]\!]\,(\lceil t_{n+1}\rceil_i))\ ,$$
$$= \alpha_f(M[\![x^*/a^*]\!]\,(t_1)\,...\,M[\![x^*/a^*]\!]\,(t_{n+1})) \qquad \text{, wegen (*),}$$
$$= M[\![x^*/a^*]\!]\,(ft_1...t_{n+1}) \qquad\qquad ,$$
$$= M[\![x^*/a^*]\!]\,(t) \qquad\qquad \text{, nach Voraussetzung. } ▫▫■$$

Satz 5.5

Sei $S=(\mathcal{S},\Sigma,\Phi)$ eine zulässige Spezifikation mit Standardmodell M, sei $S'=(\mathcal{S},\Sigma',\Phi')$ eine Spezifikation, und sei F ein S'-Algorithmus für ein $f\in \Sigma'^d_{w,s}\backslash\Sigma$, wobei $\Sigma'=\Sigma\cup\{f\}$. Dann terminiert F in S, wenn es eine nicht-leere Menge $P\subset \mathrm{Pos}(f)$ und eine totale Ordnung $<_P$ von P gibt, so daß für jeden f-Term $f\delta_{j,h}(x^*)$ in einem rekursiven Fall j von F (mit Bedingung φ_j) ein $p_{j,h}\in P$ und ein $P_{j,h}\subseteq P$ mit $P_{j,h}=\{p\in P|p \leq_P p_{j,h} \}$ existiert, derart daß gilt:

$$(1) \quad \lceil \delta_{j,h}(x^p)\rceil_j \leq_{\Gamma(M)} \lceil x^p\rceil_j \quad \text{für alle } p\in P_{j,h} \qquad\qquad \text{und}$$

$$(2) \quad \vdash_S [\ \forall x^*{:}w\ \varphi_j \rightarrow \bigcup_{p\in P_{j,h}} \Delta_{\Gamma(M)}(\lceil \delta_{j,h}(x^p)\rceil_j, \lceil x^p\rceil_j)\ ] \quad .$$

Beweis Sei $M=(\mathcal{A},\alpha)$ ein Standardmodell von S, und sei $M'=(\mathcal{A},\alpha')$ eine Σ'-Expansion von M. Dann müssen wir eine fundierte Ordnungsrelation $<_{\mathcal{R}}\subseteq\mathcal{A}_w\times\mathcal{A}_w$ finden, so daß für alle $a^*\in \mathcal{A}_w$ und für jeden f-term $f\delta_{j,h}(x^*)$ in einem rekursiven Fall j von F gilt:

$$M'[\![x^*/a^*]\!]\ \vDash \varphi_j \quad \text{impliziert}\quad M'[\![x^*/a^*]\!](\delta_{j,h}(x^*)) <_{\mathcal{R}} a^* \ .$$

Sei $w=s^1...s^{|w|}$ und $P=\{n_1, n_2, ... , n_k\}$ mit $n_1 <_P n_2 <_P ... <_P n_k$. Wir definieren $<_{\mathcal{R}}$ durch: $a^1...a^{|w|} <_{\mathcal{R}} b^1...b^{|w|}$ gdw. $a^{n_1}a^{n_2}...a^{n_k} <_\# b^{n_1}b^{n_2}...b^{n_k}$, wobei $<_\#$ die auf $\mathcal{A}_{s^{n_1}s^{n_2}...s^{n_k}}$ durch die Anzahlordnung $<_\#$ erzeugte *lexikographische Ordnung* ist. Aus der Fundiertheit von $<_\#$, vgl. Lemma 4.1, folgt die Fundiertheit von $<_\#$, da $<_\#$ eine *Permutation* einer nicht-leeren *Projektion* von $\mathcal{A}_w$ ordnet.

Sei jetzt $f\delta_{j,h}(x^*)$ ein beliebiger f-Term in F und sei $a^*\in \mathcal{A}_w$ mit $M'[\![x^*/a^*]\!] \vDash \varphi_j$. Da $\Gamma(M)$ auch eine Familie argumentbeschränkter Funktionssymbole in M' ist, ergibt sich mit Korollar 4.2 (1) aus der ersten Annahme

$$(*) \quad M'[\![x^*/a^*]\!](\lceil \delta_{j,h}(x^p)\rceil_j) \leq_\# M'[\![x^*/a^*]\!](\lceil x^p\rceil_j) \text{ für alle } p\in P_{j,h} \ .$$

Mit der zweiten Annahme erhalten wir

$$M' \models [\ \forall x^*{:}w\ \varphi_j \rightarrow \bigcup_{p \in P_{j,h}} \Delta\ \Gamma(M') (\lceil \delta_{j,h}(x^p) \rceil_j, \lceil x^p \rceil_j)]\ .$$

Nach Voraussetzung gilt $M'[\ x^*/a^*] \models [\ \bigcup_{p \in P_{j,h}} \Delta\ \Gamma(M') (\lceil \delta_{j,h}(x^p) \rceil_j, \lceil x^p \rceil_j)]$, und daher $M'[\ x^*/a^*] \models [\ \Delta\ \Gamma(M') (\lceil \delta_{j,h}(x^n) \rceil_j, \lceil x^n \rceil_j)]$ für ein $n \in P_{j,h}$. Mit Korollar 4.2 (2) folgt dann

$$(**)\quad M'[\ x^*/a^*] (\lceil \delta_{j,h}(x^n) \rceil_j) <_\# M'[\ x^*/a^*] (\lceil x^n \rceil_j)\quad \text{für ein } n \in P_{j,h}.$$

Mit Lemma 5.3 gilt $M'[\ x^*/a^*] (\lceil x^p \rceil_j) = M'[\ x^*/a^*] (x^p) = a^p$ und $M'[\ x^*/a^*] (\lceil \delta_{j,h}(x^p) \rceil_j) = M'[\ x^*/a^*] (\delta_{j,h}(x^p))$ für alle $p \in P_{j,h}$. Also folgt mit (*) und (**) $M'[\ x^*/a^*] (\delta_{j,h}(x^*)) <_\# a^*$ und der Satz ist bewiesen. ■

Satz 6.3

Sei S eine zulässige Spezifikation, so daß S einen p-beschränkten Algorithmus G enthält. Dann ist der p-Differenzalgorithmus $\Delta^p G$ von G für S zulässig.

Beweis Sei $S = (S, \Sigma, \Phi)$, sei G ein p-beschränkter Algorithmus für ein $g \in \Sigma_{w,s}$ wie in Definition 6.1 gegeben, sei $\Delta^p G$ der p-Differenzalgorithmus von G wie in Definition 6.2 gegeben, und sei $\Sigma' = \Sigma \cup \{\Delta^p g\}$. Dann folgt aus Definition 6.2 unmittelbar

$$(1)\quad \models [\ \forall x^*{:}w\ \varphi_{h,1} \rightarrow \neg\ \varphi_{h,2}\ ],\ \text{und}$$

$$(2)\quad \models [\ \forall x^*{:}w\ \varphi_{h,n_h} \rightarrow \psi_h\ ]$$

für alle Fälle h von G, wobei $n_h \in \{1,2\}$. Also gilt mit (1) $[\ \forall x^*{:}w\ \varphi_{h,1} \rightarrow \neg \varphi_{h,2}] \in \text{Th}(S,\Sigma')$. Angenommen, i und j bezeichnen zwei verschiedene Fälle von G, d.h. $i \neq j$. Da G in S deterministisch ist gilt $[\ \forall x^*{:}w\ \psi_i \rightarrow \neg \psi_j\ ] \in \text{Th}(S,\Sigma')$, also mit (2)

$[\forall x^*{:}w \; \varphi_{i,n_i} \to \neg \psi_j] \in \text{Th}(S,\Sigma')$. Mit der Kontraposition von (2) erhalten wir dann $[\forall x^*{:}w \; \varphi_{i,n_i} \to \neg\varphi_{j,n_j}] \in \text{Th}(S,\Sigma')$, also ist $\Delta^P G$ *deterministisch* in S.

Aus Definition 6.2 folgt außerdem

$$(3) \qquad \vDash \; [\forall x^*{:}w \; \psi_i \leftrightarrow (\varphi_{i,1} \vee \varphi_{i,2})]$$

für alle Fälle i von G. Da G in S total ist, gilt $[\forall x^*{:}w \; \psi_1 \vee \dots \vee \psi_k] \in \text{Th}(S,\Sigma')$, also mit (3) $[\forall x^*{:}w \; (\varphi_{1,1} \vee \varphi_{1,2}) \vee \dots \vee (\varphi_{k,1} \vee \varphi_{k,2})] \in \text{Th}(S,\Sigma')$ und damit ist $\Delta^P G$ *total* in S.

Sei $M=(\mathcal{A},\alpha)$ ein Standardmodell von S. Da G in S terminiert, gibt es eine fundierte Ordnungsrelation $<_{\mathcal{R}}$ von $\mathcal{A}_w$, so daß für alle $a^* \in \mathcal{A}_w$, für jeden rekursiven Fall i von G und den (einzigen) g-Term $g\delta_i(x^*)$ im Fall i gilt

$$(4) \qquad M[\![x^*/a^*]\!] \; \vDash \psi_i \; \text{ impliziert } \; M[\![x^*/a^*]\!] (\delta_i(x^*)) <_{\mathcal{R}} a^* .$$

Mit (2) und (4) gilt: $M[\![x^*/a^*]\!] \; \vDash \varphi_{i,2}$ impliziert $M[\![x^*/a^*]\!] (\delta_i(x^*)) <_{\mathcal{R}} a^*$. Da $\Delta^P g \delta_i(x^*)$ der einzige $\Delta^P g$-Term im Ergebnis b_i dieses Falles ist, *terminiert* $\Delta^P G$ in S.

Damit ist $\Delta^P G$ deterministisch, total und terminiert in S. Da wir o.B.d.A. $\Delta^P g \notin \Sigma$ annehmen dürfen, ist $\Delta^P G$ für S zulässig. ∎

Anhang C - Beispielalgorithmen

Die hier vorgestellte Sammlung von Beispielalgorithmen ist wie folgt aufgebaut: Zu jedem Algorithmus werden folgende Angaben gemacht:

(A) Die *Terminierung* des Algorithmus wird gezeigt durch (1) Angabe der Indexmenge P sowie für jeden rekursiven Aufruf (2) durch Angabe der zwischen den aktuellen und den korrespondierenden formalen Parametern des rekursiven Aufrufs bestehenden Γ-Schranken und (3) durch Angabe der gemäß Satz 5.4 erzeugten Terminierungshypothesen.

(B) Wir geben für jedes Ergebnis eines Falles die Γ-Schranken an, die nachgewiesen werden müssen, damit der Algorithmus gemäß Definition 6.1 *p-beschränkt* ist. Die Nummerierung bei den Γ-Schranken bezieht sich dabei auf die Nummerierung der Kriterien in Definition 6.1.

(C) Für jeden p-beschränkten Algorithmus wird der zugehörige *p-Differenzalgorithmus* vorgestellt. Um Platz zu sparen, geben wir nicht den gemäß Definition 6.2 synthetisierten Differenzalgorithmus an, sondern dessen optimierte Version nach Anwendung der Optimierung durch *Bedingungssubsumption*, vgl. Abschnitt 7.1. Wir geben dabei auch die *Subsumptionsformeln* an, die diese Optimierung rechtfertigen.

(D) Wir geben den durch *Termvereinfachung* optimierten Differenzalgorithmus und die *Simplifikationsformeln* an, die diese Optimierung rechtfertigen, vgl. Abschnitt 7.2.

(E) Wir geben den durch *Rekursionselimination* optimierten Differenzalgorithmus und die *Rekursionsformeln* an, die diese Optimierung rechtfertigen, vgl. Abschnitt 7.3.

(F) Wir geben den durch *Fallverschmelzung* optimierten Differenzalgorithmus an, vgl. Abschnitt 7.4.

Um unser Verfahren zu demonstrieren, berechnen wir gelegentlich eine Operation durch mehrere, verschiedenene Algorithmen. Die Funktionssymbole dieser Algorithmen bestehen dann aus einem *Gruppennamen*, gefolgt von einem Index. Zum Beispiel bezeichnen minus1, minus2, minus3, ... verschiedene Algorithmen mit Gruppennamen minus, die alle die Subtraktion auf den natürlichen Zahlen berechnen. In anderen Algorithmen werden jedoch nicht die tatsächlichen Namen verwendet, sondern nur die Gruppennamen. Der Algorithmus für quotient verwendet beipielsweise minus, aber nicht minus1 oder minus2. Der Leser mag für jeden Gruppennamen in einem Algorithmus einen der tatsächlichen Namen substituieren.

Um Platz zu sparen, führen wir die Definitionen von Hilfsalgorithmen, die nicht zur Demonstration unseres Ansatzes für Terminierungsbeweise beitragen, nicht auf. Das gilt z.B. für den Algorithmus für even, der genau dann *true* liefert, wenn er auf eine gerade Zahl angewendet wird, für den Algorithmus für lt, der die "echt kleiner"-Relation auf den natürlichen Zahlen berechnet, oder für den Algorithmus für gt, der die "echt größer"-Relation berechnet, usw.

Wir verwenden in unserer Beispielsammlung die folgenden Datenstrukturen für natürliche Zahlen, Listen von natürlichen Zahlen und LISP s-expressions:

structure 0 succ(pred:number):number ,

structure empty add(head:number tail:list):list ,

structure atom(index:number) nil cons(car:sexpr cdr:sexpr):sexpr .

Zur besseren Lesbarkeit verwenden wir die folgenden Abkürzungen für *Strukturgleichungen*, vgl. Abschnitt 5.2: succP(t) steht für $t \equiv succ(pred(t))$, addP(t) steht für $t \equiv add(head(t)\ tail(t))$, atomP(t) steht für $t \equiv atom(index(t))$, und consP(t) steht für $t \equiv cons(car(t)\ cdr(t))$. Weiterhin schreiben wir $g(t^*)$ an Stelle von $g(t^*) \equiv true$, wobei $g \in \Sigma_{w,bool}$ und $t^* \in \mathcal{T}(\Sigma, \mathcal{V})_w$.

Insgesamt enthält unsere Sammlung 60 Algorithmen. Unsere Methode ist so mächtig, daß die erzeugten Terminierunghypothesen für fast alle dieser Algorithmen allein durch *Fallunterscheidung* und *aussagenlogische Schlußweisen* bewiesen werden können! *Induktionsbeweise* müssen nur zum Nachweis der Terminierung der Algorithmen für remove2, prime.factors, select.sort, merge.sort1 und purge.sort sowie für remainder und gcd1 geführt werden (und zwar hier nur, wenn minus2 oder minus5 für minus substituiert wird). Gleiches gilt für die Beweise, die bei Optimierung der synthetisierten Differenzalgorithmen geführt werden müssen, vgl. Abschnitte 7.1, 7.2 und 7.3. Lediglich zum Nachweis der Rekursionsformeln bei Optimierung von Δ^1minus4, Δ^1quotient und Δ^2nthcdr4 sowie den Subsumptionsformeln bei Optimierung von Δ^1remainder und Δ^2remove2 ist Induktion notwendig (und zwar bei Δ^1remainder nur dann, wenn minus2 oder minus5 für minus substituiert wird).

Minus1

function minus1(x,y:number):number $\Leftarrow$
  if y$\equiv$0 *then* x
  if succP(y) *then* minus1(pred(x) pred(y))

berechnet die Differenz von *x* und *y*.

(A) Terminierung: P={2}

(1)   pred(y) $\leq_\Gamma$ succ(pred(y))
(2) $\vdash_S$ [$\forall$ y:number succP(y) $\rightarrow$ TRUE]

(B) *minus1* bezeichnet einen 1-beschränkten Algorithmus, da

(1)   x $\leq_\Gamma$ x
(2.i)   minus1(pred(x) pred(y)) $\leq_\Gamma$ minus1(pred(x) pred(y))
(2.ii) pred(x) $\leq_\Gamma$ x

(C) 1-Differenzalgorithmus nach Bedingungssubsumption:

function Δ^1minus1(x,y:number):bool $\Leftarrow$
  if y$\equiv$0 *then* false
  if succP(y) $\wedge$ succP(x) *then* true
  if succP(y) $\wedge$ $\neg$succP(x) *then* Δ^1minus1(pred(x) pred(y))

da $\vdash_S$ [$\forall$ y:number y$\equiv$0 $\rightarrow$ $\neg$FALSE] .

(D) Termvereinfachung ergibt:

function Δ^1minus1(x,y:number):bool $\Leftarrow$
  if y$\equiv$0 *then* false
  if succP(y) $\wedge$ succP(x) *then* true
  if succP(y) $\wedge$ $\neg$succP(x) *then* Δ^1minus1(x pred(y))

da $\vdash$ $_S$ [$\forall$x:number $\neg$succP(x) $\rightarrow$ pred(x)$\equiv$x].

(E) Rekursionselimination ergibt:

function Δ^1minus1(x,y:number):bool $\Leftarrow$
  if y$\equiv$0 *then* false
  if succP(y) $\wedge$ succP(x) *then* true
  if succP(y) $\wedge$ $\neg$succP(x) *then* false

da

$\vdash$ $_S$ [$\forall$x,y:number succP(y) $\wedge$ $\neg$succP(x)

$\rightarrow$ (succP(pred(y)) $\wedge$ $\neg$succP(x)) $\vee$ pred(y)$\equiv$0)]

Minus2

function minus2(x,y:number):number $\Leftarrow$
  if y$\equiv$0 *then* x
  if succP(y) *then* pred(minus2(x pred(y)))

berechnet die Differenz von *x* und *y*.

(A) Terminierung: $P=\{2\}$

(1) $\quad$ pred(y) $\leq_\Gamma$ succ(pred(y))

(2) $\quad \vdash_S [\ \forall\ y{:}number\ succP(y) \rightarrow TRUE\ ]$

(B) *minus2* bezeichnet einen 1-beschränkten Algorithmus, da

(1) $\quad$ x $\leq_\Gamma$ x

(2.i) $\quad$ pred(minus2(x pred(y))) $\leq_\Gamma$ minus2(x pred(y))

(2.ii) $\quad$ x $\leq_\Gamma$ x

(C) 1-Differenzalgorithmus nach Bedingungssubsumption:

function Δ^1minus2(x,y:number):bool $\Leftarrow$

$\quad$ *if* y$\equiv$0 *then* false

$\quad$ *if* succP(y) $\wedge$ succP(minus2(x pred(y))) *then* true

$\quad$ *if* succP(y) $\wedge$ $\neg$succP(minus2(x pred(y))) *then* Δ^1minus2(x pred(y))

da $\vdash_S [\ \forall\ y{:}number\ y\equiv0 \rightarrow \neg FALSE\ ]$.

Minus3

function minus3(x,y:number):number $\Leftarrow$

$\quad$ *if* x$\equiv$0 *then* x

$\quad$ *if* succP(x) $\wedge$ y$\equiv$0 *then* x

$\quad$ *if* succP(x) $\wedge$ succP(y) *then* minus3(pred(x) pred(y))

berechnet die Differenz von *x* und *y*.

(A) Terminierung: $P=\{1\}$ und $P=\{2\}$

(1) pred(x) $\leq_\Gamma$ succ(pred(x))
(2) $\vdash_S$ [$\forall$ x,y:number succP(x) $\wedge$ succP(y) $\rightarrow$ TRUE]

(1) pred(y) $\leq_\Gamma$ succ(pred(y))
(2) $\vdash_S$ [$\forall$ x,y:number succP(x) $\wedge$ succP(y) $\rightarrow$ TRUE]

(B) *minus3* bezeichnet einen 1-beschränkten Algorithmus, da

(1) $0 \leq_\Gamma 0$
(1)   succ(pred(x)) $\leq_\Gamma$ succ(pred(x))
(2.i) minus3(pred(x) pred(y)) $\leq_\Gamma$ minus3(pred(x) pred(y))
(2.ii) pred(x) $\leq_\Gamma$ succ(pred(x))

(C) 1-Differenzalgorithmus nach Bedingungssubsumption:

function Δ^1minus3(x,y:number):bool $\Leftarrow$
  if x$\equiv$0 *then* false
  if succP(x) $\wedge$ y$\equiv$0 *then* false
  if succP(x) $\wedge$ succP(y) *then* true

da

$\vdash_S$ [$\forall$ x:number x$\equiv$0 $\rightarrow$ $\neg$FALSE] ,

$\vdash_S$ [$\forall$ x,y:number succP(x) $\wedge$ y$\equiv$0 $\rightarrow$ $\neg$FALSE] ,

$\vdash_S$ [$\forall$ x,y:number succP(x) $\wedge$ succP(y) $\rightarrow$ TRUE] .

Minus4

function minus4(x,y:number):number $\Leftarrow$

  if x$\equiv$0 *then* x

  if succP(x) $\wedge$ y$\equiv$0 *then* x

  if succP(x) $\wedge$ succP(y) *then* pred(minus4(x pred(y)))

berechnet die Differenz von *x* und *y*.

(A) Terminierung: P={2}

(1) pred(y) $\leq_\Gamma$ succ(pred(y))

(2) $\vdash_S$ [$\forall$ x,y:number succP(x) $\wedge$ succP(y) $\rightarrow$ TRUE]

(B) *minus4* bezeichnet einen 1-beschränkten Algorithmus, da

(1)   0 $\leq_\Gamma$ 0

(1)   succ(pred(x)) $\leq_\Gamma$ succ(pred(x))

(2.i) pred(minus4(x pred(y))) $\leq_\Gamma$ minus4(x pred(y))

(2.ii) x $\leq_\Gamma$ x

(C) 1-Differenzalgorithmus nach Bedingungssubsumption:

function Δ^1minus4(x,y:number):bool $\Leftarrow$

  if x$\equiv$0 *then* false

  if succP(x) $\wedge$ y$\equiv$0 *then* false

  if succP(x) $\wedge$ succP(y) $\wedge$ succP(minus4(x pred(y))) *then* true

  if succP(x) $\wedge$ succP(y) $\wedge$ $\neg$succP(minus4(x pred(y)))

    then Δ^1minus4(x pred(y))

da

$\vdash_S [\ \forall$ x:number x≡0 → ¬FALSE] ,

$\vdash_S [\ \forall$ x,y:number succP(x) ∧ y≡0 → ¬FALSE] .

(D) Termvereinfachung: nicht anwendbar.

(E) Rekursionselimination ergibt:

function Δ^1minus4(x,y:number):bool ⇐
  if x≡0 *then* false
  if succP(x) ∧ y≡0 *then* false
  if succP(x) ∧ succP(y) ∧ succP(minus4(x pred(y))) *then* true
  if succP(x) ∧ succP(y) ∧ ¬succP(minus4(x pred(y))) *then* true

da

$\vdash_S [\ \forall$x,y:number succP(x) ∧ succP(y) ∧ ¬succP(minus4(x pred(y)))
    → (succP(x) ∧ succP(pred(y)) ∧ ¬succP(minus4(x pred(pred(y))))
       ∨ succP(x) ∧ succP(pred(y)) ∧ succP(minus4(x pred(pred(y)))))]

(F) Fallverschmelzung ergibt:

function Δ^1minus4(x,y:number):bool ⇐
  if x≡0 *then* false
  if succP(x) ∧ y≡0 *then* false
  if succP(x) ∧ succP(y) *then* true

Minus5

function minus5(x,y:number):number ⟸
  if ¬ gt(x y) *then* 0
  if gt(x y) ∧ succP(x) *then* succ(minus5(pred(x) y))

berechnet die Differenz von *x* und *y*, vgl. Abschnitt 8.2, wobei *gt* die "echt größer"-Relation auf den natürlichen Zahlen berechnet.

(A) Terminierung: P={1}

(1) pred(x) $\leq_\Gamma$ succ(pred(x))

(2) ⊢ $_S$ [∀ x,y:number gt(x y) ∧ succP(x) → TRUE]

(B) *minus5* bezeichnet einen 1-beschränkten Algorithmus, da

(1)   0 $\leq_\Gamma$ x

(3.i) succ(minus5(pred(x) y)) $\leq_\Gamma$ succ(minus5(pred(x) y))

(3.ii) pred(x) $\leq_\Gamma$ pred(x)

(C) 1-Differenzalgorithmus nach Bedingungssubsumption:

function Δ^1minus5(x,y:number):bool ⟸
  if ¬ gt(x y) ∧ succP(x) *then* true
  if ¬ gt(x y) ∧ x≡0 *then* false
  if gt(x y) ∧ succP(x) *then* Δ^1minus5(pred(x) y)

da ⊢ $_S$ [∀ x,y:number gt(x y) ∧ succP(x) → ¬FALSE] .

Min

function min(x,y:number):number $\Leftarrow$
  if x$\equiv$0 *then* 0
  if succP(x) $\wedge$ y$\equiv$0 *then* 0
  if succP(x) $\wedge$ succP(y) *then* succ(min(pred(x) pred(y)))

berechnet das Minimum von *x* und *y*.

(A) Terminierung: P={1} und P={2}.

(1) pred(x) $\leq_\Gamma$ succ(pred(x))
(2) $\vdash_S$ [$\forall$x,y:number succP(x) $\wedge$ succP(y) $\rightarrow$ TRUE]
(1) pred(y) $\leq_\Gamma$ succ(pred(y))
(2) $\vdash_S$ [$\forall$x,y:number succP(x) $\wedge$ succP(y) $\rightarrow$ TRUE]

(B) *min* bezeichnet einen 1-beschränkten Algorithmus, da

(1)   0 $\leq_\Gamma$ 0
(1)   0 $\leq_\Gamma$ succ(pred(x))
(3.i) succ(min(pred(x) pred(y))) $\leq_\Gamma$ succ(min(pred(x) pred(y)))
(3.ii) pred(x) $\leq_\Gamma$ pred(x)

(C) 1-Differenzalgorithmus nach Bedingungssubsumption:

function Δ^1min(x,y:number):bool $\Leftarrow$
  if x$\equiv$0 *then* false
  if succP(x) $\wedge$ y$\equiv$0 *then* true
  if succP(x) $\wedge$ succP(y) *then* Δ^1min(pred(x) pred(y))

da

$\vdash_S$ [$\forall$x:number x$\equiv$0 $\to$ $\neg$FALSE] ,

$\vdash_S$ [$\forall$x,y:number succP(x) $\wedge$ y$\equiv$0 $\to$ TRUE] .

Anmerkung: $\Delta^1 min(x\ y)$ berechnet die "echt größer"-Relation auf den natürlichen Zahlen.

(B) *min* bezeichnet einen 2-beschränkten Algorithmus, da

(1) $0 \leq_\Gamma y$

(1) $0 \leq_\Gamma 0$

(3.i)   succ(min(pred(x) pred(y))) $\leq_\Gamma$ succ(min(pred(x) pred(y)))

(3.ii) pred(y) $\leq_\Gamma$ pred(y)

(C) 2-Differenzalgorithmus nach Bedingungssubsumption:

function Δ^2min(x,y:number):bool $\Leftarrow$
   if x$\equiv$0 $\wedge$ succP(y) *then* true
   if x$\equiv$0 $\wedge$ y$\equiv$0 *then* false
   if succP(x) $\wedge$ y$\equiv$0 *then* false
   if succP(x) $\wedge$ succP(y) *then* Δ^1min(pred(x) pred(y))

da $\vdash_S$ [$\forall$x,y:number succP(x) $\wedge$ y$\equiv$0 $\to$ $\neg$FALSE] .

(D) Termvereinfachung: nicht anwendbar.

(E) Rekursionselimination: nicht anwendbar.

(F) Fallverschmelzung ergibt:

function Δ^2min(x,y:number):bool $\Leftarrow$
  if x$\equiv$0 $\wedge$ succP(y) *then* true
  if y$\equiv$0 *then* false
  if succP(x) $\wedge$ succP(y) *then* Δ^1min(pred(x) pred(y))

Anmerkung: $\Delta^2 min(x\ y)$ berechnet die "echt kleiner"-Relation auf den natürlichen Zahlen.

Quotient

function quotient(x,y:number):number $\Leftarrow$
  if y$\equiv$0 *then* x
  if lt(x y) *then* 0
  if $\neg$lt(x y) $\wedge$ succP(y) $\wedge$ succP(x)
    then succ(quotient(minus(pred(x) pred(y)) y))

berechnet den ganzzahligen Quotienten von x und y, vgl. Abschnitte 8.1 und 8.2, wobei *lt* die "echt kleiner"-Relation auf den natürlichen Zahlen berechnet.

(A) Terminierung: P={1}

(1)   minus(pred(x) pred(y)) $\leq_\Gamma$ succ(pred(x))
(2) $\vdash_S$ [$\forall$x,y:number $\neg$lt(x y) $\wedge$ succP(y) $\wedge$ succP(x) $\rightarrow$ TRUE]

(B) *quotient* bezeichnet einen 1-beschränkten Algorithmus, da

(1) $x \leq_\Gamma x$

(1) $0 \leq_\Gamma x$

(3.i)   succ(quotient(minus(pred(x) pred(y)) y)) $\leq_\Gamma$ succ(quotient(minus(pred(x) pred(y)) y))

(3.ii) minus(pred(x) pred(y)) $\leq_\Gamma$ pred(x)

(C) 1-Differenzalgorithmus nach Bedingungssubsumption:

function Δ^1quotient(x,y:number):bool $\Leftarrow$

  if y$\equiv$0 *then* false

  if lt(x y) $\wedge$ succP(x) *then* true

  if lt(x y) $\wedge$ 0$\equiv$x *then* false

  if $\neg$lt(x y) $\wedge$ succP(y) $\wedge$ succP(x) $\wedge$ Δ^1minus(pred(x) pred(y)) *then* true

  if $\neg$lt(x y) $\wedge$ succP(y) $\wedge$ succP(x) $\wedge$ $\neg\Delta^1$minus(pred(x) pred(y))

    then Δ^1quotient(minus(pred(x) pred(y)) y)

da $\vdash_S$ [$\forall$ x,y:number y$\equiv$0 $\rightarrow$ $\neg$FALSE] .

(D) Termvereinfachung ergibt:

function Δ^1quotient(x,y:number):bool $\Leftarrow$

  if y$\equiv$0 *then* false

  if lt(x y) $\wedge$ succP(x) *then* true

  if lt(x y) $\wedge$ 0$\equiv$x *then* false

  if $\neg$lt(x y) $\wedge$ succP(y) $\wedge$ succP(x) $\wedge$ Δ^1minus(pred(x) pred(y)) *then* true

  if $\neg$lt(x y) $\wedge$ succP(y) $\wedge$ succP(x) $\wedge$ $\neg\Delta^1$minus(pred(x) pred(y))

    then Δ^1quotient(pred(x) y)

da

$\vdash_S$ [$\forall$x,y:number

$$\neg\Delta^1\text{minus}(\text{pred}(x)\ \text{pred}(y)) \rightarrow \text{minus}(\text{pred}(x)\ \text{pred}(y))\equiv\text{pred}(x)] \,.$$

(E) Rekursionselimination ergibt:

function Δ^1quotient(x,y:number):bool $\Leftarrow$
  if y$\equiv$0 *then* false
  if lt(x y) $\wedge$ succP(x) *then* true
  if lt(x y) $\wedge$ 0$\equiv$x *then* false
  if $\neg$lt(x y) $\wedge$ succP(y) $\wedge$ succP(x) $\wedge$ Δ^1minus(pred(x) pred(y)) *then* true
  if $\neg$lt(x y) $\wedge$ succP(y) $\wedge$ succP(x) $\wedge$ $\neg\Delta^1$minus(pred(x) pred(y)) *then* false

da

$\vdash_S$ [$\forall$x,y:number

$$\neg\text{lt}(x\ y) \wedge \text{succP}(y) \wedge \text{succP}(x) \wedge \neg\Delta^1\text{minus}(\text{pred}(x)\ \text{pred}(y)) \rightarrow$$
$$(\neg\text{lt}(\text{pred}(x)\ y) \wedge \text{succP}(y) \wedge \text{succP}(\text{pred}(x)) \wedge \neg\Delta^1\text{minus}(\text{pred}(\text{pred}(x))\ \text{pred}(y))$$
$$\vee\ \text{lt}(\text{pred}(x)\ y) \wedge 0\equiv\text{pred}(x) \vee y\equiv0\ )\ ]$$

Anmerkung: Δ^1*quotient(x y)* liefert *true* gdw. $1\le x<y$ oder $x\ge y\ge2$.

Remainder

function remainder(x,y:number):number $\Leftarrow$

   if y$\equiv$0 *then* y

   if lt(x y) *then* min(x y)

   if $\neg$lt(x y) $\wedge$ succP(y) *then* remainder(minus(x y) y)

berechnet *x* modulo *y*, vgl. Abschnitt 8.2 für die Verwendung von *min(x y)*.

(A) Terminierung: P={1}

(1)   minus(x y) $\leq_\Gamma$ x

(2) $\vdash_S$ [$\forall$x,y:number $\neg$lt(x y) $\wedge$ succP(y) $\to$ Δ^1minus(x y)]

(B) *remainder* bezeichnet einen 1-beschränkten Algorithmus, da

(1)   0 $\leq_\Gamma$ x

(1)   min(x y) $\leq_\Gamma$ x

(2.i)   remainder(minus(x y) y) $\leq_\Gamma$ remainder(minus(x y) y)

(2.ii) minus(x y) $\leq_\Gamma$ x

(C) 1-Differenzalgorithmus nach Bedingungssubsumption:

function Δ^1remainder(x,y:number):bool $\Leftarrow$

   if y$\equiv$0 $\wedge$ succP(x) *then* true

   if y$\equiv$0 $\wedge$ x$\equiv$0 *then* false

   if lt(x y) *then* false

   if $\neg$lt(x y) $\wedge$ succP(y) *then* true

da

$\vdash_S [\ \forall x,y{:}number\ lt(x\ y) \rightarrow \neg\Delta^1 min(x\ y)\ ]$,

$\vdash_S [\ \forall x,y{:}number\ \neg lt(x\ y) \wedge succP(y) \rightarrow \Delta^1 minus(x\ y)\ ]$.

Anmerkung: $\Delta^1 remainder(x\ y)$ liefert *true* gdw. y=0 und x≠0 oder y≠0 und x≥y.

(B) *remainder* bezeichnet einen 2-beschränkten Algorithmus, da

(1) $0 \leq_\Gamma 0$

(1) $min(x\ y) \leq_\Gamma y$

(2.i) $remainder(minus(x\ y)\ y) \leq_\Gamma remainder(minus(x\ y)\ y)$

(2.ii) $succ(pred(y)) \leq_\Gamma succ(pred(y))$

(C) 2-Differenzalgorithmus nach Bedingungssubsumption:

function $\Delta^2 remainder(x,y{:}number){:}bool \Leftarrow$

  if y≡0 *then* false

  if lt(x y) *then* true

  if ¬lt(x y) $\wedge$ succP(y) *then* $\Delta^2 remainder(minus(x\ y)\ y)$

da

  $\vdash_S [\ \forall x,y{:}number\ y≡0 \rightarrow \neg FALSE\ ]$,

  $\vdash_S [\ \forall x,y{:}number\ lt(x\ y) \rightarrow \Delta^2 min(x\ y)\ ]$,

  $\vdash_S [\ \forall x,y{:}number\ \neg lt(x\ y) \wedge succP(y) \rightarrow \neg FALSE\ ]$.

(D) Termvereinfachung: nicht anwendbar.

(E) Rekursionselimination ergibt:

function Δ^2remainder(x,y:number):bool $\Leftarrow$

  if y$\equiv$0 *then* false

  if lt(x y) *then* true

  if $\neg$lt(x y) $\wedge$ succP(y) *then* true

da

  $\vdash$ $_S$ [$\forall$x,y:number $\neg$lt(x y) $\wedge$ succP(y) $\rightarrow$

$$\neg\text{lt(minus(x y) y)} \wedge \text{succP(y)} \vee \text{lt(minus(x y) y)}] .$$

Anmerkung: Δ^2*remainder(x y)* liefert *true* gdw. y$\neq$0.

Power.rep

  function power.rep(i,b:number):list $\Leftarrow$

  if i$\equiv$0 *then* empty

  if succP(i) $\wedge$ b$\equiv$0 *then* add(i empty)

  if succP(i) $\wedge$ succP(b) $\wedge$ pred(b)$\equiv$0 *then* add(i empty)

  if succP(i) $\wedge$ succP(b) $\wedge$ succP(pred(b))

    then add(remainder(i b) power.rep(quotient(i b) b))

berechnet die Koeffizientendarstellung von *i* zur Basis *b*, z.B. liefert *power.rep(i succ(succ(0)))* die Binärdarstellung von i, vgl. [Boyer und Moore, 1979].

(A) Terminierung: P={1}

(1) quotient(**i b**) ≤$_\Gamma$ **i**

(2) ⊢ $_S$ [∀ i,b:number succP(i) ∧ succP(b) ∧ succP(pred(b))

$$\to \Delta^1 \text{quotient(\textbf{i b})} \,]$$

wobei **i** für den Repräsentanten *succ(pred(i))* und **b** für den Repräsentanten *succ(succ(pred(pred(b))))* steht.

(B) *power.rep* bezeichnet keinen p-beschränkten Algorithmus.

Gcd1

function gcd1(x,y:number):number ⟸
  if x≡0 *then* y
  if succP(x) ∧ y≡0 *then* x
  if succP(x) ∧ succP(y) ∧ lt(x y) *then* gcd1(x minus(y x))
  if succP(x) ∧ succP(y) ∧ ¬lt(x y) *then* gcd1(minus(x y) y)

berechnet den größten gemeinsamen Teiler von *x* und *y*, vgl. [Boyer und Moore, 1979].

(A) Terminierung: P={1,2}

(1) x ≤$_\Gamma$ x

    minus(y x) ≤$_\Gamma$ y

(2) ⊢ $_S$ [∀ x,y:number succP(x) ∧ succP(y) ∧ lt(x y) → Δ^1minus(y x)]

(1)   minus(x y) $\leq_\Gamma$ x

y $\leq_\Gamma$ y

(2) $\vdash_S$ [$\forall$ x,y:number succP(x) $\wedge$ succP(y) $\wedge$ lt(x y) $\rightarrow \Delta^1$minus(x y)]

wobei **x** für den Repräsentanten *succ(pred(x))* und **y** für den Repräsentanten *succ(pred(y))* steht.

(B) *gcd1* bezeichnet keinen p-beschränkten Algorithmus.

Gcd2

function gcd2(x,y:number):number $\Leftarrow$

  if x$\equiv$y *then* x

  if $\neg$x$\equiv$y $\wedge$ x$\equiv$0 *then* y

  if $\neg$x$\equiv$y $\wedge$ y$\equiv$0 *then* x

  if $\neg$x$\equiv$y $\wedge$ succP(x) $\wedge$ succP(y) *then* gcd2(remainder(x y) remainder(y x))

berechnet den größten gemeinsamen Teiler von x und y.

(A) Terminierung: P={1,2}

(1)   remainder(x y) $\leq_\Gamma$ x

remainder(y x) $\leq_\Gamma$ y

(2) $\vdash_S$ [$\forall$ x,y:number $\neg$x$\equiv$y $\wedge$ succP(x) $\wedge$ succP(y)

$\rightarrow$ (Δ^1remainder(x y) $\vee$ Δ^1remainder(y x))]

wobei **x** für den Repräsentanten *succ(pred(x))* und **y** für den Repräsentanten *succ(pred(y))* steht.

(B) *gcd2* bezeichnet keinen p-beschränkten Algorithmus.

Gcd3

function gcd3(x,y:number):number $\Leftarrow$

  if x$\equiv$0 *then* y

  if succP(x) $\wedge$ y$\equiv$0 *then* x

  if succP(x) $\wedge$ succP(y) $\wedge$ x$\equiv$y *then* x

  if succP(x) $\wedge$ succP(y) $\wedge$ gt(x y) *then* gcd3(remainder(x y) y)

  if succP(x) $\wedge$ succP(y) $\wedge$ lt(x y) *then* gcd3(x remainder(y x))

berechnet den größten gemeinsamen Teiler von x und y, vgl. [Manna und Pnueli, 1974; Manna und Waldinger, 1978].

(A) Terminierung: P={1,2}

(1)   remainder(x y) $\leq_\Gamma$ x

     y $\leq_\Gamma$ y

(2) $\vdash_S$ [$\forall$ x,y:number succP(x) $\wedge$ succP(y) $\wedge$ gt(x y) $\rightarrow$ Δ^1remainder(x y)]

(1)   x $\leq_\Gamma$ x

     remainder(y x) $\leq_\Gamma$ y

(2) $\vdash_S$ [$\forall$ x,y:number succP(x) $\wedge$ succP(y) $\wedge$ gt(x y) $\rightarrow$ Δ^1remainder(y x)]

wobei **x** für den Repräsentanten *succ(pred(x))* und **y** für den Repräsentanten *succ(pred(y))* steht.

(B) *gcd3* bezeichnet keinen p-beschränkten Algorithmus.

Gcd4

function gcd4(x,y:number):number $\Leftarrow$
  if x$\equiv$0 *then* y
  if succP(x) *then* gcd3(remainder(y x) x)

berechnet den größten gemeinsamen Teiler von x und y, vgl. [Manna und Waldinger, 1978].

(A) Terminierung: P={1}

(1)   remainder(y x) $\leq_\Gamma$ x

(2) $\vdash_S$ [$\forall$ x,y:number succP(x) $\to$ Δ^2remainder(y x)]

wobei **x** für den Repräsentanten *succ(pred(x))* steht.

(B) *gcd4* bezeichnet keinen p-beschränkten Algorithmus.

Half1

function half1(x:number):number $\Leftarrow$
  if x≡0 *then* 0
  if ¬even(x) *then* half1(pred(x))
  if succP(x) ∧ even(x) *then* succ(half1(pred(x)))

berechnet den ganzzahligen Quotienten von *x* und 2.

(A) Terminierung: P={1}

(1) pred(x) $\leq_\Gamma$ x

(2) $\vdash_S$ [∀x:number ¬even(x) → succP(x)]

(1) pred(x) $\leq_\Gamma$ succ(pred(x))

(2) $\vdash_S$ [∀x:number succP(x) ∧ even(x) → TRUE]

(B) *half1* bezeichnet einen 1-beschränkten Algorithmus, da

(1)   0 $\leq_\Gamma$ 0

(2.i) half1(pred(x)) $\leq_\Gamma$ half1(pred(x))

(2.ii) pred(x) $\leq_\Gamma$ x

(3.i) succ(half1(pred(x))) $\leq_\Gamma$ succ(half1(pred(x)))

(3.ii) pred(x) $\leq_\Gamma$ pred(x)

(C) 1-Differenzalgorithmus nach Bedingungssubsumption:

function Δ^1half1(x:number):bool $\Leftarrow$
  if x≡0 *then* false
  if ¬even(x) *then* true
  if succP(x) ∧ even(x) *then* Δ^1half1(pred(x))

da

$\vdash_S [\ \forall\ x{:}number\ x{\equiv}0 \rightarrow \neg FALSE\ ]\ ,$

$\vdash_S [\ \forall\ x{:}number\ \neg even(x) \rightarrow succP(x)\ ]\ ,$

$\vdash_S [\ \forall\ x{:}number\ succP(x) \wedge even(x) \rightarrow \neg FALSE\ ]\ .$

(D) Termvereinfachung: nicht anwendbar.

(E) Rekursionselimination ergibt:

function Δ^1half1(x:number):bool $\Leftarrow$
  if x$\equiv$0 *then* false
  if $\neg$even(x) *then* true
  if succP(x) $\wedge$ even(x) *then* true

da

$\vdash_S [\ \forall x,y{:}number\ succP(x) \wedge even(x) \rightarrow$
$$(\ succP(pred(x)) \wedge even(pred(x)) \vee \neg even(pred(x))\ )\ ]$$

Half2

function half2(x:number):number $\Leftarrow$
  if x$\equiv$0 *then* 0
  if succP(x) $\wedge$ pred(x)$\equiv$0 *then* 0
  if succP(x) $\wedge$ succP(pred(x)) *then* succ(half2(pred(pred(x))))

berechnet den ganzzahligen Quotienten von *x* und *2*, vgl. [Boyer und Moore, 1979].

(A) Terminierung: P={1}

(1) $\text{pred}(\text{pred}(x)) \leq_\Gamma \text{succ}(\text{succ}(\text{pred}(\text{pred}(x))))$

(2) $\vdash_S [\ \forall x{:}\text{number}\ \text{succP}(x) \wedge \text{succP}(\text{pred}(x)) \rightarrow \text{TRUE}\ ]$

(B) *half2* bezeichnet einen 1-beschränkten Algorithmus, da

(1) $0 \leq_\Gamma 0$

(1) $0 \leq_\Gamma \text{succ}(0)$

(3.i) $\text{succ}(\text{half2}(\text{pred}(\text{pred}(x)))) \leq_\Gamma \text{succ}(\text{half2}(\text{pred}(\text{pred}(x))))$

(3.ii) $\text{pred}(\text{pred}(x)) \leq_\Gamma \text{succ}(\text{pred}(\text{pred}(x)))$

(C) 1-Differenzalgorithmus nach Bedingungssubsumption:

function Δ^1half2(x:number):bool $\Leftarrow$

  if $x{\equiv}0 \wedge$ *then* false

  if succP(x) $\wedge$ pred(x)$\equiv$0 *then* true

  if succP(x) $\wedge$ succP(pred(x)) *then* true

da

    $\vdash_S [\ \forall\ x{:}\text{number}\ x{\equiv}0 \rightarrow \neg\text{FALSE}\ ]$,

    $\vdash_S [\ \forall\ x{:}\text{number}\ \text{succP}(x) \wedge \text{pred}(x){\equiv}0 \rightarrow \text{TRUE}\ ]$,

    $\vdash_S [\ \forall\ x{:}\text{number}\ \text{succP}(x) \wedge \text{succP}(\text{pred}(x)) \rightarrow \text{TRUE}\ ]$.

(D) Termvereinfachung: nicht anwendbar.

(E) Rekursionselimination: nicht anwendbar.

(F) Fallverschmelzung ergibt:

function Δ^1half2(x:number):bool $\Leftarrow$
  if x≡0 *then* false
  if succP(x) *then* true

Half3

function half3(x:number):number $\Leftarrow$
  if TRUE *then* quotient(x succ(succ(0)))

berechnet den ganzzahligen Quotienten von *x* und *2*.

(A) Terminierung: -

(B) *half3* bezeichnet einen 1-beschränkten Algorithmus, da

(1)   quotient(x succ(succ(0))) $\leq_\Gamma$ x

(C) 1-Differenzalgorithmus nach Bedingungssubsumption:

function Δ^1half3(x:number):bool $\Leftarrow$
  if Δ^1quotient(x succ(succ(0))) *then* true
  if $\neg\Delta^1$quotient(x succ(succ(0))) *then* false

Log

function log(x:number):number $\Leftarrow$
  if x$\equiv$0 *then* 0
  if succP(x) $\wedge$ pred(x)$\equiv$0 *then* 0
  if succP(x) $\wedge$ succP(pred(x)) *then* succ(log(succ(half(pred(pred(x))))))

berechnet den ganzzahligen Logarithmus von *x* zur Basis 2, vgl. Abschnitt 8.1.

(A) Terminierung: P={1}

(1)   succ(half(pred(pred(x)))) $\leq_\Gamma$ succ(succ(pred(pred(x))))

(2) $\vdash_S$ [$\forall$x:number succP(x) $\wedge$ succP(pred(x)) $\rightarrow$ TRUE]

(B) *log* bezeichnet einen 1-beschränkten Algorithmus, da

(1)   0 $\leq_\Gamma$ 0

(1)   0 $\leq_\Gamma$ succ(0)

(3.i)   succ(log(succ(half(pred(pred(x)))))) $\leq_\Gamma$ succ(log(succ(half(pred(pred(x))))))

(3.ii) succ(half(pred(pred(x)))) $\leq_\Gamma$ succ(pred(pred(x)))

(C) 1-Differenzalgorithmus nach Bedingungssubsumption:

function Δ^1log(x:number):bool $\Leftarrow$
  if x$\equiv$0 *then* false
  if succP(x) $\wedge$ pred(x)$\equiv$0 *then* true
  if succP(x) $\wedge$ succP(pred(x)) $\wedge$ Δ^1half(pred(pred(x))) *then* true
  if succP(x) $\wedge$ succP(pred(x)) $\wedge$ $\neg\Delta^1$half(pred(pred(x)))
    then Δ^1log(succ(half(pred(pred(x)))))

da

$\vdash_S [\ \forall\ x{:}number\ x{\equiv}0 \rightarrow \neg FALSE\ ]\ ,$

$\vdash_S [\ \forall\ x{:}number\ succP(x) \wedge pred(x){\equiv}0 \rightarrow TRUE\ ]\ .$

(D) Termvereinfachung ergibt:

function $\Delta^1 log(x{:}number){:}bool \Leftarrow$

  if $x{\equiv}0$ *then* false

  if $succP(x) \wedge pred(x){\equiv}0$ *then* true

  if $succP(x) \wedge succP(pred(x)) \wedge \Delta^1 half(pred(pred(x)))$ *then* true

  if $succP(x) \wedge succP(pred(x)) \wedge \neg\Delta^1 half(pred(pred(x)))$

    then $\Delta^1 log(succ(pred(pred(x))))$

da

$\vdash_S [\ \forall x{:}number$

$$\neg\Delta^1 half(pred(pred(x))) \rightarrow half(pred(pred(x))){\equiv}pred(pred(x))\ ]\ .$$

(E) Rekursionselimination ergibt:

function $\Delta^1 log(x{:}number){:}bool \Leftarrow$

  if $x{\equiv}0$ *then* false

  if $succP(x) \wedge pred(x){\equiv}0$ *then* true

  if $succP(x) \wedge succP(pred(x)) \wedge \Delta^1 half(pred(pred(x)))$ *then* true

  if $succP(x) \wedge succP(pred(x)) \wedge \neg\Delta^1 half(pred(pred(x)))$ *then* true

da

$\vdash_S [\ \forall x{:}number$

$succP(x) \wedge succP(pred(x)) \wedge \neg\Delta^1 half(pred(pred(x))) \rightarrow$

$(\,succP(succ(pred(pred(x)))) \wedge succP(pred(succ(pred(pred(x))))) \wedge$

$\neg\Delta^1 half(pred(pred(succ(pred(pred(x)))))) \vee$

$succP(succ(pred(pred(x)))) \wedge succP(pred(succ(pred(pred(x))))) \wedge$

$\Delta^1 half(pred(pred(succ(pred(pred(x)))))) \vee$

$succP(succ(pred(pred(x)))) \wedge pred(succ(pred(pred(x)))){\equiv}0\ ]\ .$

(F) Fallverschmelzung ergibt:

function Δ^1log(x:number):bool $\Leftarrow$
  if x≡0 *then* false
  if succP(x) *then* true

Times

function times(x,y:number):number $\Leftarrow$
  if x≡0 *then* 0
  if succP(x) ∧ even(x) *then* times(half(x) plus(y y))
  if ¬even(x) *then* plus(times(half(x) plus(y y)) y)

berechnet die Multiplikation von *x* und *y*, wobei *plus* die Addition natürlicher Zahlen bezeichnet.

(A) Terminierung: P={1}

(1) half(**x**) $\leq_\Gamma$ **x**
(2) $\vdash_S$ [∀ x:number succP(x) ∧ even(x) → Δ^1half(x)]
(1) half(x) $\leq_\Gamma$ x
(2) $\vdash_S$ [∀ x:number ¬even(x) → Δ^1half(x)]

wobei **x** für den Repräsentanten *succ(pred(x))* steht.

(B) *times* bezeichnet keinen p-beschränkten Algorithmus.

Exp

function exp(x,y:number):number $\Leftarrow$
  if y$\equiv$0 *then* succ(0)
  if succP(y) $\wedge$ even(y) *then* exp(times(x x) half(y))
  if $\neg$even(y) *then* times(x exp(times(x x) half(y)))

berechnet x^y.

(A) Terminierung: P={2}

(1) half(y) $\leq_\Gamma$ y
(2) $\vdash_S$ [$\forall$ x,y:number succP(y) $\wedge$ even(y) $\rightarrow \Delta^1$half(y)]

(1) half(y) $\leq_\Gamma$ y
(2) $\vdash_S$ [$\forall$ x,y:number $\neg$even(y) $\rightarrow \Delta^1$half(y)]

wobei **y** für den Repräsentanten *succ(pred(y))* steht.

(B) *exp* bezeichnet keinen p-beschränkten Algorithmus.

Greatest.factor

function greatest.factor(x,y:number):number $\Leftarrow$
  if y$\equiv$0 *then* x
  if succP(y) $\wedge$ pred(y)$\equiv$0 *then* x
  if succP(y) $\wedge$ succP(pred(y)) $\wedge$ remainder(x y)$\equiv$0 *then* min(x y)
  if succP(y) $\wedge$ succP(pred(y)) $\wedge$ $\neg$remainder(x y)$\equiv$0
    then greatest.factor(x pred(y))

berechnet einen Teiler von *x*, der kleiner als *x* und größer als *1* ist, falls *x* keine Primzahl und größer als *1* ist, vgl. [Boyer und Moore, 1979] und Abschnitt 8.2.

(A) Terminierung: P={2}

(1)   succ(pred(pred(y))) $\leq_\Gamma$ succ(succ(pred(pred(y))))

(2) $\vdash_S$ [$\forall$ x,y:number succP(y) $\wedge$ succP(pred(y)) $\wedge$ $\neg$remainder(x y)$\equiv$0

$$\rightarrow \text{TRUE}]$$

(B) *greatest.factor* bezeichnet einen 1-beschränkten Algorithmus, da

(1)   x $\leq_\Gamma$ x

(1)   x $\leq_\Gamma$ x

(1)   min(x y) $\leq_\Gamma$ x

(2.i) greatest.factor(x pred(y)) $\leq_\Gamma$ greatest.factor(x pred(y))

(2.ii) x $\leq_\Gamma$ x

wobei y für den Repräsentanten *succ(succ(pred(pred(y))))* steht.

(C) 1-Differenzalgorithmus nach Bedingungssubsumption:

function Δ^1greatest.factor(x,y:number):bool $\Leftarrow$

  if y$\equiv$0 *then* false

  if succP(y) $\wedge$ pred(y)$\equiv$0 *then* false

  if succP(y) $\wedge$ succP(pred(y)) $\wedge$ remainder(x y)$\equiv$0 $\wedge$ Δ^1min(x y) *then* true

  if succP(y) $\wedge$ succP(pred(y)) $\wedge$ remainder(x y)$\equiv$0 $\wedge$ $\neg\Delta^1$min(x y) *then* false

  if succP(y) $\wedge$ succP(pred(y)) $\wedge$ $\neg$remainder(x y)$\equiv$0

    then Δ^1greatest.factor(x pred(y))

da

  $\vdash_S$ [$\forall$x,y:number y$\equiv$0 $\rightarrow$ $\neg$FALSE] ,

  $\vdash_S$ [$\forall$x,y:number succP(y) $\wedge$ pred(y)$\equiv$0 $\rightarrow$ $\neg$FALSE] ,

  $\vdash_S$ [$\forall$x,y:number succP(y) $\wedge$ succP(pred(y)) $\wedge$ $\neg$remainder(x y)$\equiv$0

                                        $\rightarrow$ $\neg$FALSE] .

Prime1

function prime1(x,y:number):bool $\Leftarrow$

  if y$\equiv$0 *then* false

  if succP(y) $\wedge$ pred(y)$\equiv$0 *then* true

  if succP(y) $\wedge$ succP(pred(y)) $\wedge$ remainder(x y)$\equiv$0 *then* false

  if succP(y) $\wedge$ succP(pred(y)) $\wedge$ $\neg$remainder(x y)$\equiv$0 *then* prime1(x pred(y))

liefert *true* gdw. *x* keine Teiler kleiner oder gleich *y* und größer als *1* hat, vgl. [Boyer und Moore, 1979].

(A) Terminierung: $P=\{2\}$

(1) $succ(pred(pred(y))) \leq_\Gamma succ(succ(pred(pred(y))))$

(2) $\vdash_S [\; \forall \; x,y{:}number \; succP(y) \wedge succP(pred(y)) \wedge \neg remainder(x \; y) \equiv 0$

$$\rightarrow TRUE \;]$$

(B) *prime1* bezeichnet keinen p-beschränkten Algorithmus.

Prime.factors

function prime.factors(x:number):list $\Leftarrow$

   if $x \equiv 0$ *then* empty

   if $succP(x) \wedge pred(x) \equiv 0$ *then* empty

   if $succP(x) \wedge succP(pred(x)) \wedge prime1(x \; pred(x))$ *then* add(x empty)

   if $succP(x) \wedge succP(pred(x)) \wedge \neg prime1(x \; pred(x))$

     then append(prime.factors(greatest.factor(x pred(x)))

                 prime.factors(quotient(x greatest.factor(x pred(x))))))

berechnet die Liste der Primfaktoren von *x* (unter Verwendung von *append* für Konkatenation von Listen), vgl. [Boyer und Moore, 1979].

(A) Terminierung: $P=\{1\}$

(1)   greatest.factor(x **pred(x)**) $\leq_\Gamma$ x

(2) $\vdash_S [\; \forall \; x,y{:}number \; succP(x) \wedge succP(pred(x)) \wedge \neg prime1(x \; pred(x))$

$$\rightarrow \Delta^1 greatest.factor(x \; \mathbf{pred(x)}) \;]$$

(1)   quotient(x greatest.factor(x **pred(x)**)) $\leq_\Gamma$ x

(2)   ⊢ $_S$ [∀ x,y:number succP(x) ∧ succP(pred(x)) ∧ ¬prime1(x pred(x))

$$\to \Delta^1 \text{quotient}(x \text{ greatest.factor}(x \text{ } \mathbf{pred(x)}))\ ]$$

wobei **x** für den Repräsentanten *succ(pred(x))* und **pred(x)** für den Repräsentanten *succ(pred(pred(x))* steht

(B) *prime.factors* bezeichnet keinen p-beschränkten Algorithmus.

Delete

function delete(n:number x:list):list ⟸
   if x≡empty *then* empty
   if addP(x) ∧ head(x)≡n *then* tail(x)
   if addP(x) ∧ ¬head(x)≡n *then* add(head(x) delete(n tail(x)))

löscht das erste Auftreten der Zahl *n* aus der Liste *x*, vgl. [Boyer und Moore, 1979].

(A) Terminierung: P={2}

(1)   tail(x) $\leq_\Gamma$ add(head(x) tail(x))

(2)   ⊢ $_S$ [∀ n:number ∀ x:list addP(x) ∧ ¬head(x)≡n → TRUE]

(B) *delete* bezeichnet einen 2-beschränkten Algorithmus, da

(1)   empty $\leq_\Gamma$ empty

(1)   tail(x) $\leq_\Gamma$ add(head(x) tail(x))

(3.i)   add(head(x) delete(n tail(x))) $\leq_\Gamma$ add(head(x) delete(n tail(x)))

(3.ii) tail(x) $\leq_\Gamma$ tail(x)

(C) 2-Differenzalgorithmus nach Bedingungssubsumption:

function Δ^2delete(n:number x:list):bool $\Leftarrow$

  if x≡empty *then* false

  if addP(x) $\wedge$ head(x)≡n *then* true

  if addP(x) $\wedge$ ¬head(x)≡n *then* Δ^2delete(n tail(x))

da

  $\vdash_S$ [$\forall$x:list x≡empty $\rightarrow$ ¬FALSE] ,

  $\vdash_S$ [$\forall$ n:number $\forall$ x:list addP(x) $\wedge$ head(x)≡n $\rightarrow$ TRUE] ,

  $\vdash_S$ [$\forall$ n:number $\forall$ x:list addP(x) $\wedge$ ¬head(x)≡n $\rightarrow$ ¬FALSE] .

Anmerkung: Δ^2*delete* liefert *true* gdw. *n* Element von *x* ist.

Remove1

function remove1(n:number x:list):list $\Leftarrow$

  if x≡empty *then* empty

  if addP(x) $\wedge$ head(x)≡n *then* remove1(n tail(x))

  if addP(x) $\wedge$ ¬head(x)≡n *then* add(head(x) remove1(n tail(x)))

löscht alle Vorkommen der Zahl *n* aus der Liste *x*, vgl. [Boyer und Moore, 1979].

(A) Terminierung: P={2}

(1)   tail(x) $\leq_\Gamma$ add(head(x) tail(x))

(2) $\vdash_S$ [$\forall$ n:number $\forall$ x:list addP(x) $\wedge$ head(x)≡n $\rightarrow$ TRUE]

(1)   tail(x) $\leq_\Gamma$ add(head(x) tail(x))

(2) $\vdash_S$ [$\forall$ n:number $\forall$ x:list addP(x) $\wedge$ ¬head(x)≡n $\rightarrow$ TRUE]

(B) *remove1* bezeichnet einen 2-beschränkten Algorithmus, da

(1)   empty $\leq_\Gamma$ empty

(2.i)   remove1(n tail(x)) $\leq_\Gamma$ remove1(n tail(x))

(2.ii) tail(x) $\leq_\Gamma$ add(head(x) tail(x))

(3.i)   add(head(x) remove1(n tail(x))) $\leq_\Gamma$ add(head(x) remove1(n tail(x)))

(3.ii) tail(x) $\leq_\Gamma$ tail(x)

(C) 2-Differenzalgorithmus nach Bedingungssubsumption:

function Δ^2remove1(n:number x:list):bool $\Leftarrow$

  if x≡empty *then* false

  if addP(x) $\wedge$ head(x)≡n *then* true

  if addP(x) $\wedge$ ¬head(x)≡n *then* Δ^2remove1(n tail(x))

da

$\vdash_S$ [$\forall$x:list x$\equiv$empty $\rightarrow$ $\neg$FALSE] ,

$\vdash_S$ [$\forall$ n:number $\forall$ x:list addP(x) $\wedge$ head(x)$\equiv$n $\rightarrow$ TRUE] ,

$\vdash_S$ [$\forall$ n:number $\forall$ x:list addP(x) $\wedge$ $\neg$head(x)$\equiv$n $\rightarrow$ $\neg$FALSE] .

Anmerkung: Δ^2*remove1* liefert *true* gdw. n Element von x ist.

Remove2

function remove2(n:number x:list):list $\Leftarrow$
  if $\neg$element(n x) *then* x
  if element(n x) *then* remove2(n delete(n x))

löscht alle Vorkommen der Zahl n aus der Liste x, wobei *element(n x) true* liefert gdw. n in x enthalten ist.

(A) Terminierung: P={2}

(1)   delete(n x) $\leq_\Gamma$ x
(2) $\vdash_S$ [$\forall$ n:number $\forall$ x:list   element(n x) $\rightarrow$ Δ^2delete(n x)]

(B) *remove2* bezeichnet einen 2-beschränkten Algorithmus, da

(1)   x $\leq_\Gamma$ x
(2.i)   remove2(n delete(n x)) $\leq_\Gamma$ remove2(n delete(n x))
(2.ii) delete(n x) $\leq_\Gamma$ x

(C) 2-Differenzalgorithmus nach Bedingungssubsumption:

function Δ^2remove2(n:number x:list):bool $\Leftarrow$

  if $\neg$element(n x) *then* false

  if element(n x) *then* true

da

  $\vdash_S$ [$\forall$ n:number $\forall$ x:list $\neg$element(n x) $\rightarrow$ $\neg$FALSE] .

  $\vdash_S$ [$\forall$ n:number $\forall$ x:list element(n x) $\rightarrow$ Δ^2delete(n x)] .

Anmerkung: Δ^2*remove2* liefert *true* gdw. n Element von x ist.

Purge1

function purge1(x:list):list $\Leftarrow$

  if x$\equiv$empty *then* empty

  if addP(x) *then* add(head(x) purge1(remove(head(x) tail(x))))

löscht alle Mehrfachvorkommen von Zahlen aus der Liste x.

(A) Terminierung: P={1}

(1) remove(head(x) tail(x)) $\leq_\Gamma$ add(head(x) tail(x))

(2) $\vdash_S$ [$\forall$ x:list addP(x) $\rightarrow$ TRUE]

(B) *purge1* bezeichnet einen 1-beschränkten Algorithmus, da

(1)   empty $\leq_\Gamma$ empty

(3.i)   add(head(x) purge1(remove(head(x) tail(x))))

$$\leq_\Gamma \text{add(head(x) purge1(remove(head(x) tail(x))))}$$

(3.ii) remove(head(x) tail(x)) $\leq_\Gamma$ tail(x)

(C) 1-Differenzalgorithmus nach Bedingungssubsumption:

function Δ^1purge1(x:list):bool $\Leftarrow$

  if x≡empty *then* false

  if addP(x) $\wedge$ Δ^2remove(head(x) tail(x)) *then* true

  if addP(x) $\wedge$ $\neg\Delta^2$remove(head(x) tail(x))

    then Δ^1purge1(remove(head(x) tail(x)))

da $\vdash_S$ [$\forall$x:list x≡empty $\rightarrow$ $\neg$FALSE] .

(D) Termvereinfachung ergibt:

function Δ^1purge1(x:list):bool $\Leftarrow$

  if x≡empty *then* false

  if addP(x) $\wedge$ Δ^2remove(head(x) tail(x)) *then* true

  if addP(x) $\wedge$ $\neg\Delta^2$remove(head(x) tail(x)) *then* Δ^1purge1(tail(x))

da

$\vdash_S$ [$\forall$x:list $\neg\Delta^2$remove(head(x) tail(x)) $\rightarrow$ remove(head(x) tail(x))≡tail(x)] .

Anmerkung: Δ^1*purge1(x)* liefert *true* gdw. ein Element von x mindestens zweimal in x vorkommt.

Purge2

function purge2(x:list):list $\Leftarrow$

  if x$\equiv$empty *then* empty

  if addP(x) $\wedge$ element(head(x) tail(x)) *then* purge2(tail(x))

  if addP(x) $\wedge$ $\neg$element(head(x) tail(x)) *then* add(head(x) purge2(tail(x)))

löscht alle Mehrfachvorkommen von Zahlen aus der Liste *x*, wobei *element(n x)* *true* liefert gdw. *n* in *x* enthalten ist.

(A) Terminierung: P={1}

(1)   tail(x) $\leq_\Gamma$ add(head(x) tail(x))

(2) $\vdash_S$ [$\forall$ x:list addP(x) $\wedge$ element(head(x) tail(x)) $\rightarrow$ TRUE]

(1)   tail(x) $\leq_\Gamma$ add(head(x) tail(x))

(2) $\vdash_S$ [$\forall$ x:list addP(x) $\wedge$ $\neg$element(head(x) tail(x)) $\rightarrow$ TRUE]

(B) *purge2* bezeichnet einen 1-beschränkten Algorithmus, da

(1)   empty $\leq_\Gamma$ empty

(2.i)   purge2(tail(x)) $\leq_\Gamma$ purge2(tail(x))

(2.ii) tail(x) $\leq_\Gamma$ add(head(x) tail(x))

(3.i)   add(head(x) purge2(tail(x))) $\leq_\Gamma$ add(head(x) purge2(tail(x)))

(3.ii) tail(x) $\leq_\Gamma$ tail(x)

(C) 1-Differenzalgorithmus nach Bedingungssubsumption:

function Δ^1purge2(x:list):bool $\Leftarrow$

  if x$\equiv$empty *then* false

  if addP(x) $\wedge$ element(head(x) tail(x)) *then* true

  if addP(x) $\wedge$ $\neg$element(head(x) tail(x)) *then* Δ^1purge2(tail(x))

da

$\vdash_S$ [$\forall$x:list x$\equiv$empty $\rightarrow$ $\neg$FALSE] ,

$\vdash_S$ [$\forall$x:list addP(x) $\wedge$ element(head(x) tail(x)) $\rightarrow$ TRUE] ,

$\vdash_S$ [$\forall$x:list addP(x) $\wedge$ $\neg$element(head(x) tail(x)) $\rightarrow$ $\neg$FALSE] .

Anmerkung: $\Delta^1 purge2(x)$ liefert *true* gdw. ein Element von x mindestens zweimal in x enthalten ist.

List.Difference

function list.difference(x,y:list):list $\Leftarrow$
  if x$\equiv$empty *then* empty
  if addP(x) $\wedge$ element(head(x) y) *then* list.difference(tail(x) y)
  if addP(x) $\wedge$ $\neg$element(head(x) y) *then* add(head(x) list.difference(tail(x) y))

löscht alle Elemente aus der Liste x, die auch in der Liste y enthalten sind, wobei *element(n x) true* liefert gdw. n in x enthalten ist.

(A) Terminierung: P={1}

(1) tail(x) $\leq_\Gamma$ add(head(x) tail(x))
(2) $\vdash_S$ [$\forall$ x,y:list addP(x) $\wedge$ element(head(x) y) $\rightarrow$ TRUE]
(1) tail(x) $\leq_\Gamma$ add(head(x) tail(x))
(2) $\vdash_S$ [$\forall$ x,y:list addP(x) $\wedge$ $\neg$element(head(x) y) $\rightarrow$ TRUE]

(B) *list.difference* bezeichnet einen 1-beschränkten Algorithmus, da

(1)   empty $\leq_\Gamma$ empty

(2.i)   list.difference(tail(x) y) $\leq_\Gamma$ list.difference(tail(x) y)

(2.ii) tail(x) $\leq_\Gamma$ add(head(x) tail(x))

(3.i)   add(head(x) list.difference(tail(x) y)) $\leq_\Gamma$ add(head(x) list.difference(tail(x) y))

(3.ii) tail(x) $\leq_\Gamma$ tail(x)

(C) 1-Differenzalgorithmus nach Bedingungssubsumption:

function Δ^1list.difference(x,y:list):bool $\Leftarrow$

  if x≡empty *then* false

  if addP(x) $\wedge$ element(head(x) y) *then* true

  if addP(x) $\wedge$ ¬element(head(x) y) *then* Δ^1list.difference(tail(x) y)

da

  $\vdash_S$ [$\forall$x:list x≡empty $\rightarrow$ ¬FALSE] ,

  $\vdash_S$ [$\forall$x,y:list addP(x) $\wedge$ element(head(x) y) $\rightarrow$ TRUE] ,

  $\vdash_S$ [$\forall$x,y:list addP(x) $\wedge$ ¬element(head(x) y) $\rightarrow$ ¬FALSE] .

Anmerkung: Δ^1*list.difference* liefert *true* gdw. ein Element von *x* in *y* enthalten ist.

List.Intersection

function list.intersection(x,y:list):list ⇐
  if x≡empty *then* empty
  if addP(x) ∧ element(head(x) y)
    then add(head(x) list.intersection(tail(x) y))
  if addP(x) ∧ ¬element(head(x) y) *then* list.intersection(tail(x) y)

entfernt alle Elemente aus x, die nicht in y enthalten sind, vgl. [Boyer und Moore, 1979], wobei *element(n x) true* liefert gdw. n in x enthalten ist.

(A) Terminierung: P={1}

(1)   tail(x) $\leq_\Gamma$ add(head(x) tail(x))

(2) $\vdash_S$ [∀ x,y:list addP(x) ∧ element(head(x) y) → TRUE]

(1)   tail(x) $\leq_\Gamma$ add(head(x) tail(x))

(2) $\vdash_S$ [∀ x,y:list addP(x) ∧ ¬element(head(x) y) → TRUE]

(B) *list.intersection* bezeichnet einen 1-beschränkten Algorithmus, da

(1)   empty $\leq_\Gamma$ empty

(3.i)   add(head(x) list.intersection(tail(x) y)) $\leq_\Gamma$ add(head(x) list.intersection(tail(x) y))

(3.ii) tail(x) $\leq_\Gamma$ tail(x)

(2.i)   list.intersection(tail(x) y) $\leq_\Gamma$ list.intersection(tail(x) y)

(2.ii) tail(x) $\leq_\Gamma$ add(head(x) tail(x))

(C) 1-Differenzalgorithmus nach Bedingungssubsumption:

function Δ^1list.intersection(x,y:list):bool $\Leftarrow$

  if x≡empty *then* false

  if addP(x) ∧ element(head(x) y) *then* Δ^1list.intersection(tail(x) y)

  if addP(x) ∧ ¬element(head(x) y) *then* true

da

  ⊢ $_S$ [∀x:list x≡empty → ¬FALSE] ,

  ⊢ $_S$ [∀x,y:list addP(x) ∧ element(head(x) y) → ¬FALSE] ,

  ⊢ $_S$ [∀x,y:list addP(x) ∧ ¬element(head(x) y) → TRUE] .

Anmerkung: Δ^1*list.intersection* liefert *true* gdw. nicht alle Elemente von *x* in *y* enthalten sind.

Minimum

function minimum(x:list):number $\Leftarrow$

  if x≡empty *then* 0

  if addP(x) ∧ tail(x)≡empty *then* head(x)

  if addP(x) ∧ addP(tail(x)) ∧ ¬gt(head(x) head(tail(x)))

    then minimum(add(head(x) tail(tail(x))))

  if addP(x) ∧ addP(tail(x)) ∧ gt(head(x) head(tail(x)))

    then minimum(tail(x))

berechnet das kleinste Element der Liste *x* gdw. *x* nicht die leere Liste ist.

(A) Terminierung: P={1}

(1)   add(head(x) tail(tail(x))) $\leq_\Gamma$ add(head(x) add(head(tail(x)) tail(tail(x))))

(2) $\vdash_S$ [$\forall$x:list addP(x) $\wedge$ addP(tail(x)) $\wedge$ ¬gt(head(x) head(tail(x))) $\rightarrow$ TRUE]

(1)   add(head(tail(x)) tail(tail(x))) $\leq_\Gamma$ add(head(x) add(head(tail(x)) tail(tail(x))))

(2) $\vdash_S$ [$\forall$ x:list addP(x) $\wedge$ addP(tail(x)) $\wedge$ gt(head(x) head(tail(x))) $\rightarrow$ TRUE]

(B) *minimum* bezeichnet keinen p-beschränkten Algorithmus.

Cut

function cut(x:list):list $\Leftarrow$
  if x≡empty *then* empty
  if addP(x) $\wedge$ tail(x)≡empty *then* empty
  if addP(x) $\wedge$ addP(tail(x)) *then* add(head(x) cut(tail(x)))

eliminiert das letzte Element der Liste *x*.

(A) Terminierung: P={1}

(1)   **tail(x)** $\leq_\Gamma$ add(head(x) **tail(x)**)

(2) $\vdash_S$ [$\forall$ x:list addP(x) $\wedge$ addP(tail(x)) $\rightarrow$ TRUE]

wobei **tail(x)** für den Repräsentanten *add(head(tail(x)) tail(tail(x)))* steht.

(B) *cut* bezeichnet einen 1-beschränkten Algorithmus, da

(1)   empty $\leq_\Gamma$ empty

(1)   empty $\leq_\Gamma$ add(head(x) empty)

(3.i)   add(head(x) cut(tail(x))) $\leq_\Gamma$ add(head(x) cut(tail(x)))

(3.ii)   **tail(x)** $\leq_\Gamma$ **tail(x)**

(C) 1-Differenzalgorithmus nach Bedingungssubsumption:

function Δ^1cut(x:list):bool $\Leftarrow$

  if x≡empty *then* false

  if addP(x) ∧ tail(x)≡empty *then* true

  if addP(x) ∧ addP(tail(x)) *then* Δ^1cut(tail(x))

da

  $\vdash_S$[∀x:list x≡empty → ¬FALSE] ,

  $\vdash_S$[∀x:list addP(x) ∧ tail(x)≡empty → TRUE] ,

  $\vdash_S$[∀x:list addP(x) ∧ addP(tail(x)) → ¬FALSE] .

(D) Termvereinfachung: nicht anwendbar.

(E) Rekursionselimination ergibt:

function Δ^1cut(x:list):bool $\Leftarrow$

  if x≡empty *then* false

  if addP(x) ∧ tail(x)≡empty *then* true

  if addP(x) ∧ addP(tail(x)) *then* true

da

  $\vdash_S$[∀x:list addP(x) ∧ addP(tail(x)) →

        (addP(tail(x)) ∧ addP(tail(tail(x))) ∨ addP(tail(x)) ∧ tail(tail(x))≡empty)]

(F) Fallverschmelzung ergibt:

function Δ^1cut(x:list):bool $\Leftarrow$
  if x≡empty *then* false
  if addP(x) *then* true

Nth.cut

function nth.cut(n:number x:list):list $\Leftarrow$
  if n≡0 *then* x
  if succP(n) *then* nth.cut(pred(n) cut(x))

eliminiert die letzten *n* Elemente der Liste *x*.

(A) Terminierung: P={1}

(1) pred(n) $\leq_\Gamma$ succ(pred(n))
(2) $\vdash_S$ [$\forall$n:number succP(n) $\to$ TRUE]

(B) *nth.cut* bezeichnet einen 2-beschränkten Algorithmus, da

(1)   x $\leq_\Gamma$ x
(2.i)   nth.cut(pred(n) cut(x)) $\leq_\Gamma$ nth.cut(pred(n) cut(x))
(2.ii) cut(x) $\leq_\Gamma$ x

(C) 2-Differenzalgorithmus nach Bedingungssubsumption:

function Δ^2nth.cut(n:number x:list):bool $\Leftarrow$

  if n$\equiv$0 *then* false

  if succP(n) $\wedge$ Δ^1cut(x) *then* true

  if succP(n) $\wedge$ $\neg\Delta^1$cut(x) *then* Δ^2nth.cut(pred(n) cut(x))

da $\vdash_S$[$\forall$n:number n$\equiv$0 $\rightarrow$ $\neg$FALSE] .

(D) Termvereinfachung ergibt:

function Δ^2nth.cut(n:number x:list):bool $\Leftarrow$

  if n$\equiv$0 *then* false

  if succP(n) $\wedge$ Δ^1cut(x) *then* true

  if succP(n) $\wedge$ $\neg\Delta^1$cut(x) *then* Δ^2nth.cut(pred(n) x)

da $\vdash_S$ [$\forall$x:list $\neg\Delta^1$cut(x) $\rightarrow$ cut(x)$\equiv$x].

(E) Rekursionselimination ergibt:

function Δ^2nth.cut(n:number x:list):bool $\Leftarrow$

  if n$\equiv$0 *then* false

  if succP(n) $\wedge$ Δ^1cut(x) *then* true

  if succP(n) $\wedge$ $\neg\Delta^1$cut(x) *then* false

da

$\vdash_S$[$\forall$n:number $\forall$x:list succP(n) $\wedge$ $\neg\Delta^1$cut(x) $\rightarrow$

$$(succP(pred(n)) \wedge \neg\Delta^1cut(x) \vee pred(n)\equiv 0)]$$

Nth.tail

function nth.tail(n:number x:list):list $\Leftarrow$
  if n$\equiv$0 *then* x
  if succP(n) *then* nth.tail(pred(n) tail(x))

eliminiert die ersten *n* Elemente der Liste *x*.

(A) Terminierung: P={1}

(1)   pred(n) $\leq_\Gamma$ succ(pred(n))

(2) $\vdash_S$ [$\forall$ n:number succP(n) $\rightarrow$ TRUE]

(B) *nth.tail* bezeichnet einen 2-beschränkten Algorithmus, da

(1)   x $\leq_\Gamma$ x

(2.i)   nth.tail(pred(n) tail(x)) $\leq_\Gamma$ nth.tail(pred(n) tail(x))

(2.ii)   tail(x) $\leq_\Gamma$ x

(C) 2-Differenzalgorithmus nach Bedingungssubsumption:

function Δ^2nth.tail(n:number x:list):bool $\Leftarrow$
  if n$\equiv$0 *then* false
  if succP(n) $\wedge$ addP(x) *then* true
  if succP(n) $\wedge$ $\neg$addP(x) *then* Δ^2nth.tail(pred(n) tail(x))

da
  $\vdash_S$ [$\forall$n:number n$\equiv$0 $\rightarrow$ $\neg$FALSE] .

(D) Termvereinfachung ergibt:

function Δ^2nth.tail(n:number x:list):bool $\Leftarrow$
  if n≡0 *then* false
  if succP(n) ∧ addP(x) *then* true
  if succP(n) ∧ ¬addP(x) *then* Δ^2nth.tail(pred(n) x)

da
  ⊢ $_S$[∀x:list ¬addP(x) → tail(x) ≡ x] .

(E) Rekursionselimination ergibt:

function Δ^2nth.tail(n:number x:list):bool $\Leftarrow$
  if n≡0 *then* false
  if succP(n) ∧ addP(x) *then* true
  if succP(n) ∧ ¬addP(x) *then* false

da
  ⊢ $_S$[∀ n:number ∀ x:list
                 succP(n) ∧ ¬addP(x) → succP(pred(n)) ∧ ¬addP(x) ∨ pred(n)≡0] .

Partition

function partition(e:nat x,left,right:list):list ⇐
  if x≡empty *then* append(left right)
  if addP(x) ∧ lt(head(x) e) *then* partition(e tail(x) addend(left head(x)) right)
  if addP(x) ∧ ¬lt(head(x) e) ∧ lt(e last(x))
    then partition(e cut(x) left add(last(x) right))
  if addP(x) ∧ ¬lt(head(x) e) ∧ ¬lt(e last(x))
    then partition(e cut(tail(x)) addend(left last(x)) add(head(x) right))

partition(e x empty empty) berechnet zwei Listen *left* und *right* und liefert die Konkatenation (unter Verwendung von *append*) von *left* und *right*. Dabei enthält *left* alle Elemente n von x mit $n < e$ und *right* alle Elemente n von x mit $n \geq e$, vgl. [Manna und Pnueli, 1974]. *Partition* verwendet den Hilfsalgorithmus für *last(x)*, der das letzte Element einer nicht-leeren Liste x berechnet, und den Hilfsalgorithmus *addend(x n)*, der n als letztes Element in die Liste x einfügt.

(A) Terminierung: P={1}

(1)   tail(x) $\leq_\Gamma$ add(head(x) tail(x))

(2) $\vdash_S$ [∀e:number ∀x,left,right:list addP(x) ∧ lt(head(x) e) → TRUE]

(1)   cut(add(head(x) tail(x))) $\leq_\Gamma$ add(head(x) tail(x))

(2) $\vdash_S$ [∀e:number ∀x,left,right:list addP(x) ∧ ¬lt(head(x) e) ∧ lt(e last(x))
$$\rightarrow \Delta^1 \text{cut(add(head(x) tail(x)))} \,]$$

(1)   cut(tail(x)) $\leq_\Gamma$ add(head(x) tail(x))

(2) $\vdash_S$ [∀e:number ∀x,left,right:list addP(x) ∧ ¬lt(head(x) e) ∧ lt(e last(x))
$$\rightarrow \text{TRUE} \,]$$

(B) *partition* bezeichnet keinen p-beschränkten Algorithmus.

Smaller

function smaller(n:number x:list):list $\Leftarrow$
  if x$\equiv$empty *then* empty
  if addP(x) $\wedge$ lt(n head(x)) *then* smaller(n tail(x))
  if addP(x) $\wedge$ $\neg$lt(n head(x)) *then* add(head(x) smaller(n tail(x)))

berechnet eine Kopie von x, ohne die Listenelemente, die echt größer als n sind, vgl. [O'Donell, 1985].

(A) Terminierung: P={2}

(1)   tail(x) $\leq_\Gamma$ add(head(x) tail(x))
(2) $\vdash_S$ [$\forall$n:number $\forall$x:list addP(x) $\wedge$ lt(n head(x)) $\to$ TRUE]
(1)   tail(x) $\leq_\Gamma$ add(head(x) tail(x))
(2) $\vdash_S$ [$\forall$n:number $\forall$x:list addP(x) $\wedge$ $\neg$lt(n head(x)) $\to$ TRUE]

(B) *smaller* bezeichnet einen 2-beschränkten Algorithmus, da

(1)   empty $\leq_\Gamma$ empty
(2.i)   smaller(n tail(x)) $\leq_\Gamma$ smaller(n tail(x))
(2.ii) tail(x)) $\leq_\Gamma$ add(head(x) tail(x))
(3.i)   add(head(x) smaller(n tail(x))) $\leq_\Gamma$ add(head(x) smaller(n tail(x)))
(3.ii) tail(x) $\leq_\Gamma$ tail(x)

(C) 2-Differenzalgorithmus nach Bedingungssubsumption:

function Δ^2smaller(n:number x:list):bool $\Leftarrow$
  if x$\equiv$empty *then* false
  if addP(x) $\wedge$ lt(n head(x)) *then* true
  if addP(x) $\wedge$ $\neg$lt(n head(x)) *then* Δ^2smaller(n tail(x))

da

$\vdash_S[\ \forall x{:}list\ x{\equiv}empty \to \neg FALSE\ ]$,

$\vdash_S[\ \forall n{:}number\ \forall x{:}list\ addP(x) \wedge lt(n\ head(x)) \to TRUE\ ]$,

$\vdash_S[\ \forall n{:}number\ \forall x{:}list\ addP(x) \wedge \neg lt(n\ head(x)) \to \neg FALSE\ ]$,

Anmerkung: $\Delta^2 smaller(n\ x)$ liefert *true* gdw. ein Element von x echt größer als n ist.

Larger

function larger(n:number x:list):list $\Leftarrow$
  if x$\equiv$empty *then* empty
  if addP(x) $\wedge$ lt(n head(x)) *then* add(head(x) larger(n tail(x)))
  if addP(x) $\wedge$ $\neg$lt(n head(x)) *then* larger(n tail(x))

berechnet eine Kopie von x ohne die Listenelemente, die kleiner oder gleich n sind, vgl. [O'Donell, 1985].

(A) Terminierung: P={2}

(1) $tail(x) \leq_\Gamma add(head(x)\ tail(x))$
(2) $\vdash_S[\ \forall n{:}number\ \forall x{:}list\ addP(x) \wedge \neg lt(n\ head(x)) \to TRUE\ ]$
(1) $tail(x) \leq_\Gamma add(head(x)\ tail(x))$
(2) $\vdash_S[\ \forall n{:}number\ \forall x{:}list\ addP(x) \wedge lt(n\ head(x)) \to TRUE\ ]$

(B) *larger* bezeichnet einen 2-beschränkten Algorithmus, da

(1)   empty $\leq_\Gamma$ empty

(3.i)   add(head(x) larger(n tail(x))) $\leq_\Gamma$ add(head(x) larger(n tail(x)))

(3.ii) tail(x) $\leq_\Gamma$ tail(x)

(2.i)   larger(n tail(x)) $\leq_\Gamma$ larger(n tail(x))

(2.ii) tail(x)) $\leq_\Gamma$ add(head(x) tail(x))

(C) 2-Differenzalgorithmus nach Bedingungssubsumption:

function Δ^2larger(n:number x:list):bool $\Leftarrow$

  if x≡empty *then* false

  if addP(x) $\wedge$ lt(n head(x)) *then* Δ^2larger(n tail(x))

  if addP(x) $\wedge$ ¬lt(n head(x)) *then* true

da

  $\vdash_S$[$\forall$x:list x≡empty $\rightarrow$ ¬FALSE] ,

  $\vdash_S$[$\forall$n:number $\forall$x:list addP(x) $\wedge$ lt(n head(x)) $\rightarrow$ ¬FALSE] ,

  $\vdash_S$[$\forall$n:number $\forall$x:list addP(x) $\wedge$ ¬lt(n head(x)) $\rightarrow$ TRUE] ,

Anmerkung: Δ^2*larger(n x)* liefert *true* gdw. ein Element von x kleiner oder gleich n ist.

Quicksort

function quicksort(x:list):list ⇐
  if x≡empty *then* empty
  if addP(x)
    then append(quicksort(smaller(head(x) tail(x))
           add(head(x) quicksort(larger(head(x) tail(x)))))

sortiert die Liste x nach der Quicksort-Methode (wobei *append* für die Konkatenation von Listen steht), vgl. [O'Donell, 1985].

(A) Terminierung: P={1}

(1)   smaller(head(x) tail(x)) $\leq_\Gamma$ add(head(x) tail(x))

(2) ⊢ $_S$ [∀ x:list addP(x) → TRUE]

(1)   larger(head(x) tail(x)) $\leq_\Gamma$ add(head(x) tail(x))

(2) ⊢ $_S$ [∀ x:list addP(x) → TRUE]

(B) *quicksort* bezeichnet keinen 1-beschränkten Algorithmus.

Select.sort

function select.sort(x:list):list ⇐
  if x≡empty *then* empty
  if addP(x) *then* add(minimum(x) select.sort(delete(minimum(x) x)))

sortiert die Liste x durch sukzessive Berechnung von minimalen Elementen der Liste.

(A) Terminierung: P={1}

(1)   delete(minimum(**x**) **x**) $\leq_\Gamma$ **x**
(2) $\vdash_S$ [$\forall$ x:list addP(x) $\to$ Δ^2delete(minimum(**x**) **x**)]

wobei **x** für den Repräsentanten *add(head(x) tail(x))* steht.

(B) *select.sort* bezeichnet keinen 1-beschränkten Algorithmus.

Purge .sort

function purge.sort(x:list):list $\Leftarrow$
  if x≡empty *then* empty
  if addP(x) *then* add(minimum(x) purge.sort(remove(minimum(x) x)))

sortiert die Liste *x* durch sukzessive Berechnung von minimalen Elementen der Liste und eliminiert Mehrfachvorkommen von Listenelementen.

(A) Terminierung: P={1}

(1)   remove(minimum(**x**) **x**) $\leq_\Gamma$ **x**
(2) $\vdash_S$ [$\forall$ x:list addP(x) $\to$ Δ^2remove(minimum(**x**) **x**)]

wobei **x** für den Repräsentanten *add(head(x) tail(x))* steht.

(B) *purge.sort* bezeichnet keinen 1-beschränkten Algorithmus.

Left.part

function left.part(x:list):list ⇐
  if TRUE *then* nth.cut(half(length(x)) x)

liefert die n ersten Listenelemente von x, wobei n die Hälfte der Anzahl der Listenelemente in x ist, falls diese Anzahl ungerade ist, andernfalls ist n die Hälfte der Anzahl der Listenelemente in x plus 1.

(A) Terminierung: –

(B) *left.part* bezeichnet einen 1-beschränkten Algorithmus, da

(1)   nth.cut(half(length(x)) x) $\leq_\Gamma$ x

(C) 1-Differenzalgorithmus:

function Δ^1left.part(x:list):bool ⇐
  if TRUE *then* Δ^2nth.cut(half(length(x)) x)

Right.part

function right.part(x:list):list ⇐
  if TRUE *then* nth.tail(minus(lenght(x) half(length(x))) x)

liefert die n letzten Listenelemente von x, wobei n die Hälfte der Anzahl der Listenelemente in x ist, falls diese Anzahl gerade ist, andernfalls ist n die Hälfte der Anzahl der Listenelemente in x plus 1.

(A) Terminierung: –

(B) *right.part* bezeichnet einen 1-beschränkten Algorithmus, da

(1) $nth.tail(minus(lenght(x)\ half(length(x)))\ x) \leq_\Gamma x$

(C) 1-Differenzalgorithmus:

function Δ^1right.part(x:list):bool $\Leftarrow$
  if TRUE *then* Δ^2nth.tail(minus(lenght(x) half(length(x))) x)

Mergelist

function mergelist(x,y:list):list $\Leftarrow$
  if x$\equiv$empty *then* y
  if addP(x) $\wedge$ y$\equiv$empty *then* x
  if addP(x) $\wedge$ addP(y) $\wedge$ lt(head(x) head(y))
    then add(head(x) mergelist(tail(x) y))
  if addP(x) $\wedge$ addP(y) $\wedge$ $\neg$lt(head(x) head(y))
    then add(head(y) mergelist(x tail(y)))

vereinigt die Listen *x* und *y* relativ zur "echt kleiner"-Relation auf den natürlichen Zahlen.

(A) Terminierung: P={1,2}

(1) tail(x) $\leq_\Gamma$ add(head(x) tail(x))

     add(head(y) tail(y)) $\leq_\Gamma$ add(head(y) tail(y))

(2) $\vdash_S$ [$\forall$ x,y:list addP(x) $\wedge$ addP(y) $\wedge$ lt(head(x) head(y)) $\rightarrow$ TRUE]

(1) add(head(x) tail(x)) $\leq_\Gamma$ add(head(x) tail(x))

     tail(y) $\leq_\Gamma$ add(head(y) tail(y))

(2) $\vdash_S$ [$\forall$ x,y:list addP(x) $\wedge$ addP(y) $\wedge$ $\neg$lt(head(x) head(y)) $\rightarrow$ TRUE]

(B) *mergelist* bezeichnet keinen p-beschränkten Algorithmus.

Merge.sort1

function merge.sort1(x:list):list $\Leftarrow$

  if x≡empty *then* empty

  if addP(x) $\wedge$ tail(x)≡empty *then* x

  if addP(x) $\wedge$ addP(tail(x))

     then mergelist(merge.sort1(left.part(x)) merge.sort1(right.part(x)))

sortiert die Liste *x* durch geordnete Listenvereinigung.

(A) Terminierung: P={1}

(1) left.part(x) $\leq_\Gamma$ x

(2) $\vdash_S$ [$\forall$x:list addP(x) $\wedge$ addP(tail(x)) $\rightarrow$ Δ^1left.part(x)]

(1)   right.part(x) $\leq_\Gamma$ x

(2) $\vdash_S$ [$\forall$x:list addP(x) $\wedge$ addP(tail(x)) $\rightarrow$ Δ^1right.part(x)]

wobei **x** für den Repräsentanten *add(head(x) add(head(tail(x)) tail(tail(x))))* steht.

(B) *merge.sort1* bezeichnet keinen p-beschränkten Algorithmus.

Distribute.odd

function distribute.odd(x:list):list $\Leftarrow$
   if x$\equiv$empty *then* empty
   if addP(x) $\wedge$ tail(x)$\equiv$empty *then* x
   if addP(x) $\wedge$ addP(tail(x)) *then* add(head(x) distribute.odd(tail(tail(x))))

berechnet eine Kopie von *x*, wobei alle Listenelemente, die an geraden Listenpositionen auftreten, gelöscht werden.

(A) Terminierung: P={1}

(1)   tail(tail(x)) $\leq_\Gamma$ add(head(x) add(head(tail(x)) tail(tail(x))))

(2) $\vdash_S$ [$\forall$ x:list addP(x) $\wedge$ addP(tail(x)) $\rightarrow$ TRUE]

(B) *distribute.odd* bezeichnet einen 1-beschränkten Algorithmus, da

(1)   empty $\leq_\Gamma$ empty

(1)   add(head(x) empty) $\leq_\Gamma$ add(head(x) empty)

(3.i)   add(head(x) distribute.odd(tail(tail(x)))) $\leq_\Gamma$ add(head(x) distribute.odd(tail(tail(x))))

(3.ii)   tail(tail(x)) $\leq_\Gamma$ add(head(tail(x)) tail(tail(x)))

(C) 1-Differenzalgorithmus nach Bedingungssubsumption:

function Δ^1distribute.odd(x:list):bool $\Leftarrow$

  if x$\equiv$empty *then* false

  if addP(x) $\wedge$ tail(x)$\equiv$empty *then* false

  if addP(x) $\wedge$ addP(tail(x)) *then* true

da

  $\vdash$ $_S$[$\forall$x:list x$\equiv$empty $\rightarrow$ $\neg$FALSE] ,

  $\vdash$ $_S$[$\forall$x:list addP(x) $\wedge$ tail(x)$\equiv$empty $\rightarrow$ $\neg$FALSE] ,

  $\vdash$ $_S$[$\forall$x:list addP(x) $\wedge$ addP(tail(x)) $\rightarrow$ TRUE] .

Distribute.even

function distribute.even(x:list):list $\Leftarrow$

  if x$\equiv$empty *then* empty

  if addP(x) $\wedge$ tail(x)$\equiv$empty *then* empty

  if addP(x) $\wedge$ addP(tail(x)) *then* add(head(tail(x)) distribute.even(tail(tail(x))))

berechnet eine Kopie von *x*, wobei alle Listenelemente, die an ungeraden Listenpositionen auftreten, gelöscht werden.

(A) Terminierung: P={1}

(1)   tail(tail(x)) $\leq_\Gamma$ add(head(x) add(head(tail(x)) tail(tail(x))))

(2) $\vdash_S$ [$\forall$ x:list addP(x) $\wedge$ addP(tail(x)) $\rightarrow$ TRUE]

(B) *distribute.even* bezeichnet einen 1-beschränkten Algorithmus, da

(1)   empty $\leq_\Gamma$ empty

(1)   empty $\leq_\Gamma$ add(head(x) empty)

(3.i)   add(head(tail(x)) distribute.even(tail(tail(x))))

$$\leq_\Gamma \text{add(head(x) distribute.even(tail(tail(x))))}$$

(3.ii) tail(tail(x)) $\leq_\Gamma$ add(head(tail(x)) tail(tail(x)))

(C) 1-Differenzalgorithmus nach Bedingungssubsumption:

function Δ^1distribute.even(x:list):bool $\Leftarrow$

  if x$\equiv$empty *then* false

  if addP(x) $\wedge$ tail(x)$\equiv$empty *then* true

  if addP(x) $\wedge$ addP(tail(x)) *then* true

da

  $\vdash_S$[$\forall$x:list x$\equiv$empty $\rightarrow$ $\neg$FALSE] ,

  $\vdash_S$[$\forall$x:list addP(x) $\wedge$ tail(x)$\equiv$empty $\rightarrow$ TRUE] ,

  $\vdash_S$[$\forall$x:list addP(x) $\wedge$ addP(tail(x)) $\rightarrow$ TRUE] .

(D) Termvereinfachung: nicht anwendbar.

(E) Rekursionselimination: nicht anwendbar.

(F) Fallverschmelzung ergibt:

function Δ^1distribute.even(x:list):bool $\Leftarrow$
  if x≡empty *then* false
  if addP(x) *then* true

Merge.sort2

function merge.sort2(x:list):list $\Leftarrow$
  if x≡empty *then* empty
  if addP(x) $\wedge$ tail(x)≡empty *then* x
  if addP(x) $\wedge$ addP(tail(x))
    then mergelist(merge.sort2(distribute.odd(x)) merge.sort2(distribute.even(x)))

sortiert die Liste *x* durch geordnete Listenvereinigung.

(A) Terminierung: P={1}

(1) distribute.odd(x) $\leq_\Gamma$ x
(2) $\vdash_S$ [$\forall$x:list addP(x) $\wedge$ addP(tail(x)) $\rightarrow$ Δ^1distribute.odd(x)]
(1) distribute.even(x) $\leq_\Gamma$ x
(2) $\vdash_S$ [$\forall$x:list addP(x) $\wedge$ addP(tail(x)) $\rightarrow$ Δ^1distribute.even(x)]

wobei **x** für den Repräsentanten *add(head(x) add(head(tail(x)) tail(tail(x))))* steht.

(B) *merge.sort2* bezeichnet keinen p-beschränkten Algorithmus.

Move.minimum

function move.minimum(x:list):list $\Leftarrow$
  if x$\equiv$empty *then* x
  if addP(x) $\wedge$ tail(x)$\equiv$empty *then* x
  if addP(x) $\wedge$ addP(tail(x)) $\wedge$ $\neg$gt(head(x) head(tail(x)))
   then add(head(tail(x)) move.minimum(add(head(x) tail(tail(x)))))
  if addP(x) $\wedge$ addP(tail(x)) $\wedge$ gt(head(x) head(tail(x)))
   then add(head(x) move.minimum(tail(x)))

berechnet eine Permutation von x, so daß das letzte Listenelement ein minimales Listenelement ist.

(A) Terminierung: P={1}

(1) add(head(x) tail(tail(x))) $\leq_\Gamma$ add(head(x) add(head(tail(x)) tail(tail(x))))
(2) $\vdash_S$ [$\forall$x:list addP(x) $\wedge$ addP(tail(x)) $\wedge$ $\neg$gt(head(x) head(tail(x))) $\rightarrow$ TRUE]

(1) add(head(tail(x)) tail(tail(x))) $\leq_\Gamma$ add(head(x) add(head(tail(x)) tail(tail(x))))
(2) $\vdash_S$ [$\forall$ x:list addP(x) $\wedge$ addP(tail(x)) $\wedge$ gt(head(x) head(tail(x))) $\rightarrow$ TRUE]

(B) *move.minimum* bezeichnet einen 1-beschränkten Algorithmus, da

(1)   empty $\leq_\Gamma$ empty
(1)   add(head(x) empty) $\leq_\Gamma$ add(head(x) empty)
(3.i) add(head(tail(x)) move.min(add(head(x) tail(tail(x)))))
                    $\leq_\Gamma$ add(head(x) move.min(add(head(x) tail(tail(x)))))
(3.ii) add(head(x) tail(tail(x))) $\leq_\Gamma$ add(head(tail(x)) tail(tail(x)))
(3.i) add(head(x) move.minimum(tail(x))) $\leq_\Gamma$ add(head(x) move.minimum(tail(x)))
(3.ii) **tail(x) $\leq_\Gamma$ tail(x)**

wobei **tail(x)** für den Repräsentanten *add(head(tail(x)) tail(tail(x)))* steht.

(C) 1-Differenzalgorithmus nach Bedingungssubsumption:

function Δ^1move.minimum(x:list):bool $\Leftarrow$

  if x≡empty *then* false

  if addP(x) ∧ tail(x)≡empty *then* false

  if addP(x) ∧ addP(tail(x)) ∧ ¬gt(head(x) head(tail(x)))

    then Δ^1move.minimum(add(head(x) tail(tail(x)))))

  if addP(x) ∧ addP(tail(x)) ∧ gt(head(x) head(tail(x)))

    then Δ^1move.minimum(tail(x))

da

  ⊢ $_S$ [∀x:list x≡empty → ¬FALSE] ,

  ⊢ $_S$ [∀x:list addP(x) ∧ tail(x)≡empty → ¬FALSE] ,

  ⊢ $_S$ [∀x:list addP(x) ∧ addP(tail(x)) ∧ ¬gt(head(x) head(tail(x))) → ¬FALSE],

  ⊢ $_S$ [∀x:list addP(x) ∧ addP(tail(x)) ∧ gt(head(x) head(tail(x))) → ¬FALSE] .

(D) Termvereinfachung: nicht anwendbar.

(E) Rekursionselimination ergibt:

function Δ^1move.minimum(x:list):bool $\Leftarrow$

  if x≡empty *then* false

  if addP(x) ∧ tail(x)≡empty *then* false

  if addP(x) ∧ addP(tail(x)) ∧ ¬gt(head(x) head(tail(x))) *then* false

  if addP(x) ∧ addP(tail(x)) ∧ gt(head(x) head(tail(x))) *then* false

da ⊢ $_S$ TRUE .

(F) Fallverschmelzung ergibt:

function Δ^1move.minimum(x:list):bool $\Leftarrow$ *if* TRUE *then* false

Move.sort

function move.sort(x:list):list $\Leftarrow$
  if x≡empty *then* empty
  if addP(x)
    then add(last(move.minimum(x)) move.sort(cut(move.minimum(x))))

sortiert die Liste *x* indem ein minimales Element an die letzte Listenposition ver-schoben wird und die um das letzte Element verkürzte Liste sortiert wird, vgl. [Wegbreit 1974].

(A) Terminierung: P={1}

(1) cut(move.minimum(x)) $\leq_\Gamma$ x
(2) $\vdash_S$ [$\forall$ x:list addP(x)$\rightarrow\Delta^1$cut(move.minimum(x)) $\vee$ Δ^1move.minimum(x)]

wobei **x** für den Repräsentanten *add(head(x) tail(x))* steht.

(B) *move.sort* bezeichnet keinen p-beschränkten Algorithmus.

Delete.minimum

function delete.minimum(x:list):list ⇐

  if x≡empty *then* empty

  if addP(x) ∧ tail(x)≡empty *then* empty

  if addP(x) ∧ addP(tail(x)) ∧ ¬gt(head(x) head(tail(x)))

    then add(head(tail(x)) delete.minimum(add(head(x) tail(tail(x)))))

  if addP(x) ∧ addP(tail(x)) ∧ gt(head(x) head(tail(x)))

    then add(head(x) delete.minimum(tail(x)))

eliminiert ein minimales Element aus der Liste *x* und berechnet eine Permutation
der verbleibenden Liste.

(A) Terminierung: P={1}

(1)   add(head(x) tail(tail(x))) $\leq_\Gamma$ add(head(x) add(head(tail(x)) tail(tail(x))))

(2)   ⊢$_S$ [∀x:list addP(x) ∧ addP(tail(x)) ∧ ¬gt(head(x) head(tail(x))) → TRUE]

(1)   add(head(tail(x)) tail(tail(x))) $\leq_\Gamma$ add(head(x) add(head(tail(x)) tail(tail(x))))

(2)   ⊢$_S$ [∀ x:list addP(x) ∧ addP(tail(x)) ∧ gt(head(x) head(tail(x))) → TRUE]

(B) *delete.minimum* bezeichnet einen 1-beschränkten Algorithmus, da

(1)   empty $\leq_\Gamma$ empty

(1)   empty $\leq_\Gamma$ add(head(x) empty)

(3.i)   add(head(tail(x)) delete.minimum(add(head(x) tail(tail(x)))))

            $\leq_\Gamma$ add(head(x) delete.minimum(add(head(x) tail(tail(x)))))

(3.ii) add(head(x) tail(tail(x))) $\leq_\Gamma$ add(head(tail(x)) tail(tail(x)))

(3.i)   add(head(x) delete.minimum(tail(x))) $\leq_\Gamma$ add(head(x) delete.minimum(tail(x)))

(3.ii) **tail(x)** $\leq_\Gamma$ **tail(x)**

wobei **tail(x)** für den Repräsentanten *add(head(tail(x)) tail(tail(x)))* steht.

(C) 1-Differenzalgorithmus nach Bedingungssubsumption:

function Δ^1delete.minimum(x:list):bool $\Leftarrow$

  if x$\equiv$empty *then* false

  if addP(x) $\wedge$ tail(x)$\equiv$empty *then* true

  if addP(x) $\wedge$ addP(tail(x)) $\wedge$ $\neg$gt(head(x) head(tail(x)))

    then Δ^1delete.minimum(add(head(x) tail(tail(x))))

  if addP(x) $\wedge$ addP(tail(x)) $\wedge$ gt(head(x) head(tail(x)))

    then Δ^1delete.minimum(tail(x))

da

  $\vdash_S$ [$\forall$x:list x$\equiv$empty $\rightarrow$ $\neg$FALSE] ,

  $\vdash_S$ [$\forall$x:list addP(x) $\wedge$ tail(x)$\equiv$empty $\rightarrow$ TRUE] ,

  $\vdash_S$ [$\forall$x:list addP(x) $\wedge$ addP(tail(x)) $\wedge$ $\neg$gt(head(x) head(tail(x))) $\rightarrow$ $\neg$FALSE],

  $\vdash_S$ [$\forall$x:list addP(x) $\wedge$ addP(tail(x)) $\wedge$ gt(head(x) head(tail(x))) $\rightarrow$ $\neg$FALSE] .

(D) Termvereinfachung: nicht anwendbar.

(E) Rekursionselimination ergibt:

function Δ^1delete.minimum(x:list):bool $\Leftarrow$

  if x$\equiv$empty *then* false

  if addP(x) $\wedge$ tail(x)$\equiv$empty *then* true

  if addP(x) $\wedge$ addP(tail(x)) $\wedge$ $\neg$gt(head(x) head(tail(x))) *then* true

  if addP(x) $\wedge$ addP(tail(x)) $\wedge$ gt(head(x) head(tail(x))) *then* true

da

  $\vdash_S$[$\forall$x:list addP(x) $\wedge$ addP(tail(x)) $\wedge$ $\neg$gt(head(x) head(tail(x))) $\rightarrow$

  (addP(add(head(x) tail(tail(x)))) $\wedge$ addP(tail(tail(x))) $\wedge$ $\neg$gt(head(x) head(tail(tail(x)))))

  $\vee$ addP(add(head(x) tail(tail(x)))) $\wedge$ addP(tail(tail(x))) $\wedge$ gt(head(x) head(tail(tail(x))))

        $\vee$ addP(add(head(x) tail(tail(x)))) $\wedge$ tail(tail(x))$\equiv$empty]

$\vdash_S [\ \forall$x:list addP(x) $\wedge$ addP(tail(x)) $\wedge$ gt(head(x) head(tail(x))) $\rightarrow$

(addP(tail(x)) $\wedge$ addP(tail(tail(x))) $\wedge$ $\neg$gt(head(tail(x)) head(tail(tail(x))))

$\vee$ addP(tail(x)) $\wedge$ addP(tail(tail(x))) $\wedge$ gt(head(tail(x)) head(tail(tail(x))))

$\vee$ addP(tail(x)) $\wedge$ tail(tail(x))$\equiv$empty]

(F) Fallverschmelzung ergibt:

function Δ^1delete.minimum(x:list):bool $\Leftarrow$

  if x$\equiv$empty *then* false

  if addP(x) *then* true

Delete.sort

function delete.sort(x:list):list $\Leftarrow$

  if x$\equiv$empty *then* empty

  if addP(x) *then* add(minimum(x) delete.sort(delete.minimum(x)))

sortiert die Liste *x* indem ein minimales Element an die letzte Listenposition verschoben wird und die um das letzte Element verkürzte Liste sortiert wird.

(A) Terminierung: P={1}

(1)   delete.minimum(x) $\leq_\Gamma$ x

(2) $\vdash_S [\ \forall$ x:list addP(x) $\rightarrow \Delta^1$delete.minimum(x)] .

wobei **x** für den Repräsentanten *add(head(x) tail(x))* steht.

(B) *delete.sort* bezeichnet keinen p-beschränkten Algorithmus.

Exchange

function exchange(n,m:number x:list):list ⇐
  if x≡empty *then* empty
  if addP(x) ∧ head(x)≡n *then* add(m tail(x))
  if addP(x) ∧ ¬head(x)≡n *then* add(head(x) exchange(n m tail(x)))

ersetzt das erste Auftreten von *n* in der Liste *x* durch *m*.

(A) Terminierung: P={3}

(1)   tail(x) ≤$_\Gamma$ add(head(x) tail(x))
(2)   ⊢ $_S$ [∀ n:number ∀ x:list addP(x) ∧ ¬head(x)≡n → TRUE]

(B) *exchange* bezeichnet einen 3-beschränkten Algorithmus, da

(1)   empty ≤$_\Gamma$ empty
(1)   add(m tail(x)) ≤$_\Gamma$ add(head(x) tail(x))
(3.i)   add(head(x) exchange(n m tail(x))) ≤$_\Gamma$ add(head(x) exchange(n m tail(x)))
(3.ii)   tail(x) ≤$_\Gamma$ tail(x)

(C) 3-Differenzalgorithmus nach Bedingungssubsumption:

function Δ^3exchange(n,m:number x:list):bool ⇐
  if x≡empty *then* false
  if addP(x) ∧ head(x)≡n *then* false
  if addP(x) ∧ ¬head(x)≡n *then* Δ^3exchange(n m tail(x))

da

$\vdash_S [\ \forall x{:}list\ x{\equiv}empty \rightarrow \neg FALSE\ ]$,

$\vdash_S [\ \forall\ n{:}number\ \forall\ x{:}list\ addP(x) \wedge head(x){\equiv}n \rightarrow \neg FALSE\ ]$,

$\vdash_S [\ \forall\ n{:}number\ \forall\ x{:}list\ addP(x) \wedge \neg head(x){\equiv}n \rightarrow \neg FALSE\ ]$.

(D) Termvereinfachung: nicht anwendbar.

(E) Rekursionselimination ergibt:

function Δ^3exchange(n,m:number x:list):bool $\Leftarrow$
  if x$\equiv$empty *then* false
  if addP(x) $\wedge$ head(x)$\equiv$n *then* false
  if addP(x) $\wedge$ $\neg$head(x)$\equiv$n *then* false

da $\vdash_S$ TRUE .

(F) Fallverschmelzung ergibt:

function Δ^3exchange(n,m:number x:list):bool $\Leftarrow$ *if* TRUE *then* false

Exchange.sort

function exchange.sort(x:list):list $\Leftarrow$

  if x≡empty *then* empty

  if addP(x) $\wedge$ head(x)≡minimum(x) *then* add(head(x) exchange.sort(tail(x)))

  if addP(x) $\wedge$ $\neg$head(x)≡minimum(x)

  then add(minimum(x) exchange.sort(exchange(minimum(x) head(x) tail(x))))

vertauscht das erste Listenelement mit einem minimalen Element der Liste *x* und sortiert die Liste ohne das erste Listenelement, vgl. [Wegbreit 1974].

(A) Terminierung: P={1}

(1)   tail(x) $\leq_\Gamma$ add(head(x) tail(x))

(2) $\vdash_S$ [$\forall$ x:list addP(x) $\wedge$ head(x)≡minimum(x) $\rightarrow$ TRUE]

(1)   exchange(minimum(x) head(x) tail(x)) $\leq_\Gamma$ add(head(x) tail(x))

(2) $\vdash_S$ [$\forall$ x:list addP(x) $\wedge$ $\neg$head(x)≡minimum(x) $\rightarrow$ TRUE]

(B) *exchange.sort* bezeichnet einen 1-beschränkten Algorithmus, da

(1)   empty $\leq_\Gamma$ empty

(3.i)   add(head(x) exchange.sort(tail(x))) $\leq_\Gamma$ add(head(x) exchange.sort(tail(x)))

(3.ii)   tail(x) $\leq_\Gamma$ tail(x)

(3.i)   add(minimum(x) exchange.sort(exchange(minimum(x) head(x) tail(x))))

        $\leq_\Gamma$ add(head(x) exchange.sort(exchange(minimum(x) head(x) tail(x))))

(3.ii)   exchange(minimum(x) head(x) tail(x)) $\leq_\Gamma$ tail(x)

(C) 1-Differenzalgorithmus nach Bedingungssubsumption:

function Δ^1exchange.sort(x:list):bool $\Leftarrow$

  if x$\equiv$empty *then* false

  if addP(x) $\wedge$ head(x)$\equiv$minimum(x) *then* Δ^1exchange.sort(tail(x))

  if addP(x) $\wedge$ $\neg$head(x)$\equiv$minimum(x)

  then Δ^1exchange.sort(exchange(minimum(x) head(x) tail(x)))

da

  $\vdash_S$ [$\forall$x:list x$\equiv$empty $\rightarrow$ $\neg$FALSE] ,

  $\vdash_S$ [$\forall$ x:list addP(x) $\wedge$ head(x)$\equiv$minimum(x) $\rightarrow$ $\neg$FALSE] ,

  $\vdash_S$ [$\forall$ x:list addP(x) $\wedge$ $\neg$head(x)$\equiv$minimum(x) $\rightarrow$

$$\neg\Delta^3\text{exchange(minimum(x) head(x) tail(x))}] .$$

(D) Termvereinfachung: nicht anwendbar.

(E) Rekursionselimination ergibt:

function Δ^1exchange.sort(x:list):bool $\Leftarrow$

  if x$\equiv$empty *then* false

  if addP(x) $\wedge$ head(x)$\equiv$minimum(x) *then* false

  if addP(x) $\wedge$ $\neg$head(x)$\equiv$minimum(x) *then* false

da $\vdash_S$ TRUE .

(F) Fallverschmelzung ergibt:

function Δ^1exchange.sort(x:list):bool $\Leftarrow$ *if* TRUE *then* false

Insert

function insert(n:number x:list):list ⇐
  if x≡empty *then* add(n empty)
  if addP(x) ∧ le(n head(x)) *then* add(n x)
  if addP(x) ∧ ¬le(n head(x)) *then* add(head(x) insert(n tail(x)))

fügt *n* in die Liste *x* ein, so daß die Ergebnisliste geordnet ist, falls *x* eine geordnete Liste ist, vgl. *addtolist* in [Boyer und Moore, 1979].

(A) Terminierung: P={2}

(1)   tail(x) $\leq_\Gamma$ add(head(x) tail(x))
(2)   ⊢ $_S$ [∀ n:number ∀ x:list addP(x) ∧ ¬le(n head(x)) → TRUE]

(B) *insert* bezeichnet keinen p-beschränkten Algorithmus.

Insert.sort

function insert.sort(x:list):list ⇐
  if x≡empty *then* empty
  if addP(x) *then* insert(head(x) insert.sort(tail(x)))

sortiert die Liste *x* durch geordnetes Einfügen, vgl. *sort* in [Boyer und Moore, 1979].

(A) Terminierung: P={1}

(1)   tail(x) $\leq_\Gamma$ add(head(x) tail(x))

(2) $\vdash_S$ [$\forall$ x:list addP(x) $\rightarrow$ TRUE] .

(B) *insert.sort* bezeichnet keinen p-beschränkten Algorithmus.

Member

function member(x,y:sexpr):sexpr $\Longleftarrow$
  if y≡nil *then* nil
  if atomP(y) *then* y
  if consP(y) $\wedge$ x≡car(y) *then* y
  if consP(y) $\wedge$ ¬x≡car(y) *then* member(x cdr(y))

berechnet den Teil-S-Expression von *y*, der mit *x* beginnt, vgl. [McCarthy et al., 1962; Steele, 1984]

(A) Terminierung: P={2}

(1)   cdr(y) $\leq_\Gamma$ cons(car(y) cdr(y))

(2) $\vdash_S$ [$\forall$ x,y:sexpr y≡cons(car(y) cdr(y)) $\wedge$ ¬x≡car(y) $\rightarrow$ TRUE]

(B) *member* bezeichnet einen 2-beschränkten Algorithmus, da

(1) $nil \leq_\Gamma nil$

(1) $atom(index(y)) \leq_\Gamma atom(index(y))$

(1) $cons(car(y)\ cdr(y)) \leq_\Gamma cons(car(y)\ cdr(y))$

(2.i) $member(x\ cdr(y)) \leq_\Gamma member(x\ cdr(y))$

(2.ii) $cdr(y) \leq_\Gamma cons(car(y)\ cdr(y))$

(C) 2-Differenzalgorithmus nach Bedingungssubsumption:

function Δ^2member(x,y:sexpr):bool $\Leftarrow$

  if y≡nil *then* false

  if atomP(y) *then* false

  if consP(y) $\wedge$ x≡car(y) *then* false

  if consP(y) $\wedge$ ¬x≡car(y) *then* true

da

    $\vdash_S$ [$\forall$ y:sexpr y≡nil $\rightarrow$ ¬FALSE] ,

    $\vdash_S$ [$\forall$ y:sexpr atomP(y) $\rightarrow$ ¬FALSE] ,

    $\vdash_S$ [$\forall$ x,y:sexpr consP(y) $\wedge$ x≡car(y) $\rightarrow$ ¬FALSE] ,

    $\vdash_S$ [$\forall$ x,y:sexpr consP(y) $\wedge$ ¬x≡car(y) $\rightarrow$ TRUE] .

Nthcdr 1

function nthcdr1(n:number x:sexpr):sexpr $\Leftarrow$
  if n≡0 *then* x
  if succP(n) *then* nthcdr1(pred(n) cdr(x))

wendet *cdr* *n*-mal auf den S-Expression *x* an, vgl. [Steele, 1984].

(A) Terminierung: P={1}

(1)   pred(n) $\leq_\Gamma$ succ(pred(n))

(2) $\vdash_S$ [$\forall$ n:number succP(n) $\rightarrow$ TRUE]

(B) *nthcdr1* bezeichnet einen 2-beschränkten Algorithmus, da

(1)   x $\leq_\Gamma$ x

(2.i)   nthcdr(pred(n) cdr(x)) $\leq_\Gamma$ nthcdr(pred(n) cdr(x))

(2.ii) cdr(x) $\leq_\Gamma$ x

(C) 2-Differenzalgorithmus nach Bedingungssubsumption:

function Δ^2nthcdr1(n:number x:sexpr):bool $\Leftarrow$
  if n≡0 *then* false
  if succP(n) $\wedge$ consP(x) *then* true
  if succP(n) $\wedge$ $\neg$consP(x) *then* Δ^2nthcdr1(pred(n) cdr(x))

da $\vdash_S$ [$\forall$ n:number n≡0 $\rightarrow$ $\neg$FALSE] .

(D) Termvereinfachung ergibt:

function Δ^2nthcdr1(n:number x:sexpr):bool $\Leftarrow$
  if n$\equiv$0 *then* false
  if succP(n) $\wedge$ consP(x) *then* true
  if succP(n) $\wedge$ $\neg$consP(x) *then* Δ^2nthcdr1(pred(n) x)

da $\vdash$ $_S$ [$\forall$x:sexpr $\neg$consP(x) $\rightarrow$ cdr(x)$\equiv$x].

(E) Rekursionselimination ergibt:

function Δ^2nthcdr1(n:number x:sexpr):bool $\Leftarrow$
  if n$\equiv$0 *then* false
  if succP(n) $\wedge$ consP(x) *then* true
  if succP(n) $\wedge$ $\neg$consP(x) *then* false

da $\vdash$ $_S$ [$\forall$n:number $\forall$x:sexpr succP(n) $\wedge$ $\neg$consP(x)

$$\rightarrow (\text{succP}(\text{pred}(n)) \wedge \neg\text{consP}(x)) \vee \text{pred}(n)\equiv 0)]$$

Nthcdr 2

function nthcdr2(n:number x:sexpr):sexpr $\Leftarrow$
  if n$\equiv$0 *then* x
  if succP(n) *then* cdr(nthcdr2(pred(n) x))

wendet *cdr* *n*-mal auf den S-Expression *x* an, vgl. [Steele, 1984].

(A) Terminierung: P={1}

(1) pred(n) $\leq_\Gamma$ succ(pred(n))

(2) $\vdash_S$ [$\forall$ n:number succP(n) $\to$ TRUE]

(B) *nthcdr2* bezeichnet einen 2-beschränkten Algorithmus, da

(1)   x $\leq_\Gamma$ x

(2.i) cdr(nthcdr(pred(n) x)) $\leq_\Gamma$ nthcdr(pred(n) x)

(2.ii) x $\leq_\Gamma$ x

(C) 2-Differenzalgorithmus nach Bedingungssubsumption:

function Δ^2nthcdr2(n:number x:sexpr):bool $\Leftarrow$

  if n≡0 *then* false

  if succP(n) $\wedge$ consP(nthcdr(pred(n) x)) *then* true

  if succP(n) $\wedge$ $\neg$consP(nthcdr(pred(n) x)) *then* Δ^2nthcdr2(pred(n) x)

da $\vdash_S$ [$\forall$ n:number n≡0 $\to$ $\neg$FALSE] .

Nthcdr 3

function nthcdr3(n:number x:sexpr):sexpr $\Leftarrow$

  if n≡0 *then* x

  if succP(n) $\wedge$ $\neg$consP(x) *then* x

  if succP(n) $\wedge$ consP(x) *then* nthcdr3(pred(n) cdr(x))

wendet *cdr* *n*-mal auf den S-Expression *x* an, vgl. [Steele, 1984].

(A) Terminierung: P={1} und P={2}.

(1) pred(n) $\leq_\Gamma$ succ(pred(n))

(2) $\vdash_S$ [$\forall$ n:number $\forall$ x:sexpr succP(n) $\wedge$ consP(x) $\rightarrow$ TRUE]

(1) cdr(n) $\leq_\Gamma$ cons(car(x) cdr(x))

(2) $\vdash_S$ [$\forall$ n:number $\forall$ x:sexpr succP(n) $\wedge$ consP(x) $\rightarrow$ TRUE]

(B) *nthcdr3* bezeichnet einen 2-beschränkten Algorithmus, da

(1)   x $\leq_\Gamma$ x

(1)   x $\leq_\Gamma$ x

(2.i) nthcdr3(pred(n) cdr(x)) $\leq_\Gamma$ nthcdr3(pred(n) cdr(x))

(2.ii) cdr(x) $\leq_\Gamma$ cons(car(x) cdr(x))

(C) 2-Differenzalgorithmus nach Bedingungssubsumption:

function Δ^2nthcdr3(n:number x:sexpr):bool $\Leftarrow$

  if n≡0 *then* false

  if succP(n) $\wedge$ $\neg$consP(x) *then* false

  if succP(n) $\wedge$ consP(x) *then* true

da

  $\vdash_S$ [$\forall$ n:number n≡0 $\rightarrow$ $\neg$FALSE] ,

  $\vdash_S$ [$\forall$ n:number x:sexpr succP(n) $\wedge$ $\neg$consP(x) $\rightarrow$ $\neg$FALSE] ,

  $\vdash_S$ [$\forall$ n:number x:sexpr succP(n) $\wedge$ consP(x) $\rightarrow$ TRUE] .

Nthcdr 4

function nthcdr4(n:number x:sexpr):sexpr $\Leftarrow$
  if n$\equiv$0 *then* x
  if succP(n) $\wedge$ $\neg$consP(x) *then* x
  if succP(n) $\wedge$ consP(x) *then* cdr(nthcdr4(pred(n) x))

wendet *cdr* *n*-mal auf den S-Expression *x* an, vgl. [Steele, 1984].

(A) Terminierung: P={1}

(1)   pred(n) $\leq_\Gamma$ succ(pred(n))

(2) $\vdash_S$ [$\forall$n:number $\forall$x:sexpr succP(n) $\wedge$ consP(x) $\rightarrow$ TRUE]

(B) *nthcdr4* bezeichnet einen 2-beschränkten Algorithmus, da

(1)   x $\leq_\Gamma$ x

(1)   x $\leq_\Gamma$ x

(2.i)   cdr(nthcdr4(pred(n) x)) $\leq_\Gamma$ nthcdr4(pred(n) x)

(2.ii) x $\leq_\Gamma$ x

(C) 2-Differenzalgorithmus nach Bedingungssubsumption:

function Δ^2nthcdr4(n:number x:sexpr):bool $\Leftarrow$
  if n$\equiv$0 *then* false
  if succP(n) $\wedge$ $\neg$consP(x) *then* false
  if succP(n) $\wedge$ consP(x) $\wedge$ consP(nthcdr4(pred(n) x)) *then* true
  if succP(n) $\wedge$ consP(x) $\wedge$ $\neg$consP(nthcdr4(pred(n) x))
    then Δ^2nthcdr4(pred(n) x)

da

$\vdash_S [\; \forall$ n:number n$\equiv$0 $\rightarrow$ $\neg$FALSE] ,

$\vdash_S [\; \forall$ n:number x:sexpr succP(n) $\wedge$ $\neg$consP(x) $\rightarrow$ $\neg$FALSE] ,

(D) Termvereinfachung: nicht anwendbar.

(E) Rekursionselimination ergibt:

function Δ^2nthcdr4(n:number x:sexpr):bool $\Leftarrow$

  if n$\equiv$0 *then* false

  if succP(n) $\wedge$ $\neg$consP(x) *then* false

  if succP(n) $\wedge$ consP(x) $\wedge$ consP(nthcdr4(pred(n) x)) *then* true

  if succP(n) $\wedge$ consP(x) $\wedge$ $\neg$consP(nthcdr4(pred(n) x)) *then* true

da

$\vdash_S [\; \forall$n:number $\forall$x:sexpr succP(n) $\wedge$ consP(x) $\wedge$ $\neg$consP(nthcdr4(pred(n) x))

        $\rightarrow$ (succP(pred(n)) $\wedge$ consP(x) $\wedge$ $\neg$consP(nthcdr4(pred(pred(n)) x)))

          $\vee$ (succP(pred(n)) $\wedge$ consP(x) $\wedge$ consP(nthcdr4(pred(pred(n)) x)))]

(F) Fallverschmelzung ergibt:

function Δ^2nthcdr4(n:number x:sexpr):bool $\Leftarrow$

  if n$\equiv$0 *then* false

  if succP(n) $\wedge$ $\neg$consP(x) *then* false

  if succP(n) $\wedge$ consP(x) *then* true

Select

function select(k:list,x:sexpr):sexpr $\Leftarrow$
　if k≡empty *then* x
　if addP(k) $\wedge$ $\neg$consP(x) *then* x
　if addP(k) $\wedge$ consP(x) *then* select(tail(k) nthcdr(succ(head(k)) x))

berechnet den Teil-S-expression von x an der Stelle k.

(A) Terminierung: P={1} und P={2}

(1)　tail(k) $\leq_\Gamma$ add(head(k) tail(k))
(2)　$\vdash_S$ [$\forall$k:list $\forall$x:sexpr addP(k) $\wedge$ consP(x) $\rightarrow$ TRUE]
(1)　nthcdr(succ(head(k)) x) $\leq_\Gamma$ x
(2)　$\vdash_S$ [$\forall$k:list $\forall$x:sexpr addP(k) $\wedge$ consP(x) $\rightarrow$ Δ^2nthcdr(succ(head(k)) x)]

wobei x für den Repräsentanten *cons(car(x) cdr(x))* steht.

(B) *select* bezeichnet einen 2-beschränkten Algorithmus, da

(1)　x $\leq_\Gamma$ x
(1)　x $\leq_\Gamma$ x
(2.i) select(tail(k)nthcdr(succ(head(k))x))$\leq_\Gamma$select(tail(k)nthcdr(succ(head(k))x))
(2.ii) nthcdr(succ(head(k)) x) $\leq_\Gamma$ x

(C) 2-Differenzalgorithmus nach Bedingungssubsumption:

function Δ^2select(k:list,x:sexpr):bool $\Leftarrow$
　if k≡empty *then* false
　if addP(k) $\wedge$ $\neg$consP(x) *then* false
　if addP(k) $\wedge$ consP(x) *then* true

da

$\vdash_S [\ \forall k{:}list\ k{\equiv}empty \to \neg FALSE\ ]$,

$\vdash_S [\ \forall k{:}list\ \forall x{:}sexpr\ addP(k) \land \neg consP(x) \to \neg FALSE\ ]$,

$\vdash_S [\ \forall k{:}list\ \forall x{:}sexpr\ addP(k) \land consP(x) \to \Delta^2 nthcdr(succ(head(k))\ x)\ ]$.

Literaturverzeichnis

[Aubin, 1976] Aubin, R.
Mechanizing Structural Induction. Ph.D. thesis, University of Edinburgh, Edinburgh, 1976.

[Aubin, 1979] Aubin, R.
Mechanizing Structural Induction - Part I: Formal System and *Part II: Strategies.* Theoretical Computer Science, vol 9, 1979.

[Baudinet, 1988] Baudinet, M.
Proving Termination Properties of PROLOG *Programs: A Semantic Approach.* Proceedings 3rd Symposium on Logic in Computer Science, Computer Society Press, Edinburgh, pp. 336-347, 1988.

[Biundo et al., 1986] Biundo, S., Hummel, B., Hutter, D. und Walther, C.
The Karlsruhe Induction Theorem Proving System. Proceedings 8th CADE, Springer Lecture Notes Comp. Sc., vol. 230, 1986.

[Boyer und Moore, 1975] Boyer, R.S. und Moore, J S.
Proving Theorems about LISP functions. J.ACM, vol 22, no 1, pp. 129-144, 1975.

[Boyer und Moore, 1979] Boyer, R.S. und Moore, J S.
A Computational Logic. Academic Press, 1979.

[Boyer und Moore, 1988] Boyer, R.S. und Moore, J S.
The Addition of Bounded Quantification and Partial Functions to a Computational Logic and its Theorem Prover. J. Automated Reasoning, vol 4, no 2, pp. 117-172, 1988.

[Burstall, 1974] Burstall, R.M.
Program Proving as Hand Simulation with a little Induction. Proceedings IFIP Congress 1974 Stockholm, North-Holland, Amsterdam, pp. 308-312, 1974.

[Cohn, 1981] Cohn, P.M.
Universal Algebra. D. Reidel, 1981.

[Cooper, 1971] Cooper, D.C.
Programs for Mechanical Program Verification. Machine Intelligence, vol 6, Edinburgh University Press, Edinburgh, pp. 43-59, 1971.

[Dershowitz, 1985] Dershowitz, N.
Termination. Proceedings Conf. on Rewriting Techniques and Applications, Springer Lecture Notes Comp. Sc., vol. 202, 1985.

[Dershowitz und Manna, 1979] Dershowitz, N. und Manna, Z.
Proving Termination with Multiset Orderings. Commun. ACM, vol 22, no 8, pp. 465-476, 1979.

[Ehrig und Mahr, 1985] Ehrig, H. und Mahr, B.
Fundamentals of Algebraic Specification 1. Springer-Verlag, Berlin, 1985.

[Floyd, 1967] Floyd, R. W.
Assigning Meaning to Programs. Proc. Symposia in Applied Mathematics, vol 19; in J. T. Schwartz (ed.) *Mathematical Aspects of Computer Science*, pp. 19-32, American Mathematical Society, Providence, R. I., 1967.

[Goguen et al., 1978] Goguen, J.A., Thatcher, J.W. und Wagner, E.G.
An Initial Algebra Approach to the Specification, Correctness, and Implementation of Abstract Data Types. In *Current Trends in Programming Methodology*, R.T. Yeh (Ed.), Prentice Hall, 1978.

[Gries, 1981] Gries, D.
The Science of Programming. Springer-Verlag, New York, 1981.

[Hilbert und Ackermann, 1967] Hilbert, D. und Ackermann, W.
Grundzüge der theoretischen Logik. Springer Verlag, Berlin, 1967.

[Hoare, 1961] Hoare, C.A.R.
Algorithm 65 - Find. Commun. ACM, vol 12, p. 321, 1961.

[Huet und Oppen, 1980] Huet, G. und Oppen, D.C.
Equations and Rewrite Rules: A Survey. In *Formal Language Theory: Perspectives and Open Problems*, R. Book (Ed.), Academic Press, 1980.

[Kapur und Musser, 1987] Kapur, D. und Musser, D.R.
Proof by Consistency. Artificial Intelligence, vol 31, no 2, 1987.

[Katz und Manna, 1975] Katz, S. und Manna, Z.
A closer Look at Termination. Acta Informatica 5, pp. 333-352, 1975.

[Manna, 1968] Manna, Z.
Termination of Algorithms. Ph.D. thesis, Carnegie-Mellon University, Comp. Sc. Dept., Pittsburgh, 1968.

[Manna, 1974] Manna, Z.
Mathematical Theory of Computation. McGraw-Hill, 1974.

[Manna, Ness und Vuillemin, 1973] Manna, Z., Ness, S. und Vuillemin, J.
Inductive Methods for Proving Properties of Programs. Commun. ACM, vol 16, no 8, pp. 491-502, 1973.

[Manna und Pnueli, 1975] Manna, Z. und Pnueli, P.
Axiomatic Approach to Total Correctness of Programs. Acta Informatica 3, pp. 243-263, 1974.

[Manna und Waldinger, 1978] Manna, Z. und Waldinger, R.
Is "Sometimes" Sometimes Better than "Always"? Commun. ACM, vol 21, no 2, pp. 159-172, 1978.

[McCarthy et al., 1962] McCarthy, J., Abrahams, P.W., Edwards, D.J., Hart, T.P.
and Levin, M.I.
LISP 1.5 Programmers's Manual. The MIT Press, 1962.

[Mill, 1987] Mill, M.
Implementierung eines Verfahrens für Terminierungsbeweise. Diplomarbeit,
Fakultät für Informatik, Universität Karlsruhe, 1987.

[Nilson, 1971] Nilson, N. J.
Problem Solving Methods in Artificial Intelligence. McGraw-Hill, 1971.

[O'Donnell, 1985] O'Donnell, M. J.
Equational Logic as a Programming Language. The MIT Press, 1985.

[Plümer, 1990] Plümer, L.
Termination Proofs for Logic Programs. Lecture Notes in Artificial
Intelligence, vol 446, Springer Verlag, 1990.

[SFB, 1987] Sonderforschungsbereich (SFB) 314
Arbeits- und Ergebnisbericht für die Jahre 1985-1986-1987. Universität
Karlsruhe, 1987.

[SFB, 1990] Sonderforschungsbereich (SFB) 314
Arbeits- und Ergebnisbericht für die Jahre 1988-1989-1990. Universität
Karlsruhe, 1990.

[Steele, 1984] Steele, G.L.
Common Lisp - The Language. Digital Press, 1984.

[Ullman und van Gelder, 1988] Ullman, J. D. und van Gelder, A.
Efficient Tests for Top-Down Termination of Logical Rules. Commun. ACM,
vol 35, no 2, pp. 345-373, 1988.

[Walther, 1988(a)] Walther, C.
Automated Termination Proofs. Interner Bericht 17/88, Fakultät für Informatik, Universität Karlsruhe, 1988.

[Walther, 1988(b)] Walther, C.
A Digest of Argument-Bounded Algorithms. Interner Bericht 18/88, Fakultät für Informatik, Universität Karlsruhe, 1988.

[Winston, 1984] Winston, P.H.
Artificial Intelligence. Addison-Wesley, 1984.

Sachwortverzeichnis

Grundlagen des maschinellen Beweisens

Eine Einführung für Informatiker und Mathematiker
von Dieter Hofbauer und Ralf-Detlef Kutsche

1989. VII, 172 Seiten. Kartoniert.
ISBN 3-528-04718-6

Dieses Buch ist ein Lehrbuch, das präzise die logischen und mathematischen Grundlagen des automatischen Theorembeweisens entwickelt. Es richtet sich an Studenten der Informatik (bzw. an Mathematiker mit entsprechendem thematischen Interesse), die die Grundlagen zum Beispiel der logischen oder der funktionalen Programmierung der Symbolmanipulation oder der Wissensrepräsentation lernen wollen.

Im Ausgang von Prädikatenlogik werden grundlegende, logikorientierte Konzepte und Strategien des automatischen Theorembeweisens aufgezeigt. Dabei geht es insbesondere um Resolution, das heißt Vorgehensweisen, die mit einer einzigen vollständigen Schlußregel auszukommen versuchen, ferner um Termersetzungssysteme, denen eine operationale Sichtweise von Gleichungsspezifikationen zugrunde liegt (Rechnen durch Ersetzen von Gleichem durch Gleiches). Den Abschluß des Buches bildet ein Kapitel über das Gebiet der Unifikationstheorie.

Vieweg Verlag · Postfach 58 29 · D-6200 Wiesbaden 1